Angelika Bachmann/Patricia Wolf
Wenn Lehrer schlagen

Angelika Bachmann
Patricia Wolf

Wenn Lehrer schlagen

Die verschwiegene Gewalt
an unseren Schulen

DROEMER

Besuchen Sie uns im Internet:
www.droemer.de

Die Folie des Schutzumschlags sowie die Einschweißfolie sind
PE-Folien und biologisch abbaubar.
Dieses Buch wurde auf chlor- und säurefreiem Papier gedruckt.

Redaktion: Claudia Krader
Umschlaggestaltung: ZERO Werbeagentur, München
Umschlagabbildung: Corbis/@ Jose Luis Pelaez, B. Bird
Satz: Adobe InDesign im Verlag
Druck und Bindung: C. H. Beck, Nördlingen
Printed in Germany
ISBN 978-3-426-27425-5

2   4   5   3   1

Inhalt

Vorwort   7

Anstelle einer Einleitung – Rebecca   9

Die andere Seite der Gewalt 17
Ein Tabu: Gewalt von Lehrern gegen Schüler 19
Die Erziehungsmisere 23
Lehrergewalt – Versuch einer Definition 26
Gewalt gegen Schüler – der Ausnahmefall? 32
Persönliche Erfahrungen mit Lehrergewalt 38
Ursachenforschung:
   Woher kommt die Lehrergewalt? 47
Schule als Schutzraum – für wen? 68

Wenn Eltern sich wehren müssen 83
Die Welt steht kopf 85
Die schwierige Solidarität unter Eltern 109

Das System Schule schützt die Täter 125
Das misshandelte Schulkind als »Problem« 127
Das »System« kämpft um seinen Machterhalt 132
Die Methoden der Schulen und Behörden. 138
Die Schulleitung – der Kopf des Fisches? 150
Wenig hilfreich:
   Vorgesetzte und Dienstaufsichtsbehörden 158
Politische Sonntagsreden 172

Unvereinbare Gegensätze? 181
Konfrontation statt Dialog 183
Woher die Macht der Lehrer kommt 195
Feindbild: engagierte Eltern 204

Kein Konsens möglich? 213
Kinderschutz ist Elternsache 228
Plädoyer für eine zeitgemäße Erziehung 235

Tipps für betroffene Eltern 267
Wie Sie erkennen, dass etwas nicht stimmt 269
Was tun im Konfliktfall? 272

Quellenangaben 281

Vorwort

Diesem Buch liegen zahlreiche Gespräche mit betroffenen Schülerinnen und Schülern und ihren Eltern zugrunde. Jedes einzelne dieser Schicksale macht betroffen und wirft Fragen auf. Auch gesellschaftspolitische Fragen, die weit über die geschilderten Einzelfälle hinausreichen.

Das Thema »Lehrergewalt« ist bis heute ein Tabu-Thema. Und so fanden die Betroffenen in der Regel wenig Unterstützung in ihrem unmittelbaren Umfeld. Umso bemerkenswerter ist ihr Mut und die Bereitschaft, ihre Erlebnisse zu erzählen. Das Motiv war in allen Fällen dasselbe: Sie wollten ihren Beitrag leisten, damit die Missstände in den Schulen ein Ende finden. Das ist auch unser Ziel. Wir wissen allerdings, dass dieses Buch nur ein erster Schritt ist, der auf das Problem aufmerksam machen und im besten Fall Diskussionen auslösen kann.

Die Namen der in den Einzelfallschilderungen genannten Personen wurden geändert; auch die zeitlichen und örtlichen Umstände der betreffenden Fälle sind anonymisiert.

München, im Januar 2007
Angelika Bachmann
Patricia Wolf

Anstelle einer Einleitung – Rebecca

Regina, die Mutter von Rebecca, erzählt: Rebecca kam im November 1997 zur Welt. Mit Wehen stand ich im Kreißsaal und sah draußen im Park einen Mann Laub harken. »Ach, könnte ich doch nur tauschen«, dachte ich sehnsüchtig. Wenige Minuten später hätte ich mit keinem Menschen auf der Welt mehr getauscht. Rebecca war endlich da und schaute mich mit ihren großen Augen an wie ein neugieriges Kätzchen.

Sie eroberte damit nicht nur mein Herz im Sturm. Mit ihren großen, dunklen Kulleraugen, dem süßen kleinen Hasennäschen und einem strahlenden Lächeln machte sie es jedem leicht, sie gern zu haben.

Rebecca wuchs zu einem munteren und neugierigen Kleinkind heran, hatte Trotzphasen, die einem Maulesel Ehre gemacht hätten, und entdeckte ihre große Liebe zu Tieren. Sie tobte über Spielplätze, liebte Kuschel-Lesestunden im Bett und lernte kochen und backen. Ihre farbenfrohen Bilder hingen überall im Haus. Währenddessen, im November 2000, wurde in Deutschland das Recht aller Kinder auf gewaltfreie Erziehung im Bürgerlichen Gesetzbuch (BGB) verankert.

Nach wundervollen, unbeschwerten Kinderjahren wurde Rebecca eingeschult, und bereits nach wenigen Wochen bemerkten die Menschen in ihrem Umfeld eine Veränderung. Tieftraurig, mit hängenden Schultern und schlechter Laune kam sie aus der Schule. Nichts konnte sie trösten, nichts konnte sie wieder fröhlich und unbekümmert stimmen. Wir dachten an die Umstellung, das frühe Aufstehen, das viele Stillsitzen, die Raufbolde auf dem Schulhof … Nie im Leben hätten wir uns träumen lassen, wo die wirklichen Ursachen lagen.

An einem trüben, nasskalten Novembertag fuhr ich zur Grundschule, um meine Kinder abzuholen. Im Flur kamen mir bereits Mitschüler aus Rebeccas Klasse entgegen. Sie stürmten aufgeregt auf mich zu, machten einen ängstlichen und verstörten Eindruck und sagten: »Rebecca ist weg!« Ich spürte am Verhalten der Kinder, dass etwas passiert sein musste, und wurde sehr unruhig. Ich wollte nur eines: Rebecca so schnell wie möglich finden. Ich rannte auf den Schulhof, sah mich überall um und rannte weiter zum Parkplatz gegenüber der Schule, der durch eine Bundesstraße vom Schulgelände getrennt ist. Rebecca stand bei meinem Auto. Gott sei Dank!

Völlig aufgelöst, voller Angst, frierend und trotz der Kälte ohne Jacke kam sie mir entgegen, fiel mir in die Arme und sprudelte heraus: »Mama, sie hat mich geschlagen, in die Seite hat sie mich geboxt. Und ein paar Jungs hat sie geschüttelt, und der Ronja hat sie auf den Kopf geschlagen, so doll, dass sie geweint hat!«

Wie vom Blitz getroffen stand ich da, umarmte meine Tochter, hielt sie ganz dicht an mich gedrückt und versuchte sie zu beruhigen, während meine Gedanken sich überschlugen. Was mache ich jetzt?

Ich ging mit Rebecca zurück in die Schule, um ihren Bruder und ihre Jacke zu holen. Sie hatte große Angst: »Mama, was machen wir, wenn sie mich wieder schlägt?« Ich versprach ihr hoch und heilig, dass ich das verhindern würde.

Als wir die Treppe heruntergingen, bog die besagte Lehrerin um die Ecke. Sie wollte die Treppe hinauf in ihr Büro gehen. Sie blickte uns an, und ich konnte in ihren Augen die Angst sehen, den Wunsch, einfach wegzulaufen. Das bestätigte mir, dass etwas Schlimmes geschehen sein musste. Langsam gingen wir aufeinander zu, und ich fragte die Lehrerin: »Warum haben Sie die Kinder geschlagen?« Sie wich meinem Blick aus, schaute auf den Boden und wiederholte gebetsmühlenartig immer denselben Satz: »Warum sollte ich das tun?« Keine Erklärung, keine Antwort, nur immer wieder die gleiche Frage. Ich beendete das Gespräch, und wir verließen die Schule.

Außer mir vor Wut und Hilflosigkeit, telefonierte ich mit meinem Mann und meiner Anwältin. Wir kamen überein, dass es das Beste wäre, sofort Strafanzeige zu erstatten, um weitere Entgleisungen zu verhindern. Auf der Polizeiwache interessierte man sich eher mäßig für unsere Berichte, nahm aber notgedrungen ein Protokoll auf.

Rebecca berichtete: »Die Lehrerin kam mit schlechter Laune in die Klasse und hat uns nicht ›guten Tag‹ gesagt. Sie hat auch viel gebrüllt. Ich habe mit dem Stuhl gekippelt und nicht aufgehört, als sie geschimpft hat. Da kam sie zu meinem Platz, hat mich in die Seite geboxt und gesagt: ›Gib Ruhe.‹ Gleich danach ist sie zu Ronja gegangen, die hat mit ihrer Nachbarin geschwatzt. Da hat sie der Ronja ein Buch auf den Kopf geschlagen, dass die gerufen hat: ›Hör auf!‹ Da hat die Lehrerin sie einfach nochmal geschlagen. Man hat den Knall richtig gehört. Da hat Ronja nichts mehr gesagt, und sie hat geweint. (…)

Ich sollte dann nach dem Unterricht dableiben. Das wollte ich aber nicht, ich wollte zu meiner Mama. Da hat die Lehrerin mich festgehalten, und als ich mich gewehrt habe, hat sie mich wieder in die Seite geboxt. Da habe ich einfach zurückgeboxt. Sie hat mir dann die Arme auf dem Rücken hochgedrückt, und da konnte ich mich nicht mehr wehren. Ich habe nach hinten getreten und sie am Bein getroffen. Das hat sie erschreckt, sie hat mich losgelassen, und ich bin ganz schnell aus der Schule gerannt.

Das war so peinlich. Die andere erste Klasse stand auch im Flur, und die haben das alles gesehen. Ich habe mich so geschämt.«

Auf Nachfrage, ob die Lehrerin so etwas schon einmal getan hat, erzählte Rebecca dem Polizisten: »Nicht so viel auf einmal, aber wenn wir nicht hören, kneift sie manchmal. So!« Sie zog mit den Fingernägeln die Haut auf dem Handrücken hoch und kniff hinein.

Mit gefror in diesem Moment fast das Blut in den Adern vor Ekel und Wut. So etwas Widerliches hatte ich noch nie gehört, so etwas kannte ich aus meiner Schulzeit überhaupt nicht.

Ich wies darauf hin, dass die Lehrerin einen sehr instabilen Eindruck auf mich gemacht habe und dass vielleicht Gefahr im Verzug sei. Keine Reaktion. Ich hatte gehofft und erwartet, dass sofort eine Beamtin zur Schule fährt und sich ein Bild von der Lage macht, die Kinder befragt, die Verfassung der Lehrerin überprüft. Nichts geschah.

Nichts geschah – so könnte auch die Überschrift für die Ereignisse der nächsten Monate lauten. Innerhalb von zwei Monaten vernahm die Polizei nur zwei Kinder, nicht jedoch alle angegebenen Zeugen. Der zuständige Schulrat gab bekannt, er hätte im persönlichen Gespräch den Eindruck gewonnen, es fände eine zeitnahe und sachkundige Bearbeitung durch die Kriminalpolizei statt. Diese Arbeit wolle er auf gar keinen Fall durch eigene Bemühungen gefährden – und so tat er weiter das, was schon immer gut funktioniert hat, nämlich gar nichts!

Nein, das stimmt nicht so ganz. Er tat doch etwas. Er legte der Staatsanwaltschaft eine Akte vor, die er sorgfältig über mich angefertigt hatte. Eine Auflistung meiner »schweren Verfehlungen«. Eine »Ungeheuerlichkeit« reihte sich an die andere: Rebeccas Mutter beantragt eine

Hospitation. Rebeccas Mutter beschwert sich über die mangelnde Aufsicht und schwere Prügeleien auf dem Schulhof. Die Liste war lang und umfasste auch die Strafanzeigen anderer Eltern gegen die besagte Lehrkraft. Alles, was seit Ausbruch des Konflikts geschehen war, wurde auf meinem Konto verbucht.

Auch die Polizei fertigte ein »Eindrucksprotokoll« über mich an, das allerlei wichtige Indizien enthielt: »Die Zeugin erschien in gepflegter bürgerlicher Kleidung.« Ich frage mich heute noch, was der Beamte wohl über mich geschrieben hätte, wenn ich mit langem schwarzen Matrix-Ledermantel erschienen wäre. Wären die Verfahren dann sofort und ohne die übliche sechsmonatige Anstandsfrist eingestellt worden?

In den nächsten Monaten stand unsere kleine Welt kopf. Wir bekamen mehr und mehr Kontakt zu anderen Betroffenen. Die Eltern der ersten Klasse kannten sich bislang nicht. Wir organisierten ein Treffen, und viele Eltern berichteten von ähnlichen Veränderungen an ihren Kindern, wie wir sie seit der Einschulung beobachten mussten. Sie sprachen über ihre Erfahrungen mit der Lehrkraft, und meine Befürchtungen wuchsen.

Als weder das Schulamt noch die Staatsanwaltschaft bereit waren, den Kindern schnell zu helfen, wurden wir immer aktiver. Wir gründeten eine Elterninitiative, verteilten in der ganzen Stadt Flugblätter, organisierten eine Demo, gingen zu Besprechungen im Schulamt und mit Politikern und schalteten die Presse ein. Es gab Zeitungs- und Fernsehberichte über unsere Fälle, doch am Ende wurden alle Verfahren eingestellt. Mittendrin saßen die Kinder und verstanden die Welt nicht mehr.

Nein, sechsjährige Mädchen verstehen nicht, wenn man ihre Anzeige nicht aufnehmen will und sie stattdessen ins Schulamt schickt. Sie verstehen nicht, warum sie weiter in eine Schule gehen müssen, die sie krank macht.

In der Schule brachten die Lehrer Aushänge an, in denen Kinder und Eltern diffamiert wurden. Manche Lehrer hielten Stuhlkreise zum Thema ab und fragten die Kinder gezielt: »Wer von euch glaubt denn, dass meine Kollegin so etwas tun würde?«

Die beschuldigte Lehrerin erkrankte zu diesem strategisch günstigen Zeitpunkt, und so konnten die Kinder für eine Weile ungestört die Schule besuchen. Nach etwa zwei Monaten kehrte ihre Peinigerin jedoch gut erholt und voller Tatendrang zurück.

Der Schulrat hatte ihr nach vier Strafanzeigen notgedrungen das Verbot erteilt, diese Klasse weiterhin zu unterrichten.

Er hatte ihr aber nicht untersagt, sich in den Schulflur zu stellen und die Kinder aus ein bis zwei Metern Entfernung beim Umziehen zu beobachten.

Die Kinder konnten sich nicht wehren – ihre kleinen Körper schon. Viele Kinder erkrankten, konnten nicht mehr gut schlafen, hatten ständig Bauchweh und Kopfschmerzen, nässten nachts, manche sogar tagsüber, wieder ein, litten unter Bronchitis oder Neurodermitis.

Rebecca wurde immer trauriger und aggressiver. Oft erkannte ich mein eigenes Kind kaum wieder. Wutausbrüche und bitterliches Weinen wechselten sich ab. Eines Tages waren wir beide mit dem Auto unterwegs. Irgendwann wurde es sehr ruhig im Auto, ich sah zur Seite und erschrak furchtbar. Rebecca saß auf ihrem Sitz und weinte völlig lautlos. Ihr Gesicht und ihre Hände waren klatschnass, und die Tränen strömten. Sie sagte kein Wort, war ganz still, versuchte nur verzweifelt und erfolglos, die vielen Tränen wegzuwischen. Ihre Ärmel und ihr T-Shirt wurden immer nasser, und sie sah mich ängstlich an: »Mama, ich weiß nicht, was mit mir los ist. Ich will das gar nicht, aber ich kann nicht aufhören zu weinen.«

Bei einem Erwachsenen hätte man wohl von einem Nervenzusammenbruch gesprochen, aber haben siebenjährige Kinder Nervenzusammenbrüche?

Das war der Moment, in dem ich mich entschloss, sie nicht mehr in diese Schule zu schicken. Der Kampf war für uns zu Ende. Rebecca wurde für die Dauer des Konflikts wegen ihrer Angstzustände und ihrer Neurodermitis von unserer Kinderärztin krankgeschrieben. In aller Ruhe suchten und fanden wir eine neue Schule für Rebecca, und mit Beginn des zweiten Schuljahres wurde sie dort eingeschult.

Ein Jahr später war ihre Welt fast wieder in Ordnung. Sie lernte fleißig, mit viel Freude und großer Begeisterung. Sie hatte neue Freundinnen gefunden und alte Klassenkameraden an der neuen Schule wiedergetroffen, ging zu Kindergeburtstagen, verabredete sich, spielte, tobte herum und malte – sie war wieder ein glückliches Kind.

Hatte das Opfer das »Schlachtfeld« als Verlierer verlassen?

Hatte dieses Kind, das so viel aushalten musste, das trotz aller Anfeindungen immer wieder die Wahrheit sagte, nicht all den Verleumdern und Vertuschern etwas vorgelebt, das so oft eingefordert wird? Zivilcourage?

Als schließlich niemand mehr damit rechnete, als die Juristen schwiegen, als die Schule weiter ihre Schüler an andere Lehrstätten verlor, gab es plötzlich eine überraschende Wende. Unsere Elterninitiative fand nach 18 Monaten endlich einen Ansprechpartner, der gewillt war, zuzuhören, und der verstand, was uns antrieb. Es kam zu Veränderungen, die weitreichender waren, als wir es uns in unseren kühnsten Träumen erhofft hatten.

Natürlich hatte das Kind einen anderen Namen bekommen, aber im Rahmen dieser »Umstrukturierungsmaßnahmen« verließen sehr viele Lehrer die betreffende Schule. Sie baten um Versetzung oder wurden plötzlich anderswo dringend benötigt.

Die in den Konflikt verwickelten Kinder haben nie aufgegeben und können mit sich zufrieden sein – ihre Bilanz schließt positiv ab, denn sie haben vielen anderen Kindern großes Leid erspart.

Die andere Seite
der Gewalt

Ein Tabu:
Gewalt von Lehrern gegen Schüler

Berichte über Gewalt an deutschen Schulen haben sich in den letzten Jahren zu einem Dauerbrenner in der Medienberichterstattung entwickelt. Die Reportagen zeichnen ein rüdes Bild von den Verhältnissen: Pöbeleien, Mobbing, sexuelle Nötigung, Schlägereien, Raub, Erpressung, Attacken gegen Lehrkräfte und Amokläufe mit der Waffe in der Hand scheinen an der Tagesordnung zu sein.

Die Nation zeigt sich erschüttert, doch weitgehend ratlos. Stimmen werden laut, man möge härter durchgreifen, keine Toleranz zeigen. Laut sind diese Stimmen, oft lauter als die, die fragen: Warum? Woher der Hass? Woher diese Sprache der Gewalt?

»Brutale Computerspiele« und »schlechte Eltern« lauten Standardbegründungen für das sich immer deutlicher abzeichnende Problem, dass die Generation, auf der unsere Hoffnungen für die Zukunft liegen, möglicherweise ihren Aufgaben nicht gewachsen sein wird.

Sucht man nach Gründen für die »Ausraster« jugendlicher Gewalttäter gegen Pädagogen, so öffnen sich komplexe Szenarien. Isolation spielt nicht selten ein Rolle, Isolation mitten im lebendigen, geschäftigen Großbetrieb Schule. Dazu kommen Druck und Abhängigkeit. Abhängigkeit von der Gunst einzelner Lehrer. Um Zukunft geht es da, um gute Abschlüsse, um Chancen auf dem Lehrstellenmarkt.

Gelegentlich melden sich Stimmen, die von der Verzweiflung der späteren Täter zu berichten wissen, von ihrem langsam aufgestauten Groll. Ganz leise sind diese Stimmen. Kaum ein Mikrofon fängt sie ein. Als im nordrhein-westfälischen Emsdetten ein Teenager in seiner ehemaligen Schule nach einem bewaffneten Amoklauf Selbstmord verübt hatte, verschwand sein Abschiedsbrief sehr schnell aus der öffentlichen Diskussion. Deutliche Worte hatte der Verfasser für unser Schulsystem gefunden. Deutliche Worte auch für seine Lehrer. Doch so offensichtlich auch die Schule im Zentrum der Verzweiflung dieses Jungen gestanden zu haben schien, so schnell war die öffentliche Diskussion wieder in der alten Spur: In Fernsehtalkshows ereiferten sich selbsternannte Experten über die Gefährlichkeit von Computerspielen.

Das möglicherweise fatale Abhängigkeitsgefüge Schüler–Lehrer wird in unserer Gesellschaft im Allgemeinen nicht in Frage gestellt. Lehrerlaunen, Lehrerwillkür und Lehrersadismus sind den meisten Menschen, die ihre Schulzeit überstanden haben, nicht unbekannt geblieben. Dennoch rührt keiner an diese Themen. Das gehört sich nicht.

Dieses Tabu hängt vielleicht auch damit zusammen, dass die Organisation unseres Erziehungswesens nicht den hehren Idealen unserer Gesellschaftsordnung entspricht: Die Strukturen des Systems »Schule« sind nicht demokratisch. Die Welt »Schule« verlangt Verhaltensweisen von unserem Nachwuchs, die so gar nicht zu den Tugenden eines Staatsbürgers passen: Kuschen, Verdrängen von Schwächeren, Schleimen, Erduldung von Unrecht, Lügen, Betrug, Verrat. Die Schulfestplakate mit Slogans wie »Toleranz«, »Fair Play«, »Team Spirit« sind oft das Papier nicht wert, auf dem sie gedruckt wurden.

»Bevor mein eigenes Kind von seinem Klassenlehrer misshandelt wurde, hatte ich keine Ahnung davon, dass heutzutage noch Lehrer gewalttätig sind.

Auch einige andere Eltern aus der Schule konnten das nicht fassen.

(...) Offenbar gab es an dieser Schule zwei streng voneinander getrennte Welten: die Vorzeigewelt und die dunkle Schattenseite. Da gab es Kinder, mit denen man sich nach allen Regeln der pädagogischen Kunst Mühe gab – zur Freude ihrer einflussreichen Eltern. Und da gab es die vergessenen, pädagogisch geradezu verwahrlosten und misshandelten Kinder. Es erschreckte mich, wie viele Kinder alleinerziehender Mütter unter den Opfern von Lehrergewalt waren. Die Geschichten ähnelten sich sehr: Die Schulleitung reagierte auf die Beschwerden aggressiv und scheute sich auch nicht, die Mütter zu beleidigen und unter Druck zu setzen, machte sie vor anderen Eltern unmöglich. Es war deutlich zu spüren, dass man unterschied zwischen den Familien, denen man aus Prestigegründen nahe sein wollte, und dem ›Kroppzeug‹ wie uns. Eine Zwei-Klassen-Behandlung.« (Elisabeth)

Wie ist es möglich, dass Lehrer im Dienst ihre Grenzen überschreiten? Wie ist es möglich, dass diese Vorfälle nicht die Runde machen? Wie ist es möglich, dass Wissende schweigen und wegsehen?

Schule hat mit Pflicht zu tun, mit Schulpflicht, mit Zwang und Druck, mit Autorität. Das weiß jedes kleine Kind, das sich in tiefster Finsternis aus dem Bett quälen muss, um pünktlich zum Unterricht in der Schule zu erscheinen. Seine biologische Uhr, die ihm Schlaf verordnet bis zum Morgengrauen, muss es abstellen lernen. Fügen muss es sich, beugen.

Der Staat mit seinen Erwartungen und Anforderungen erscheint dem kleinen Mitbürger in Gestalt seiner Lehrkraft. Im täglichen Umgang mit ihr lernt er sehr schnell, was ihm der Staat abverlangt und was er ihm bietet: Zukunft für den, der gefällt. Wohl dem, der ja sagt und pariert. Wohl dem, der hinnimmt, was er bekommt.

Die Erziehungsmisere

Gewalt gegen Kinder, Kindesmisshandlung, Kindesmissbrauch und Vernachlässigung sind zunehmend
Themen der allgemeinen öffentlichen Diskussion und
Betrachtung. Immer wieder erschrecken Fernsehzu-
schauer und Zeitungsleser angesichts der Schicksale
kindlicher und jugendlicher Gewaltopfer. Nicht selten
bewegten sich die Täter im unmittelbaren Umfeld dieser
Mädchen und Jungen. Spektakuläre Fälle von Kindesmisshandlung in der Familie regen Diskussionen an,
bringen die Politik auf den Plan. Nicht selten werden
Vorschläge laut, die ein »Überwachen« elterlicher Aktivitäten oder eine verstärkte Kontrolle familiärer Erziehung durch den Staat anstreben.

Staatliche Erziehungsprofis melden sich in dieser Diskussion zu Wort: Lehrerinnen und Lehrer. In der Medienberichterstattung zeichnen diese oft eloquenten
und sendungsbewussten Persönlichkeiten mitunter ein
wahres Schreckensbild von der Situation der Kinder in
unserem Land: desinteressierte Eltern, die sich nicht
kümmern, die ihre Kinder in die Schule abschieben, die
Erziehung der Schule überlassen.

Aus dieser Perspektive erscheinen Schulen als Rettungsinsel, die Lehrkräfte als politisch weitblickende,
besorgte Helfer und Heilsbringer. Dass die Erfahrungen
von Eltern im Alltag häufig ein anderes Bild wiederge-
ben, zeigen die folgenden Aussagen von Müttern schulpflichtiger Kinder.

»Den gemeinsamen Erziehungsauftrag mit den Lehrern wahrnehmen zu müssen, ist für mich die Hölle.
Die Lehrer meines Kindes zeichneten sich durch

Inkompetenz, Grausamkeit und Nachlässigkeit aus. Wir zogen absolut nicht an einem Strang. In ihren Händen entwickelte sich mein begabtes Kind zurück. Mein Kind wurde von Lehrern körperlich misshandelt: Sein Klassenlehrer trat Schüler wiederholt. Das sollte ›lustig‹ sein. (…)

Bei 34 Grad im Schatten und erhöhten Ozonwerten musste unser Achtjähriger zur Mittagsstunde als Tempomacher auf der Aschenbahn rennen. Die Folge: ein Hitzekollaps.

Als Zehnjähriger verletzte er sich bei einem Sprung vom Zehn-Meter-Brett. Obwohl wir Eltern keine Zustimmung dazu gegeben hatten, ließ die Klassenlehrerin, die allein – ohne Bademeister – die Aufsicht führte, die Schüler springen. Mein Sohn verletzte sich an vier Brustwirbeln und musste stationär ins Krankenhaus. Die Klassenlehrerin rief nach dem Unfall keinen Arzt, keinen Sanitäter zu Hilfe.

Mit diesen Lehrpersonen war für mich kein Konsens zu erzielen. Ich hatte das Gefühl, es mit besonders unvernünftigen Leuten zu tun zu haben, vor denen ich meine Kinder in Sicherheit bringen sollte. Der Staat sieht es offensichtlich nicht so, denn diese Kräfte blieben weiterhin im Schuldienst.« (Mechthild)

»Elternmitarbeit ist von Lehrern meiner Erfahrung nach nur da erwünscht, wo Eltern sich als folgsame Helfer einspannen lassen für das Kuchenbacken bei Festen und Handlangerdienste aller Art. Pädagogisch interessierte, gebildete und kritische Eltern werden abgebügelt und bekämpft.

Die Qualität der pädagogischen Leistungen, die

mein Sohn in seiner Grundschulzeit ›zu spüren‹ bekam, war absolut ungenügend. Es ging den Kindern
dort nicht gut, und sie entwickelten sich dement-
sprechend schlecht.« (Simone)

Lehrergewalt –
Versuch einer Definition

Auf der Suche nach einer Definition von Lehrergewalt stößt man auf eine Vielzahl unterschiedlichs-
ter Hinweise. Eine konkrete, umfassende Beschreibung
scheint es jedoch offiziell nicht zu geben. Zahlreich sind
dagegen Informationen, Definitionen und Checklisten zu
Gewalt gegen Kinder im Allgemeinen oder in der Familie
im Speziellen.

Grundsätzlich gehen die gebräuchlichsten Definitionen des Tatbestands »Gewalt gegen Kinder« auf die
UN-Kinderrechtskonvention zurück, die am 5. April
1992 für die Bundesrepublik Deutschland mit Zustimmung von Bundestag und Bundesrat als Gesetz in Kraft
trat.

Gewalt gegen Kinder hat vielfältige Erscheinungs-
formen. Hinweise gibt ein Kriterienkatalog, wie ihn zum
Beispiel auch Kinderärzte verwenden. Dort wird zwischen seelischer und körperlicher Gewalt unterschieden.
Der Tatbestand der Vernachlässigung wird ebenfalls als
Gewaltakt gegen das Kind angesehen. In konkreten Miss-
handlungsfällen mischen sich die Gewaltformen häufig.

Seelische Gewalt wird ausgeübt durch Handlungen,
die zu einer schweren Beeinträchtigung der vertrauensvollen Beziehung zwischen Bezugsperson und Schülerin
oder Schüler führen und die geistig-seelische Entwicklung des Schutzbefohlenen zu einer autonomen und
lebensbejahenden Persönlichkeit behindern.

Schülerinnen und Schüler verbringen in der Regel
nicht nur sehr viel Zeit mit ihren Lehrern, sondern sind
in ihrer persönlichen Entwicklung auch in einem besonders hohen und prägenden Maße von ihnen abhängig.

Seelische Gewalt liegt vor, wenn der Schülerin oder dem Schüler ein Gefühl der Ablehnung vermittelt wird. Für die Schülerin oder den Schüler wird es dadurch besonders schwierig, ein stabiles Selbstbewusstsein aufzubauen.

Diese Ablehnung wird ausgedrückt, indem die Schülerin oder der Schüler

- gedemütigt und herabgesetzt,
- durch unangemessene Schulleistungen oder -anforderungen überfordert und/oder
- durch Respektsentzug, Zurücksetzung, Gleichgültigkeit und Ignorieren bestraft wird.

Schwerwiegend sind ebenfalls Handlungen, die der Schülerin oder dem Schüler Angst einflößen. Dazu gehören:

- Das Alleinlassen oder die Isolation des Kindes (Einsperren, Aussperren, aus der Gruppe ausschließen),
- das Ausstoßen von Drohungen aller Art (Androhen körperlicher Gewalt; Drohungen, die die Einschränkung des persönlichen Fortkommens des Schülers betreffen),
- das Beschimpfen von Schülern oder das Ausbrechen in Wutanfälle, die für die Schüler nicht nachvollziehbar sind.

Schüler werden auch für die Bedürfnisse von Lehrkräften missbraucht, wenn sie

- launischem Verhalten ausgesetzt sind,
- für sexuelle Stimulanz missbraucht oder
- in Schulkonflikten instrumentalisiert werden.

Auch ein stark dominierendes, überregulierendes Verhalten kann sich als seelische Gewalt auswirken, wenn es dem Kind oder Jugendlichen ein Gefühl von Ohnmacht, Wertlosigkeit und Abhängigkeit vermittelt.

Körperliche Gewalt üben Erwachsene an Kindern in unterschiedlichsten Formen aus. Kinder können durch diese Taten bleibende körperliche, geistige oder seelische Schäden davontragen. In der Schule häufig vorkommende Verhaltensweisen gewalttätiger Lehrer sind: Schubsen, Schütteln, Kneifen, Ohrenziehen, Schläge, Boxen, Tritte.

Ein Phänomen, das in der Regel beide Gewaltkomponenten enthält, ist die sexuelle Belästigung von Schülern. Sexuelle Übergriffe sind nicht immer so klar erkennbar wie im Fall eines Lehrers, der Schülerinnen an die Brust fasst oder sie zu küssen versucht. Wenn ein Pädagoge ein Kind auf den Schoß zieht, um ihm etwas zu erklären, wenn er Kinder wie beiläufig berührt, wenn er gar »lustig« klapst oder nach ihnen tritt, wenn sportliche Hilfestellungen mit ungewöhnlich viel Körperkontakt einhergehen, wenn der Lehrer in die Umkleide der Teenager marschiert, ohne zu klopfen, wenn er Schülerinnen auf dem Trampolin fotografiert, dann haben es die Opfer in der Regel sehr schwer, sich diesen Übergriffen zu entziehen. Noch viel schwerer scheint es aber zu sein, sich dagegen zu wehren.

»In der fünften Klasse hatten wir einen Lehrer, der es auf Mädchen mit sehr langen Haaren abgesehen hatte. Er rief sie bevorzugt auf, um etwas sehr Schwieriges zu fragen. Es war klar, dass die Mädchen die Antworten höchstwahrscheinlich nicht wussten. Zur Strafe machte er ihnen dann Knoten in die Haare. Immer wieder. Das ziepte und tat ihnen weh.

Ich hatte auch langes Haar. Bei mir versuchte er es auch einmal. Ich war erst zehn oder elf Jahre alt, aber ich wehrte mich. Ich sagte ihm, er dürfe mich nicht anfassen, weil ich das sonst seinem Chef, dem Direktor, erzählen würde und er dann einen Riesenärger bekäme. Da ließ er es bleiben. Aber er war sehr sauer. Das konnte ich merken.

Fortan hatte er mich regelrecht auf dem Kieker. Ich bekam nur noch schlechte Noten und hatte absolut keine Chance mehr. Diesen Lehrer mache ich dafür verantwortlich, dass ich nach der Orientierungsstufe das Gymnasium verlassen und auf die Realschule wechseln musste. Er hat mich systematisch fertiggemacht, und ich hatte seinetwegen einen zu schlechten Notendurchschnitt.« (Sarah)

Die *Vernachlässigung* von Schützlingen gehört zu den besonderen Formen der Gewalt gegen Kinder. Lehrkräfte können Schülerinnen und Schüler vernachlässigen, indem sie ihnen Zuwendung, Respekt, Akzeptanz, Betreuung, Schutz und Förderung verweigern. Das kann zum Beispiel geschehen durch:

- mangelnde Möglichkeiten zum Essen und zur Flüssigkeitsversorgung,
- unzureichende körperliche Fürsorge (Pausen, Sorge um Verwendung passender Kleidung, Händewaschen, Bewegung, Veranlassung ärztlicher Versorgung bei Unfall oder Erkrankung, Ermöglichung des Toilettengangs, Vermeidung gesundheitsschädlicher Belastungen),
- völliges Ignorieren (Schüler bleiben sich selbst überlassen, Stoff wird nicht ausreichend erklärt, Hilfestel-

lungen werden verweigert, Leistungen nicht gewürdigt, Gefährdungen übersehen).

Diese Merkmale sind Ausdruck einer stark beeinträchtigten Beziehung, die die Lehrkraft zu ihren Schülern hat.

Auf dem 15. Mainzer Opferforum des Weißen Rings, »Gewaltprävention in der Schule«, am 1. 11. 2003 in Mainz erklärte Bundesjustizministerin Brigitte Zypries:

»Wenn wir heute über die Schule als Ort der Prävention von Gewalt reden, so ist das ein Fortschritt, dessen Ausmaß vielfach vergessen wird. Die Schule war früher eine Institution, an der Gewalt durch die Lehrer vorgelebt und von den Schülern erduldet und erlernt wurde. Die Ausübung körperlicher Gewalt durch Lehrer hatte leider eine sehr lange Tradition; so ist sie beispielsweise schon überliefert für die Schreiberschulen Mesopotamiens, die vor 3000 Jahren bestanden.

Die Züchtigung durch Lehrer war auch an deutschen Schulen lange Zeit selbstverständlicher Bestandteil des Schulalltags. Auch noch nach dem Ende der nationalsozialistischen Diktatur war in Deutschland ein Züchtigungsrecht für Lehrer gewohnheitsrechtlich anerkannt. Das ausdrückliche Verbot von Körperstrafen an Schulen war daher ein wichtiger Schritt auf dem Weg in eine Gesellschaft, in der Gewaltanwendung geächtet und verachtet wird.

Dieser Schritt ist deshalb so wichtig, weil Gewalt, die junge Menschen erfahren, gelernt und weitergegeben wird. Die wesentlich höhere Gewaltbereitschaft von Menschen, die in ihrer Kindheit von den Eltern geschlagen wurden, ist eine nachweisbare Tatsache. Mit der Einführung eines Rechts der Kinder auf gewaltfreie Erziehung wurde daher ein weiterer bedeutsamer Schritt bei der Gewaltprävention getan.

Es reicht aber nicht aus, dass Kindern keine Gewalt durch Eltern und Lehrer vorgelebt wird. Das Maß an Toleranz und Aggressionsbeherrschung, das für das friedliche Zusammenleben von Menschen erforderlich ist, muss darüber hinaus aktiv gelernt und eingeübt werden. Die Schule ist hervorragend geeignet. Sie ist der Ort, an dem alle Adressaten von Präventionsmaßnahmen erreichbar sind, und dies in einem Alter, in dem Präventionsbemühungen noch verhältnismäßig erfolgversprechend sind. Es hilft nicht weiter, lautstark darüber zu klagen, dass manche Eltern ihren Erziehungsauftrag nicht erfüllen. Dies ist keine Rechtfertigung dafür, Schule weitgehend auf Wissensvermittlung zu reduzieren, was auch ernsthaft niemand wollen kann.«

Gewalt gegen Schüler –
der Ausnahmefall?

Die Berichte von der Berliner Rütli-Schule, von Lehrerinnen verprügelnden Zwölfjährigen und Amok laufenden Teenagerschützen, scheinen sich tief in das kollektive Bewusstsein gegraben zu haben. Berichte darüber erschienen in fast allen Medien, wurden beleuchtet, analysiert, diskutiert, zum Stichwort für politische Überlegungen.

Die kneifenden, an Kinderohren zerrenden Lehrerinnen und zudringlichen, ihre Schüler persönlich herabwürdigenden Lehrer sind in der öffentlichen Berichterstattung vergleichsweise wenig präsent. Bisher hat noch keine deutsche Schule einen »Hilfeschrei« an die Medien geschickt, weil in ihrem Kollegium zu viele Lehrerinnen und Lehrer Schüler schlagen oder treten, sie gängeln, beleidigen und ihnen die Zukunft verbauen. Offiziell gelten solche Vorkommnisse meistens als »bedauerliche Einzelfälle«.

Dass diese Vorfälle zwar bedauerlich sind, aber keinesfalls vereinzelt auftreten, zeigen uns nicht nur unsere persönlichen Erfahrungen, sondern auch verschiedene wissenschaftliche Studien.

Im Rahmen der von der Europäischen Kommission finanzierten Initiative »Connect« koordinierte Professor Peter K. Smith vom Goldsmithcollege der Universität London 2001 ein Projekt zum Thema »Schulgewalt«, an dem sich 17 Länder mit jeweils eigenen Berichten beteiligten.

Den Deutschlandbericht dazu lieferten die Münchner Wissenschaftler Mechthild Schäfer und Stefan Korn[1]. Sie kamen unter anderem zu der Erkenntnis, dass eine offizielle Studie zu den gewalttätigen Übergriffen von Lehrkräften gegen Schüler nicht genehmigt würde. Die Behörden, die sie genehmigen müssten, seien nämlich zugleich oberster Dienstherr der Lehrerinnen und Lehrer. Die Motivation, schlechte Nachrichten aus den eigenen Reihen nach außen dringen zu lassen, ist da wohl nicht die größte.

Eine offizielle Statistik über Lehrergewalt gibt es für Deutschland nicht. Nach Auskunft der Kultusministerien und der Innenministerien der einzelnen Bundesländer werden weder in den Dienstaufsichtsbehörden noch in den Ministerien solche Daten erhoben. In Insiderkreisen zählt also niemand mit – nicht einmal die Fälle, die ans Tageslicht kommen. Und das, obwohl die von Experten geschätzte Dunkelziffer immens hoch ist. Demnach soll jeder fünfte bis zehnte Schüler in Deutschland schon mindestens einmal Opfer von Lehrergewalt geworden sein.

Selbst-Test:
Gibt es Lehrergewalt wirklich?
Wurden Sie selbst in Ihrer Schulzeit schon mindestens einmal Zeuge oder Opfer von seelischer, körperlicher oder sexueller Gewalt von Lehrern gegen Schüler?

Lehrergewalt ist ein Tabu. Wer daran rührt, macht sich unter Umständen nicht wenige Feinde. Wer wagt es denn, offiziell zu dem Phänomen Lehrergewalt Stellung zu nehmen? Erst recht, wenn er beruflich, mit seiner Existenz, verbunden ist mit dem System, das Lehrergewalt überhaupt nicht zur Kenntnis nimmt?

Unsere Nachbarn scheinen da mutiger. Der österreichische Wissenschaftler Volker Krumm veröffentlichte bereits 1997 in seinem Artikel »Gewalt in der Schule – auch von Lehrern?« (Empirische Pädagogik 2, 285–294) erschütternde Forschungsergebnisse zur Lehrergewalt in Österreich. Zur »schwarzen Pädagogik« erklärte Volker Krumm im Jahr 2003 (Pädagogik, Jg. 55, Heft 12, 2003, S. 30–34), »wie Lehrer das Disziplinproblem und ihren Umgang damit konzipieren: Das Phänomen wird nicht als Problem der Interaktion zwischen Lehrer und Schüler konzipiert, sondern als ein Merkmal des Schülers, als ein unstatthaftes Defizit. (...) Für solche Schülerdefizite machen Lehrer außerschulische Bedingungen, insbesondere die Eltern verantwortlich. Die Folgen des ›Versagens der Eltern‹ wollen sie nicht ›reparieren‹. (...) Da das Phänomen nicht als akzeptiertes Lerndefizit oder Interaktionsstörung gesehen wird, wird es nicht als Lehraufgabe verstanden. Es wird ihm mit Ablehnung statt mit pädagogischer Zuwendung begegnet.«

Krumm gibt an, dass von 3000 nach ihren eigenen Schulerlebnissen befragten Studenten aus Österreich, Deutschland und der Schweiz alle in der Lage gewesen seien, Fälle zu schildern, in denen Lehrer Schüler beeinträchtigt hätten. Es handelte sich dabei um Vorgänge unter Anwendung von seelischer und körperlicher Gewalt sowie um die Einschränkung von Rechten. Von einer zum selben Thema befragten Lehrergruppe antworteten 80 Prozent, dass sie Kollegen hätten, die so mit ihren Schülern umgingen. 26 Prozent schätzten die Häufigkeit auf »öfter« und sechs Prozent auf »oft« ein.

Wenn in Deutschland überhaupt Statistiken zur Gewalt an der Schule geführt werden, zeigen sie häufig ein merkwürdig schiefes Bild.

So sind im Bundesland Berlin die Schulen seit einigen Jahren aufgerufen, alle Gewaltvorfälle zu melden. Auf der Grundlage dieser Meldungen entsteht der »Schulgewaltbericht«, der für nicht wenig Verwirrung sorgt. Zum einen handelt es sich um eine reine Tatverdächtigenstatistik, zum anderen fehlt eine Rubrik »Lehrergewalt gegen Schüler« vollkommen, ebenso Rubriken wie »Sachbeschädigung durch Lehrer« oder »Lehrergewalt gegen Eltern, Kollegen und andere Bedienstete«. Vorfälle dieser Art fließen zwar unter Umständen als Zahlenwerte in die Statistik ein, verstecken sich dort aber so geschickt, dass man diese Übergriffe den Schülern zuschreiben könnte.

Wer die Statistik nur überfliegt, gerät schnell auf eine falsche Fährte. Da »Lehrer« bei den Opfern sehr wohl als eigene Kategorie ausgewiesen sind, kann man leicht den Eindruck bekommen, Lehrer seien nur Opfer, niemals Täter. (Unter der Opferkategorie »Lehrer« sind übrigens großzügig alle Schulbediensteten wie Sekretärinnen, Hausmeister etc. zusammengefasst, was die Opferzahl erhöht.)

Alarmierende Ergebnisse erbrachte auch eine Schülerbefragung in Bremen. Im Juli 2003 legten die Wissenschaftler Prof. Dr. Thomas Leithäuser und Dr. Frank Meng von der Akademie für Arbeit und Politik an der Universität Bremen die Ergebnisse einer Schülerbefragung in der Freien Hansestadt vor. Thema: »Gewalterfahrungen und extremistische Deutungsmuster«.[2] Unter anderem hatten sie auch nach Erfahrungen mit Lehrergewalt gefragt. Nach dieser Studie machten die befragten Schülerinnen und Schüler folgende Angaben über das letzte Schuljahr:

Sekundarstufe I (7. bis 10. Klasse)
Von Lehrkräften mindestens einmal
• geschlagen: 3,9 %

- mit Worten fertiggemacht: 34,5 %
- körperlich sexuell belästigt: 3,6 %
- verbal sexuell belästigt: 4,3 %

Sekundarstufe II (11. bis 13. Klasse)
Von Lehrkräften mindestens einmal
- geschlagen: 2,1 %
- mit Worten fertiggemacht: 31,7 %
- körperlich sexuell belästigt: 1,9 %
- verbal sexuell belästigt: 3,8 %

(Schülerbefragung »Gewalterfahrungen und extremistische Deutungsmuster«, Bremen 2003, Prof. Dr. Thomas Leithäuser/Dr. Frank Meng, Universität Bremen, Akademie für Arbeit, 2003)

Die Befragungsergebnisse kommentierten die Wissenschaftler in ihrem Bericht: »Alarmierend hoch ist die Anzahl der Schüler aus der Sekundarstufe I, die von Lehrern körperlich gezüchtigt bzw. unkontrolliert geschlagen wurden. (...) Bei dieser Größenordnung lässt sich keinesfalls von einer Randerscheinung in der Institution Schule sprechen.«
Die Bremer Studie und ihre Ergebnisse wurden auch in Deutschland diskutiert und zitiert. Dennoch steht eine große, umfassende Studie zur Gewalt gegen Schülerinnen und Schüler in der deutschen Schulerziehung noch aus. Traut sich da keiner ran?

Schätzungen zufolge, denen öffentlich bekannt gewordene Fälle zugrunde liegen, scheinen die verschiedenen Formen von Lehrergewalt und ihre Häufigkeit nicht auf alle Schultypen gleichermaßen verteilt zu sein. Körperliche Gewalt und Züchtigungen wie Kopfnüsse, Backpfeifen, Ohrenziehen und dergleichen finden demnach verstärkt in Grundschulen bei den kleinen Schülern statt. Die Opfer entwickeln als Folge häufig Krankheiten wie »Bauchweh«, »Kopfschmerzen« und werden anfällig für Infekte, sind schlaflos, aggressiv und verschlossen. Im Sekundarbereich der Hauptschulen, Realschulen und Gymnasien ist die seelische Gewalt stärker vertreten. Hier »arbeiten« gewalttätige Lehrer mit Beleidigungen, Herabwürdigungen, Bloßstellungen und gezieltem Notendruck.

Die Reaktionen der Schüler sind unterschiedlich. Autoaggressionen wie Selbstverletzung, Depression oder gar Selbstmord können eine Folge sein. Aber auch durch aggressive Verhaltensweisen wie das Mobben und Verprügeln von Mitschülern, Vandalismus am Gebäude oder am Besitz von Lehrern und Mitschülern, im Extremfall sogar durch Überfälle und Mord versuchen Schüler, ihre beschädigte Würde wiederherzustellen.

Persönliche Erfahrungen
mit Lehrergewalt

Lehrer, die zuschlagen, Lehrer, die psychisch quälen, die entwürdigen, die Gesetze brechen – sind sie wirklich so selten, dass man nicht darüber reden muss? Für die meisten Erwachsenen ist die Konfrontation mit dem Thema Lehrergewalt anscheinend erschreckend. Überrascht reagieren sie, fast ungläubig. Lehrergewalt passt einfach nicht in unsere Zeit, nicht in unsere Gesellschaft. Sie passt nicht zu unserem Selbstverständnis als zivilisierter, moderner und demokratischer Staat. Haben diese Erwachsenen in der eigenen Schulzeit niemals einen ungerechten Lehrer gehabt? Niemals einen gewalttätigen Übergriff einer Lehrperson beobachtet oder selbst erlebt?

Es ist erschreckend, wie viele Menschen die Frage nach Begegnungen mit Lehrergewalt in der eigenen Schulzeit bejahen müssen. Mit erstaunlicher Präzision werden die Momente der Demütigung und des Schmerzes erinnert. Ältere Menschen berichten detailliert über erlebte Gewalttätigkeiten und seelische Grausamkeiten aus ihrer Schulzeit. Zahlreich sind die Geschichten von Ungerechtigkeiten, »auf dem Kieker haben«, von »durchfallen lassen«, »es immer abkriegen«, von Brutalität und Anzüglichkeiten. Die Folgen der Gewalt sind so prägend, dass sich ehemalige Schüler nach Jahrzehnten präzise an erlittenes Unrecht erinnern.

»Mitte der fünfziger Jahre war ich in der Unterstufe des Gymnasiums. Ich war eines von wenigen Mädchen, die im Rahmen eines Modellversuchs in dieses Jungengymnasium eingegliedert wurden. Nicht alle Lehrer dort fanden diesen Versuch gut. Dazu gehörte auch unser Lehrer, der Mädchen ablehnte.

Aus heutiger Sicht muss ich sagen, dass dieser Mann wohl ein Sadist war. Mir ist noch immer detailliert präsent, wie schrecklich er in unserer Klasse regierte. Er ging zum Teil grausam mit unseren männlichen Mitschülern um. Zum Beispiel zog er die Jungen gern an den feinen Härchen über den Ohren aus der Bank, so dass sie auf den Zehenspitzen gehen mussten, und führte sie herum. Uns Mädchen hat er körperlich nie wehgetan, aber wir bekamen Verweise und wurden psychisch drangsaliert. Ich erinnere mich an eine Klassenarbeit, während der er sich auf den Stuhl neben mir setzte, seinen Kopf mit der Hand auf der Bank aufstützte und mit der anderen Hand auf die Tischplatte trommelte. Die ganze Zeit sah er mich dabei an. Ich war vollkommen unfähig, mich zu konzentrieren. Ich war schrecklich nervös und hatte Schweißausbrüche. (…)

Irgendwann verschwand dieser Lehrer aus unserer Schule. Der Jahrgang nach uns hatte ihn ›zu Fall gebracht‹. Es soll damals aufgeflogen sein, dass er einzelne Jungen zu sich nach Hause bestellt und dort misshandelt und missbraucht hat.« (Ursula)

Fragt man Erwachsene dagegen, was sie über aktuelle Lehrergewalt wissen, so ist es erstaunlich zu hören, dass ein großer Teil von ihnen Lehrergewalt für ein Übel hält, das längst überwunden ist. Ein anderer Teil äußert sein Bedauern über die Abschaffung der Prügelstrafe an deutschen Schulen, hält Lehrergewalt für nicht existent und sieht im Gegenteil die Lehrer wehrlos der übermächtigen Schülergewalt ausgeliefert.

Fragt man dagegen Kinder, muss man sich mitunter

auf starken Tobak gefasst machen. Da kann es durchaus passieren, dass Eltern, die ihr Kind bislang in guten Händen wähnten, beiläufig erfahren, dass auch ihre Kinder in der Schule schon Zeugen oder Opfer von Lehrergewalt wurden. Oft schweigen die Kinder lange. Oft betrachten sie Lehrergewalt sogar als legitim und suchen die Schuld bei sich selbst. Da fragen sich dann die Eltern, warum sie so wenig darüber wissen, was in den Schulen und im Unterricht wirklich passiert.

Ein immer wieder anzutreffendes Muster ist die Taktik der Schulen und der Täter, Lehrergewalt herunterzuspielen, als »Ausrutscher« darzustellen und die Wahrnehmung der Eltern zu manipulieren – mit zum Teil erstaunlichem Erfolg.

»Eines Tages, während der Konflikt um den gewalttätigen Lehrer meines Sohnes bereits seit einigen zermürbenden Monaten lief, stand ich in einem Kaufhaus an einem Regal, als ich plötzlich zwei Frauenstimmen hinter mir hörte. Ich verstand nur Bruchstücke. Sie erwähnten den Namen der Schule meines misshandelten Kindes, und kurz darauf fiel der Name des Rektors und das Wort ›Strafanzeige‹. Ich erschrak. In den vergangenen Monaten hatten wir als Familie schon einiges an Schmähungen und übler Nachrede hinnehmen müssen, weil wir gegen den gewalttätigen Lehrer Strafanzeige erstattet hatten. (…) Entschlossen drehte ich mich um und sagte: ›Verzeihen Sie bitte, die Familie, von der Sie da reden, ist meine. Sie können Ihre Fragen gern direkt an mich richten.‹ Ich schaute in vollkommen entgeisterte Gesichter. Ich wiederholte mein provokatives Angebot. Schließlich sei ich diejenige mit der berühmten Strafanzeige an jener Schule. ›Sie?‹, fragte daraufhin eine der Damen sehr energisch. ›Sie? Nein, das sind Sie sicher nicht!‹, stellte sie entschlossen fest und erklärte: ›Ich bin das nämlich.‹ Innerhalb kürzester Zeit hatten wir geklärt, dass die Schule unserer Kinder offenbar innerhalb einer Woche in zwei strafrechtliche Ermittlungsverfahren involviert worden war.

Doch das war noch nicht alles. Kurz darauf lernte ich einen Vater kennen, der berichtete, wie er im gleichen Zeitraum vergeblich versucht habe, einen Termin bei der Schulleitung zu bekommen, weil die Lehrerin seines Sohnes gewalttätig geworden sei. Nachdem er erkannt hätte, dass er keine Hilfe zu erwarten hatte, habe er sein damals siebenjähriges Kind auf einer anderen Schule angemeldet. Mit seinem Jungen seien vier weitere Kinder aus der Klasse gleichzeitig diesen Weg gegangen. Fünf Kinder aus einer Klasse hatten also wegen der brutalen Lehrerin die Schule verlassen. Diese Schilderungen erschienen mir unfassbar. Gleichzeitig mit unserem Fall hatte die Schulleitung also mehrere andere ›in Bearbeitung‹ gehabt? (...) Gab es denn niemand in den Behörden, der eine Statistik darüber führte, wie viele Schüler wegen Lehrergewalt diese Schule verließen? Fiel niemandem auf, das da etwas faul war? Wieso blieben diese Fälle im allgemeinen Schulbetrieb vollkommen unbemerkt? War es reiner Zufall gewesen, dass es in einem so kurzen Zeitraum so viele Konflikte an dieser Schule gegeben hatte? (...) Im Laufe der folgenden Monate erhielten wir mehrere traurige Antworten auf diese Fragen. Ich lernte viele Eltern kennen, deren Kinder in ebenjener Schule Gewalt von Lehrern erfahren hatten. Viel zu viele. Aktuelle Fälle waren dabei und lange zurückliegende. Es schien, als hätte Lehrergewalt an dieser Schule buchstäblich Tradition seit Jahren.« (Elisabeth)

Wie kann es sein, dass Lehrergewalt so gut gedeckt und vertuscht wird? Wie ist das möglich, bei der großen Zahl potenzieller Augenzeugen, Freunde und Vertrauter der Opfer? Ein Grundschüler schildert eine einschlägige Begebenheit:

»Wir sollten gerade etwas rechnen und mit Bleistift weiterschreiben, damit sie sieht, wie weit wir gekommen sind. Aber Benedikt wollte das nicht machen und hat mit Füller weitergeschrieben, und dann hat die Lehrerin ihn geohrfeigt. Benedikt hat den Kopf auf die Bank und die Arme drum herumgelegt. So um den Kopf herum, dass man sein Gesicht nicht mehr sehen konnte. Danach war Hofpause. Ich habe darüber nachgedacht, warum die Lehrerin wohl gleich geschlagen hat. Als Benedikt weiterschrieb, hatte er mir einen Vogel gezeigt. Die Lehrerin dachte wohl, dass er ihn ihr gezeigt hätte. Deswegen hat sie ihn dann geohrfeigt.
In der Hofpause habe ich ihn gefragt, und er sagte nein. Ich habe das Lennart erzählt, weil der hinter Benedikt saß, und der hat auch gesehen, dass der geschlagen worden ist. Alle anderen aus der Klasse sagten aber, Benedikt wurde nicht geschlagen. Das habe ich Mama erzählt.
Mama ist dann zur Schulleiterin gegangen und hat mit ihr geredet. Am nächsten Schultag kamen drei Lehrer in die Klasse: unsere alte Klassenlehrerin, die Schulleiterin und die neue Lehrerin, die geschlagen hatte.

Sie haben sich in eine Ecke gesetzt und mich in die andere. Sie haben die ganze Zeit auf mich eingeredet, dass ich Mama sagen soll, ich hätte mich verguckt, und dass das gar nicht wahr sei, was ich gesagt habe, und ich solle sagen, ich hätte mich verguckt.

Ich habe Mama gesagt, was die mit mir gemacht haben. Am nächsten Morgen hat mich unsere Lehrerin aus der ersten Klasse vom Klettergerüst geholt. (…) Sie hat (…) gefragt, ob ich zu Hause gesagt hätte, dass ich mich verguckt habe. Da sagte ich zu ihr: ›Nee, ich lüge meine Mutter nicht an.‹ Vorher war sie immer meine Lieblingslehrerin gewesen. Jetzt habe ich gedacht: Warum ist die so fies? Nein, da habe ich sie überhaupt nicht mehr gemocht.« (Justus)

Eltern beobachten immer wieder, dass ihre Kinder die Methoden ihrer Lehrer kaum in Frage stellen. Als besonders beeindruckend empfanden dabei die Erwachsenen die Selbstverständlichkeit, mit der die Kinder berichteten. Offenbar hatten sie keine Empfindung dafür, dass ihre Lehrer Regeln und Gesetze brachen und Dinge mit ihnen taten, die man nicht mit Menschen machten sollte. In einem Alter, in dem ethische Wertvorstellungen geprägt werden, erleben Mädchen und Jungen in der Schule ungesetzliche Handlungen und sogar vorsätzliche Grausamkeiten.

»Bei Frau F. hatten wir ein Punktesystem. Die Problemschülerin in unserer Klasse hieß Tabea. Frau F. wurde es irgendwann zu bunt mit Tabea. (…) Einmal hat Tabea zum Beispiel rumgezickt, und sie hat die ganze Klasse dafür bestraft. Und Tabea hatte dann Stress. Die nächsten Tage waren echt Mist für sie, kann ich mir vorstellen.

Jedenfalls hatten wir ebendieses System. Es wurde so gemacht: Die Lehrer konnten entscheiden, ob sie dir Punkte geben oder nicht. Gute Punkte, schlechte Punkte oder einfach keine. Frau W. hat mir einmal einen halben guten Punkt gegeben, weil ich gelacht habe, als Tabea Mist gebaut hat. Theo hat auch gelacht. Der hat keinen halben Punkt, sondern einen ganzen bekommen. Die hatte ihre Lieblinge. Theos Eltern waren mit unserer Rektorin eng befreundet.«
(Valentin)

»Bei uns wurden in der Schule die Kinder, die sich nicht gut benommen haben, in den Nebenraum gesperrt oder auf den Flur gebracht. Die Lehrer gingen mit ihnen raus. Dann haben die Lehrer die Tür zugemacht, und man musste dableiben. (…) Tommy hat (…) geweint, als er da wieder rauskam. Er war die ganze Stunde da drinnen gewesen. Die Lehrerin hatte einem Mädchen etwas ins Ohr geflüstert. Tommy war noch im Nebenraum, und da hat das Mädchen die Tür abgeschlossen. Tommy hat ganz doll von innen gegen die Tür geklopft. Das Mädchen hat erst wieder aufgemacht, als er anfing zu weinen.

Und ganz oft haben die Lehrer Kinder mit vor die Tür genommen, z.B., wenn man laut war im Unterricht. Wenn man mit anderen geredet hat. Wenn man die Federtasche aufhatte. Wenn man mit Stiften rumgespielt hat. Das haben eigentlich alle Lehrer so gemacht. Nur Frau K. nicht.

Ich wurde einmal von einer Lehrerin angebrüllt und in den Nebenraum geschickt. Da hat sie zu mir gesagt, dass ich dableiben soll, und hat die Tür zugemacht. Sie wollte mit dem Unterricht einfach weitermachen. Ich bin einfach wieder rausgegangen. (…) Dann bin ich nach vorn zum Pult gegangen und hab die Lehrerin auch angebrüllt, dass ich das nicht gut finde, dass sie da immer Schüler einsperrt. (…) Und dass sie das nicht machen soll. Da hat sie gesagt, ich soll wieder reingehen, und ich hab gesagt: ›Mach ich nicht!‹ Sie wollte mich dorthin ziehen, aber ich habe mich auf den Boden gesetzt. Da hat sie aufgehört.« (Felicitas)

»In unserer Schule sollten sich die Kinder, die bestraft wurden, immer in die Ecke stellen, mit dem Gesicht zur Wand. Einmal ist die Lehrerin mit einem Kind rausgegangen und hat die Tür zugemacht. Sie hat ihn die ganze Zeit laut angeschrien. Das hat man gehört. (…) Ein anderes Kind, das tobte immer rum, da hat sie es in den Umkleideraum geschubst, dass es mit der Schulter gegen die Kommode gestoßen ist. Sie hat sich aber nicht entschuldigt.« (Justus)

Lehrergewalt scheint allgegenwärtig und auch allgemein akzeptiert zu sein. Ihre Existenz kann niemand wirklich leugnen, aber sie ist kaum ins öffentliche Bewusstsein gedrungen. Gut verkapselt haben wir jene Erlebnisse der gewalttätigen Übergriffe gegen uns oder unsere Klassenkameraden in der Schulzeit längst in einer Ecke unseres Gedächtnisses abgelegt, wo sie nicht mehr wehtun können. Nicht mehr so weh wie damals, als wir mit hochrotem Kopf die Schmach der öffentlichen Demütigung durch eine Lehrperson ertragen mussten.

Doch nicht immer geben sich Pädagogen selbst die Blöße, in der Öffentlichkeit gewalttätig gegen ein Kind zu sein. Nicht immer sind die Verletzungen anschließend sichtbar. Nicht jede Ohrfeige ist ein Ausrutscher, manche scheint zielsicher gesetzt. Es gibt Misshandlungen, die schmerzen, ohne Spuren zu hinterlassen. Und es gibt Misshandlungen, die »unsichtbar«, also ohne Zeugen, durchgeführt werden.

Die Aufforderung »Komm mit mir vor die Tür!« ist nicht nur aus den Western-Dialogen schießwütiger Revolverhelden bekannt. Auch in Schulen wird dieser Satz anscheinend häufig verwendet. Eine entnervte Lehrkraft fordert einen unbotmäßigen Schüler auf, mit ihr auf den Flur zu treten. Während im Film kurz darauf mindestens die Fäuste fliegen, bleibt für die Situation in der Schule die Frage, was »vor der Tür« eigentlich passiert.

> »Den Ratschlag ›Dann geht man mit dem Kind kurz vor die Tür!‹ habe ich in meiner fast vierzigjährigen Dienstzeit in Lehrerzimmern und auch von Eltern öfter bekommen. Konkret sollte das wohl heißen: Da das Schlagen von Schülern verboten ist, muss man eben sicherstellen, keine Zeugen zu haben, wenn man sie schlägt. Und das geht in der Schule am besten vor der Tür.« (Irene)

Übergriffe ohne Zeugen sind für den Täter, der kaltblütig und routiniert genug ist, im Nachhinein gut zu vertuschen. Wer den Schneid hat, seine Taten durch Lügen zu decken, sein Opfer unter Druck zu setzen oder gar zu verleumden, hat kaum Konsequenzen zu fürchten. Das ist eine Frage der Nervenstärke, der Kenntnis darüber, wie entsprechende Disziplinarverfahren ablaufen und wie man sie austrickst, und nicht zuletzt der kriminellen Energie.

Ursachenforschung:
Woher kommt die Lehrergewalt?

Wie kommt es dazu, dass Pädagogen Schüler seelisch oder körperlich verletzen? Aus den uns durch betroffene Eltern geschilderten Fällen kann man zwei unterschiedliche Muster ableiten: den »Ausraster« und die gezielte Gewaltanwendung.

Der »Ausraster«	Die gezielte Gewalt
- Handlungsinkompetenz	- Überzeugung
- Überlastung	- Grausamkeit
- mangelnde Disziplin	- sexuelle Motive

Gefördert wird jede Art von Gewaltanwendung zum einen vom Schulsystem, das der Staat vorgibt. Zum anderen spielen die Persönlichkeit und Motivation des Lehrers eine Rolle.

Zu einem Abweichen vom Idealverhalten, zum »Ausrasten«, »Explodieren«, zur »ausgerutschten Hand« kommt es, wenn eine Lehrkraft überfordert ist. Was im Einzelnen zu dieser Überforderung geführt hat, ist individuell sehr unterschiedlich. Faktoren, die zu einem »Ausraster« führen können, sind: Handlungsinkompetenz, Überlastung, persönliche Disziplinlosigkeit oder soziale Verwahrlosung. Manchmal treten diese Faktoren in Kombination auf.

So unglaublich es auch scheinen mag und sosehr einem die Vorstellung widerstrebt: Es gibt auch Pädagogen, die Schüler ganz bewusst verletzen. Anhänger rigider Erziehungsmethoden sind unter Pädagoginnen und Pädagogen nicht schwer zu finden. Entgegen allen modernen pädagogischen Ansätzen vertreten sie die Ansicht, den Kindern damit etwas Gutes zu tun. Sie sind zu den »Überzeugungstätern« zu zählen.

Manche Fälle von Lehrergewalt zeichnen sich zudem durch besondere Grausamkeit aus. Hier sind Persönlichkeiten am Werk, die Freude am Quälen haben. Diese haben zumeist über einen längeren Zeitraum ganz bestimmte Opfer im Visier. Ihre Methoden bestehen im Herabwürdigen und Einschüchtern. Sie genießen die sichtbaren Effekte (Angst, Weinen) ihrer Handlungen.

Auch sexuell motivierte Übergriffe sind nicht so selten. Wie Kriminologen und Psychologen berichten, suchen pädophil veranlagte Menschen häufig beruflich die Nähe von Kindern. Das Ausleben ihrer Veranlagung zeigt sich dabei nicht immer in eindeutigen Handlungen. Oftmals findet es eher durch beispielsweise das Berühren der Kinder (über das Haar streichen, Hilfestellungen, Klapsen etc.) Ausdruck.

Viele Erwachsene können sich rückblickend an einschlägige Erlebnisse und Grenzsituationen mit Lehrkräften erinnern, die ihre Schülerinnen oder Schüler allzu gern ansahen, Gelegenheiten zu suchen schienen, diese zu berühren, zu bestrafen. »Gefährliche« Neigungen bei Pädagogen werden von heranwachsenden Schülerinnen und Schülern durchaus »erspürt«, oftmals als Schwächen erkannt, die den Lehrer angreifbar machen. Für die Eltern betroffener Schüler kann es ungeheuer schwierig sein, grenzwertige Situationen einzuschätzen und geeignete Maßnahmen zu finden, um ihr Kind zu schützen.

»Der Klassenlehrer meiner ältesten Tochter war auch Sportlehrer. Es gab viele Gerüchte über diesen Mann – Gerüchte, die mich als Mutter eines Mädchens aufmerksam aufpassen ließen. Irgendwann gab es dann einen Vorfall mit meiner Tochter, es ging um ihre Kleidung. Der Lehrer soll ihre Sportkleidung kritisiert und verlangt haben, dass sie knappere und engere Sachen trägt. Meine Tochter war damals in der Pubertät und genierte sich.

Ich habe den Lehrer sofort in der Schule zur Rede gestellt. Er hat sich daraufhin vor der Klasse bei meiner Tochter entschuldigt. Das nenne ich fair. Er hatte einen Fehler gemacht, sich aber entschuldigt. Ich bin froh, dass er ansprechbar war. Die Schulleiterin, die ich in diesem Zusammenhang hatte aufsuchen wollen, war das nicht gewesen.« (Andrea)

Auffällig ist der hohe Anteil von Lehrkräften ab fünfzig Jahren an den Gewalttätern. Diese Altersgruppe weist auch die höchsten Burnout-Raten auf und scheint am häufigsten unter der Opfern der von Schülern gegen Lehrer ausgeübten Gewalt vertreten zu sein. Adoleszente Täter greifen auffallend oft ältere Lehrkräfte an. Betrachtet man diese Fälle von Gewalt in der Schule genauer, findet man den Boden dafür nicht selten bereits Jahre vor der Tat bereitet.

Gewalttätige Teenager haben in vielen Fällen Erfahrungen mit gewalttätigen Lehrern gemacht. Diese Lehrer wiederum haben mitunter eine von Gewalt geprägte eigene Jugend und Schulzeit hinter sich und blicken auf eine Ausbildung zurück, die sie nicht genügend auf den täglichen Umgang mit Schülern vorbereitete.

»Lehramtsstudenten (...) werden im Referendariat zu sehr darauf getrimmt, perfekte Stundenbilder abzuliefern (...).

In Konfliktsituationen greifen deswegen die Lehrer

oft auf die Verhaltensmuster zurück, die sie zu Hause oder in der eigenen Schulzeit erworben haben. Sie haben nicht gelernt, moderne pädagogische Methoden von der Theorie in die Praxis zu übertragen bzw. umzusetzen. Dazu trägt unsere enge deutsche Mentalität, unser verkrampfter Umgang mit Vorschriften, unsere fehlende Flexibilität (...) und vieles andere bei.« (Irene)

In der Diskussion werden tiefe Kluften deutlich zwischen den Leistungsgebern des Bildungsbusiness (Lehrer) und den Vertretern der Leistungsnehmer (Eltern).

»Lehren ist unser Kerngeschäft« heißt es da etwa, wenn Pädagogen sich öffentlich aus dem Erziehungsauftrag herauszuwinden suchen, den ihr Beruf von Gesetzes wegen mit sich bringt. »Wir sind Wissensvermittler. Erziehungsarbeit können wir nicht leisten.« Gymnasiallehrer beispielsweise verweisen in diesem Zusammenhang auch gern auf ihre mangelhafte pädagogische Ausbildung.

Was ist das für ein System, das Leistungsnehmern etwas verspricht, das die Leistungsgeber nicht erfüllen, weil sie nicht dazu befähigt sind oder ihren exakten Auftrag gar nicht wahrhaben wollen? Es ist ein System, das auf beiden Seiten Stress und Frustration produziert.

Dabei erscheint das Lehrerleben einem Nicht-Lehrer wie ein Leben im Paradies: Mitten in unserer wettbewerbsorientierten, zunehmend von Arbeitslosigkeit und individueller Armut geprägten Gesellschaft leben verbeamtete Lehrer in weitgehender materieller Sicherheit. Während der Staat sofort zur Stelle ist, wenn es gilt, Lehrkräfte auszubilden, medizinisch überdurchschnittlich gut zu betreuen und für ihren Wohlstand im Alter zu sorgen, hält er sich jedoch vornehm zurück, wenn es darum geht, für sein Geld Leistung einzufordern.

Butterweiche Soll- und Kann-Bestimmungen regeln das Verhältnis zwischen Staat und Lehrer. So gibt es beispielsweise wenig Kontrolle für die Fortbildungsbemühungen von Lehrkräften. Ähnliches gilt für ihre Arbeitsweise. Unter dem Deckmäntelchen der »pädagogischen Freiheit« können sie weitgehend unbehelligt ihren Vorlieben und Launen nachgeben.

Wie ist das, wenn man sicher im Sattel sitzt, wenn man immer bestimmen darf, was gemacht wird? Wenn alle zu schweigen haben, wenn man selbst reden möchte? Wie fühlt sie sich wohl an, diese Machtfülle? Verändert sie den Menschen? Kann es da nicht passieren, dass man bei sich selbst Verhaltens- und Vorgehensweisen billigt, die man bei anderen nicht dulden würde?

Im Zusammenhang mit Konfliktsituationen mit Lehrern haben viele betroffene Eltern von Ohnmachtsgefühlen gesprochen und von Ängsten. Ein Ringen mit Angstgefühlen und der Kampf um den Machterhalt des Systems zieht sich durch fast alle Schulkonflikte durch. Immer wieder klagten nach Lösungen suchende Eltern, den Pädagogen sei es um Macht und nicht um die Sache gegangen. Was signalisiert diese Mentalität? Welche Ängste haben die Pädagogen? Was bewegt den Lehrer oder die Lehrerin, die bei Handgreiflichkeiten gegen Schüler ertappt wurde?

Theoretisch kann eine gewalttätige Lehrkraft ihren Job und ihren Beamtenstatus verlieren, ihre Existenz also. Dies ginge mit einer enormen Einbuße an Sozialprestige einher. Machtorientierte Persönlichkeiten leiden stärker unter Prestigeverlust als andere. Die Furcht davor kann im Ernstfall ungeheuerliche Kräfte freisetzen.

Der Lehrerstatus mit seiner Fülle an Möglichkeiten

zieht überdurchschnittlich viele Menschen an, die gern Macht über andere ausüben. Das führt im Schulalltag häufig zu Situationen, in denen Gewalt eskalieren kann. Aufgeweckte Kinder mit kritischer Beobachtungsgabe können für den, der uneingeschränkt regieren möchte, eine Bedrohung darstellen. Ebenso »Befehlsverweigerer« oder »Rangschnapper«. Nicht selten werden starke, selbstbewusste Schüler und Hochbegabte Opfer von Lehrergewalt.

Auch mangelnde Selbstdisziplin kann zu Übergriffen von Lehrkräften führen. Der Reflex, einfach zuzuschlagen, ist dann stärker als der Reflex, professionell pädagogisch zu handeln. Lehrergewalt zeigt sich im Schulalltag aber nicht nur in Tätlichkeiten. Lustlose Pädagogen lassen die schutzbefohlenen Schulkinder deutlich spüren, wie egal sie ihnen sind oder wie sehr sie sie ablehnen. Schlechte Unterrichtsvorbereitung und ein liebloser Umgang sind schmerzlich spürbare Indikatoren dafür.

»Im Kunstunterricht malten die Erstklässler das ganze Schuljahr über nur zwölf Mandalas aus. Das sollte dann ein Kalender für die Eltern zu Weihnachten werden. Die wenigsten Kinder hielten diesen Stumpfsinn durch. Irgendwann steckten die Ausmalbögen zerknittert zwischen den Schulbüchern. Wie viel hatten die Kinder doch noch im Kindergarten gebastelt! Dort hatten sie die unterschiedlichsten Techniken gelernt. Nun, in der Schule, sollten sie ausmalen wie Zweijährige. Die Lehrerin machte einfach keinen Unterricht.« (Katja)

Die Arbeit mit Kindern hat noch einen weiteren Aspekt, der sich unter gewissen Umständen gewaltfördernd auswirken kann.

Ihr Image ist allgemein geprägt von der Vorstellung eines fröhlich bunten Alltags voll amüsanter und herzerwärmender Erlebnisse mit großen Kulleraugen und amüsanten Kindermund-Anekdötchen. Oder von der Vorstellung von Jugendlichen in ihrer Sturm-und-Drang-Zeit und damit verbundenen verantwortungsvollen pädagogischen Weichenstellung. Wer den Lehrberuf ergreift, weist sich in der Wahrnehmung seiner Umgebung erst einmal als »kinderlieb« aus und als »bildungsfreudig«, als »Jugendfreund«, als Mensch, der sich dem Wohle unseres Nachwuchses verschrieben hat. Angehörige der Schüler tendieren dazu, aus diesem Lehrerimage Erwartungshaltungen an die Lehrkräfte abzuleiten, die der Emotionalität fürsorglicher Familien entsprechen.

Die Realität des Lehrberufs bringt aber oft die Entwicklung einer ganz anderen Gefühlslage mit sich. Aus ganz praktischen Gründen ist es den meisten Pädagogen in ihrem beruflichen Alltag nicht vergönnt, sich der Faszination kindlicher Entwicklung hinzugeben. Zum Beobachten ist weniger Zeit als zum »Beschulen«.

Auch ist die durchschnittliche Lehrkraft einfach mit zu vielen Schülerinnen und Schülern konfrontiert, als dass sie das leisten könnte. Im schlimmsten Fall werden die unterrichteten Schüler zur anonymen Masse. Wer beispielsweise in vielen verschiedenen Klassen unterrichtet, kann sich nicht immer alle Namen einprägen, dem geht ein Einzelschicksal ganz schnell durch die Lappen.

Im durchschnittlichen Berufsalltag deutscher Lehrer sind Mädchen und Jungen immer in großer Zahl gegenwärtig. Kann man im täglichen »Unterrichtsbetrieb« die Wertschätzung für jeden Einzelnen aufrechterhalten? Wie wichtig ist da wirklich, wenn es in einem Einzelfall nicht so recht klappt? Wenn ein einzelner Schüler geht?

Die Schuljahresuhr dreht sich ohne Unterlass weiter, und nach den großen Ferien ist der leere Stuhl neu besetzt.

Schwache Kinder sind beliebte Gewaltopfer

Professor Dr. Adolf Gallwitz, Prodekan der Hochschule für Polizei in Villingen-Schwenningen, lehrt Psychologie und Soziologie. Er unterstützt die polizeiliche Fahndungsarbeit durch Expertisen und Profiling. Der Schwerpunkt seiner Forschungsarbeit und seiner Publikationen liegt auf den Themen Kindesmissbrauch, pädophile Kriminalität und Jugendgewalt.

Prof. Gallwitz arbeitete unter anderem zwei Jahre lang in den USA für die dortigen Bundesbehörden. Er initiierte Präventionsprogramme für sexuelle Gewalt gegen Kinder. In dem folgenden Telefon-Interview mit Patricia Wolf vom 9. Oktober 2006 beschreibt er Muster der Entwicklung, Eskalation und Tabuisierung von Gewalt gegen Kinder, auch durch Lehrer in der Schule.

Es gibt immer wieder auch Übergriffe, gewalttätige Übergriffe, von Lehrern gegen Schüler, auch sexuelle Gewalt von Lehrern gegen Schüler. Sie haben sich in der Vergangenheit vielfach zum Thema Gewalt gegen Kinder geäußert und auch darüber publiziert. Unter anderem sagten Sie sinngemäß, in jedem Missbrauchtäter stecke auch ein potenzieller Mörder. Wie läuft diese Eskalation ab?
Es ist immer die Frage, was Menschen verlieren können durch die Aufdeckung des Missbrauchs. Der große Teil unserer Kinder, die schweren und tödlichen Verletzungen zum Opfer fallen, wurden nicht Opfer irgendwelcher psychisch kranker Täter, sondern vielmehr von Leuten, die durch die Aufdeckung der Tat ihre bürgerliche Existenz ver-

loren hätten. Man kann eigentlich nicht sagen, dass es nur ganz wenige gibt, die diese Grenzen überschreiten, sondern, wenn es darauf ankommt, dann sind es erschreckend viele, um nicht zu sagen alle.

Jeder, der die kriminelle Energie hat zu missbrauchen, trägt diesen kleinen Schritt mehr in sich, diesen Missbrauch dann auch entsprechend zu decken.

Kann man über die Jahre hinweg bei einem Missbrauchtäter eine Steigerung beobachten, dass er immer stärkere Reize braucht?

Auf alle Fälle, ja. Das kennen wir auch schon vom Pornographiekonsumenten. Die Phantasien, die von Anfang an wichtig sind, werden mit der Zeit immer bedeutender. Deshalb versucht man auch das, was man erlebt hat, auszumalen, zu verbessern und zu steigern.

Diese ganzen kathartischen Vorstellungen, dass es da irgendetwas gebe, das einen Täter, quasi ersatzweise, von weiteren Taten ablenken könnte, sind falsch. Genau das Gegenteil ist der Fall: Je mehr sich Täter mit ihren Taten beschäftigen und je mehr Taten sie schon begangen haben, desto mehr haben sie auch das Bedürfnis, genau so weitermachen zu können, desto mehr gewinnt es auch an Normalität.

Haben die Täter dann auch immer weniger Schuldbewusstsein?

Ja. Das beginnt bereits einige Wochen nach der Tat, dass Täter einfach Verantwortung verschieben, dass sie den Ablauf verändern.

Bei Tötungsdelikten beispielsweise ist es dann so, dass der Täter sich nicht selbst eingesteht, dass er den Menschen umgebracht hat, um nicht entdeckt zu werden; sondern er sagt sich zum Beispiel: Wenn das Opfer sich nicht so angestellt hätte, würde es heute noch leben. Zum Beispiel, wenn es sich nicht gewehrt hätte.

Deshalb ist es auch so wichtig, dass man Täter, ob es nun Ersttäter sind oder nicht, innerhalb kurzer Zeit erwischt und nicht erst dann, wenn sie bereits anfangen, ihre eigenen Legenden aufzubauen.

Gibt es das auch bei Kindesmissbrauch, der sich über einen längeren Zeitraum erstreckt?

Ja. Der Täter versucht immer mehr Signale des Opfers als bestätigend zu deuten. So nach dem Motto: Ganz gleich, was alle anderen denken, es tut meinem Opfer gut, und er/sie will es auch. Er deutet die Signale so um, als ob er bestätigt und aufgefordert würde.

Eine Steigerung gibt es dabei insofern, als es keinen Grund gibt für den Täter aufzuhören. Der Täter hat immer weniger Schuldbewusstsein und immer mehr Routine, auch im Übergriff.

Dann kommt es natürlich im Einzelfall auf die konkreten Persönlichkeit des Täters und die Phantasien, die er auslebt.

Wie ist es bei Tätern, die von Berufs wegen täglich mit Kindern zu tun haben?

Für Menschen, die solche Neigungen haben, ist das natürlich ein »unheimliches« Berufsfeld, weil sie praktisch umgeben sind von einer Vielzahl potenzieller Opfer.

Es ist klar, dass da ein »Scan-Programm« abläuft, welches Kind äußerlich anspricht, welches Kind von der Persönlichkeit her anspricht, wo eine leichte Opferschaft zu erwarten ist.

Wer wäre ein klassisches Opfer?

Wir müssen davon ausgehen, dass Menschen, die solche

Neigungen haben, das natürlich vorher testen. Wir haben nur etwa ein Sechstel Übergriffe mit Gewalt. Fünf Sechstel sind ohne Gewalt.

Klassische Opfer sind Kinder, die Schwierigkeiten haben aufzubegehren oder die einer Person, einer Respektsperson gegenüber, einem Lehrer gegenüber, oder einer Person gegenüber, die mehr Macht vom Alter her innehat, Schwierigkeiten haben zu widersprechen und andererseits auch einfach ansprechbar sind. Kinder, die bestimmte Signale aussenden, dass sie Zuwendungsbedürfnisse haben im Bereich sozialer Kontakte. Oft sind es Kinder Alleinerziehender.

Ein solches Kind spricht gern, ist offen, ist ansprechbar. Ist sehr interessiert, dass der Erwachsene mit ihr oder mit ihm Kontakt aufnimmt. Also, das merkt man schon. Es sind einerseits Kinder, die sozial sehr kompetent sind und auf der anderen Seite etwas Angst haben, den Erwartungen oder vermeintlichen Erwartungen nicht zu genügen, so nach dem Motto: »Ein ordentliches Kind« sagt zu vielen Dingen »ja und amen«.

Wie verhält es sich mit ausländischen Kindern, deren Eltern möglicherweise schon aufgrund der Sprachbarriere rein verbal nicht hinter ihren Kindern stehen können?
Da kommt es immer darauf an, welchen Stellenwert das Kind in der jeweiligen Kultur hat, auch, ob es ein Junge oder ein Mädchen ist, mit welchen sexuellen Tabus die Kultur behaftet ist.

Fühlen sich die Täter selbst als Kind? Sehen sie sich auf dem gleichen Niveau mit dem Kind? Fühlen sie sich mit dem Kind »gleich stark«?
Da gibt es die unterschiedlichsten Tätergruppen und die unterschiedlichsten Persönlichkeiten.

Natürlich wird manchen Tätern unterstellt, dass sie im Opfer altersentsprechende Partner sehen. Ich denke aber, das ist eine sehr problematische Konstruktion. Sie kommt ein bisschen aus der Ecke derer, die eine eigene Sexualität für pädosexuelle Menschen entwickeln wollen. Ich habe das bisher in der Praxis eigentlich so nie gesehen.

Die Sexualität aus der Sicht der Täter hatte meistens sehr wenig Personenbezug, sondern vielmehr Objektbezug. Jemand, der den anderen Menschen als Gegenstand, als Objekt sieht, als Objekt seiner Phantasien, als Projektionsfeld seiner Phantasien, der kann hier nicht etwas gutmachen wollen, indem er vorgibt, einen gleichaltrigen Partner gesucht zu haben, vor dem er weniger Angst hat. Ich halte das sehr häufig für eine Schutzbehauptung.

Wie ist das beim nächsten Fall, wenn jemand ein Kind missbraucht hat und damit durchgekommen ist? Wenn beispielsweise das Opferkind die Schule verlässt, die Klasse wechselt, ins Gymnasium kommt, sprich: einfach weg ist, und dann ein anderes Kind nachrückt. Stärkt die Erfahrung, dass es einmal unentdeckt gut gegangen ist, den Täter in seinem Handeln? Hat der Täter dann noch mehr Mut?

Natürlich, auf alle Fälle: ja. Die kriminelle Energie, die am Anfang einen bestimmten Wert hat, die kann im Prinzip immer kleiner werden, und trotzdem gibt es Übergriffe, Wiederholungstäter fühlen sich bestätigt. Das ist auch bei Ladendieben so. Warum sollte das in diesem Bereich anders sein?

Wie ist es, wenn ein Täter schon einmal fast erwischt worden wäre, am Entdecktwerden vorbeigesegelt ist? Man liest gelegentlich, dass es in Missbrauchsfällen vor dem Bekanntwerden der Taten schon Andeutungen

gibt, ein Rumoren im Umfeld. Die Leute sagen: »Mensch, da stimmt doch etwas nicht«, aber irgendwie kommt es trotzdem lange nicht heraus. Kann es sein, dass dieses »Lange-nicht-Herauskommen« oder dieses »Fast-Erwischtwerden« die Täter bestärkt?

Fast erwischt zu werden oder Tatverdächtiger zu sein, der nicht angeklagt wurde, bedeutet einfach, dass man aus diesen Situationen lernen kann.

Der eine Tätertyp wird vielleicht unvorsichtiger irgendwann einmal, weil ihm bisher nichts passiert ist. Der zweite lernt aus diesem teilweisen oder unvollkommenen Entdecktwerden und versucht, in Zukunft noch weniger Risiko einzugehen.

Sind die Täter hauptsächlich sehr intelligente Menschen, wenn sie so strategisch vorgehen?

Wir müssen davon ausgehen, dass die Täter, die nicht über ein Mindestmaß an sozialer Intelligenz verfügen, sowieso sehr schnell entdeckt werden, beziehungsweise, die siedeln sich hauptsächlich in Tätergruppen an, die man sehr schnell im Hellfeld hat.

Bei den anderen, bei den Bereichen der Berufsgruppen, die mit Kindern zu tun haben, muss man davon ausgehen, dass wir uns oberhalb des Durchschnitts bewegen, sonst hätten sie ihre Ausbildung gar nicht hinter sich gebracht. Das heißt, wir finden dort Leute, die sozialkommunikativ erfahren sind, Leute, die über mindestens durchschnittliche oder überdurchschnittliche Intelligenz verfügen.

Was richten solche Übergriffe bei den Kindern an?

Das kann man nicht generell sagen. Es kommt immer darauf an, auf den Zeitpunkt, auf den Zeitraum, auf das Ausmaß der Gewalt und vor allem natürlich auch auf die soziale Stellung gegenüber dem Täter.

Ich hatte schon Opfer, Kinder, Jugendliche und Erwachsene, bei denen war fast gar nichts passiert, und doch waren sie für lange Zeit gezeichnet. Andere wiederum haben etwas erlebt, da hätten sich vielleicht andere Opfer das Leben genommen, und die haben das einfach weggesteckt oder scheinbar weggesteckt.

Nehmen sich die Täter auch manchmal das Leben? Ist das eine typische Reaktion?
Auf gar keinen Fall eine typische Reaktion. Wir haben Täter, die sich das Leben genommen haben, nachdem sie erwischt wurden, weil sie zuvor schon suizidal waren oder eine depressive Persönlichkeit hatten oder weil sie krankhaftes Geltungsbedürfnis hatten und nicht damit hätten leben können, dass man irgendwann einmal mit dem Finger auf sie zeigt. Aber die Täter, die sich das Leben nehmen aus Scham und Schande, was die Tat betrifft, die sind wahrscheinlich die Ausnahme.

Wie oft kommt das vor?
Das kann ich Ihnen nicht sagen. Wir haben in Deutschland eine hohe Zahl von Menschen, die sich suizidieren. Das ist kein seltenes Ereignis. Unter diesen Menschen befinden sich gleich verteilt auch Täter.

Wie hoch ist der Anteil der Täter in den einschlägigen Berufen, die mit Kindern täglich Umgang haben?
Sozialarbeiter, Erzieher, Lehrer, Kinderarzt … Im Hellfeld sehr gering, im Dunkelfeld sehr groß. Im Hellfeld haben wir eher einfache Berufe, wie z. B. Arbeiter.

Kann man das in Zahlen ausdrücken?
Es gibt Schätzungen von eins zu zehn oder eins zu zwanzig, was die Relation Dunkel-/Hellfeld betrifft.

Wir wissen im Prinzip fast gar nichts. Und mit dem Hell-feld, das wir haben, tun wir so, als ob wir alles wüssten. Wir haben einen derartig geringen Prozentsatz im Hell-feld, dass wir über diese Kriminalität fast nichts sagen können.

Warum wird das nicht untersucht? Einmal ganz naiv gefragt: Wenn man im privaten Umfeld Menschen befragt, ob ihnen so etwas schon einmal passiert ist oder sie schon einmal so etwas mitgekriegt haben, zum Beispiel in der Schule, dann können doch erschreckend viele Menschen etwas dazu sagen. Warum gibt es kei-ne offiziellen Erhebungen?
Es ist eben ein Forschungsbereich, der nicht »umhaut« und kein soziales Ansehen genießt. Es wird schon einiges ge-macht. An der Charité zum Beispiel wird momentan mit Tätern gearbeitet, die aus dem Dunkelfeld kommen, die noch nicht vorbestraft sind.
Der Bereich ist nicht wahnsinnig attraktiv. Sie finden wenig Fördermittel, wenn Sie im Zusammenhang mit sexueller Gewalt an eine Firma herantreten. Wer möchte schon seinen Firmennamen als Sponsor auf einem Ratgeber oder Flyer im Zusammenhang mit sexueller Gewalt stehen ha-ben? Es hat gesellschaftlich gesehen sehr viel mit Tabu zu tun.

Das bemerken wir bei der Buchrecherche auch, dass es anscheinend ein Riesentabu ist. Es ist mit ganz viel Angst behaftet. Die Opfer haben Angst und auch die Eltern. Wie sieht es denn mit Täter-Opfer-Ausgleich aus?
Ich persönlich bin, um es einmal ganz milde auszudrücken, kein Freund von Täter-Opfer-Ausgleichen. Wenn ich das sehe, was dieser private und als staatlich angesehene Kinderschutzbund an manchen Orten veranstaltet, wo da

Täter und Opfer in der gleichen Haustür ein und aus gehen und beraten werden, dann ist das für mich ein Albtraum.

Der Kinderschutzbund bietet mittlerweile nicht nur Opfertherapie und Opferhilfe, sondern auch Täterhilfe an. Das halte ich für sehr problematisch. Von den Anzeigequoten ganz zu schweigen. Das ist aber regional unterschiedlich.

Verfahren gegen Lehrer als Täter dauern mitunter sehr lange. Manchmal jahrelang. Für ein Kind ist das eine sehr schwierige Zeit. Eine Zeit, in der die Opfer meist auch unter einem enormen Druck stehen. Kann man als Faustregel sagen: Ein langes Verfahren schadet dem Opfer und nützt dem Täter?

Ich denke, lange Verfahren und Verfahren, die sehr problematisch ausgehen, schaden dem Opfer immer, das ist keine Frage. Die Opfer und ihr Umfeld fragen sich oft, warum sie diese Mühen überhaupt auf sich genommen haben.

Deswegen überlegt man vielleicht auch, ob es nicht andere, zivilrechtliche Möglichkeiten gibt, außerhalb des Klagewegs. Möglichkeiten, dass die Täter ihre Schuld eingestehen und dafür auf ein Strafverfahren verzichtet wird. Was hat das Kind, das Opfer, davon, wenn das Strafverfahren ausgeht wie das »Hornberger Schießen«? Oder eingestellt wird?

Es wäre vielleicht besser gewesen, man hätte den Täter nicht angezeigt und er hätte im therapeutischen Zusammenhang dem Kind gegenüber eingeräumt, was er getan hat. Das Kind hätte so gewusst, dass es nicht schuld ist.

Von den sechs Monaten auf Bewährung oder zwei Jahren ohne Bewährung hat das Kind nichts. Eine angemessene Bestrafung in dem Sinn wird es sowieso nicht geben. Insofern ist es für ein Opfer immer problematisch, weil es da viel zu hohe Erwartungen gibt.

Wo ist denn da der Knackpunkt?

Man muss grundsätzlich fragen, welcher materielle Schaden entstanden ist bei einem sexuellen Übergriff. Da liegt schon die erste Schwierigkeit. Wir haben ein Strafrecht, das zum großen Teil aus einer Zeit stammt, als man sich noch duelliert hat.

In anderen Fällen, bei denen man den Strafwert oder den Schaden festmachen kann, da hat es unsere Gesellschaft etwas leichter. Zudem stecken da überall noch Berührungsangst und Tabu mit diesem Thema drin. Und höchstrichterliche Rechtsprechung ist auch nicht ganz unabhängig von der eigenen Person und der Persönlichkeit des Recht sprechenden Menschen, das unterstelle ich einfach einmal.

Täter bleiben nach der Tat oft noch jahrelang als Pädagogen im Amt. Die Presse berichtete über einen Fall, in dem ein Lehrer wegen des Besitzes schwerster Kinderpornographie verurteilt wurde. Das Verfahren dauerte fünf Jahre lang. Fünf Jahre, in denen der Täter weiterhin im Amt blieb. Auch am Tag nachdem er verurteilt worden war, erschien der Lehrer dann wieder in seiner Schule, wo ihn sein Vorgesetzter abfing und ihm seine Suspendierung mitteilte. Ist das nicht erstaunlich?

Da muss man Hausverbot erteilen! Es gibt sonst keinen Grund, warum er nicht in die Schule gehen darf. Da gibt es unterschiedliche Zuständigkeiten. Das Gericht kann ihm nicht automatisch mit dem Urteil den Umgang mit seiner Dienststelle verbieten.

Ist es, rein menschlich gesehen, nicht verblüffend, dass der Täter überhaupt den Schneid hat, einen Tag nach seiner Verurteilung zurück in die Schule zu gehen?

Das ist kein Spezifikum von Sexualstraftätern. Das wird man überall finden. Wir haben sicher auch den ein oder anderen vorbestraften Bürgermeister, der Presseerklärungen herausgibt, dass er nicht vorbestraft ist. Und der auch selbstverständlich noch im Amt ist, obwohl er über die maßgebliche Tagessatzgrenze hinaus bestraft worden ist.

Wie wichtig ist die Zivilcourage im Umfeld dieser Kinder?
Zivilcourage ist immer wichtig, das ist gar keine Frage. Das Problem ist aber: Wie kann man wem in welcher Form am besten helfen? Wenn es um Anklagen und Verdachtsmomente im Pädagogenbereich geht, dann wird die Umgebung immer polarisiert werden. Die einen, die dem Kind helfen, die anderen, die dem Lehrer helfen, und die dritten, die sich überhaupt nicht festlegen.

Presseberichten zufolge wurden einige Pädagogen zur Zahlung von bis zu 15 000 Euro Geldstrafe verurteilt, weil sie in einem Missbrauchsfall, bei dem ein Kollege der Täter war, salopp gesagt, weggesehen und den Kopf in den Sand gesteckt haben. Sie wurden verurteilt wegen unterlassener Hilfeleistung und wegen nichteidlicher Falschaussage vor Gericht, wo sie behauptet hatten, nichts von den Übergriffen gewusst zu haben. Diese Pädagogen bekamen deutlich höhere Strafen als der Missbrauchtäter. Dieser Fall scheint ungewöhnlich, weil Kollegen aus dem Umfeld verurteilt wurden.
Hier liegt etwas vor, was das Gericht einfach festmachen kann, was objektiv beurteilt werden kann. Das ist auch eine Sache, die vom Gericht immer geahndet wird, wenn Menschen dabei erwischt werden, die nicht die Wahrheit gesagt haben.

Warum ist Lehrergewalt so ein Tabu? Warum darf man nicht darüber reden, dass Lehrer schlagen?

Weil man das einfach nicht macht. Und deshalb werden Sie auch nicht selten innerhalb eines Lehrerkollegiums eine Zivilcourage vorfinden, die gegen null geht. Man legt sich nicht mit seinen Kollegen an. Warum sollte man sich das Leben erschweren? Letztlich müsste man dann vermutlich sogar wegziehen, wenn man Pech hat. Zivilcourage ist in Ordnung, solange nichts passieren kann. In dem Moment, wo etwas passieren kann, außer, dass man an der Gesundheit oder sozialen Stellung Schaden nimmt, wird man große Schwierigkeiten haben, Zivilcourage vorzufinden. Das gilt aber nicht nur für Lehrerkollegien.

Warum findet man derartige Anzeigen nicht im Polizeibericht?
Weil es meines Erachtens nicht genügend gibt. Die Anzeigebereitschaft gegenüber bestimmten Personen ist stark herabgesetzt. Das hat man schon bei den Familientätern. Ein Fremdtäter wird blitzschnell angezeigt. Der bekannte Täter, der Trainer, der Lehrer, der Sportwart, die werden nicht oder kaum angezeigt.

Welchen Stellenwert hat denn das Kind in unserer Gesellschaft?
Überhaupt keinen. Na, das ist vielleicht ein bisschen untertrieben. Aber einen sehr niedrigen.

Ist das ein typisch deutsches Problem? Wie kann man sich das erklären? Haben wir Probleme mit unserer Zukunft? Sehen wir keinen Zukunftskeim in einem Kind? Oder mögen wir uns selbst nicht?
Wir hinken wohl immer noch ein bisschen hinterher, was den Stellenwert des Kindes angeht. Wenn wir in die angloamerikanischen Länder gehen, dann sind uns die um Jahrzehnte voraus. Ich denke, das ist schon typisch.

Wir haben es auch innerhalb der Europäischen Union nicht geschafft, zu den Staaten zu gehören, die eine vernünftige Art und Weise der Sanktionierung von Gewalt gefunden haben. Wir haben wieder den Weg »von hinten durch die Brust ins Auge« gewählt. Kinder haben einen Anspruch auf gewaltfreie Erziehung bei uns, das heißt: Gewalt in der Erziehung ist nicht strafbar. Und alles, was nicht strafbar ist, das hat irgendwie eine Berechtigung, und das zeugt einfach von unserer Denke.

Was kann ich tun, um mein Kind zu schützen vor Übergriffen in der Schule?
Vielleicht kann man es so auf den Punkt bringen, dass man Kinder einfach durch die Art, wie man sie erzieht, emanzipiert, dass man sie sensibel macht für Ungerechtigkeit.

Dann ist da natürlich die alte Frage, ob Eltern das durchstehen können, wenn ein Kind beginnt, sich zu beschweren. Ob sie möglicherweise an einen anderen Ort ziehen, das Kind an eine andere Schule geben, wenn erforderlich.

Eine generelle Antwort darauf kann man nicht geben. Es kann sein, dass das Kind vielleicht recht hat, dass es empfindlich ist, dass es sich beschwert und dass es dann unten durch ist beim Lehrer. Was machen Sie dann? Dann bekommt es nur noch schlechte Noten, zum Beispiel, wenn es sich im Unterricht nicht mehr regelmäßig vom Lehrer die Haare kämmen lässt.

Es gab einmal einen Lehrer, der im Unterricht immer ein Mädchen mit langen blonden Haaren kämmte. Irgendwann sagte dann das betroffene Kind, es möge das nicht. Die Mutter dieses Kindes redete ihm monatelang zu: »Mensch, das ist doch nicht so schlimm, stell dich nicht so an.« Als dann aber irgendwann die Mutter dem Lehrer sagte, ihre Tochter wolle das nicht mehr, da hat der Lehrer damit aufgehört. Fortan kämmte er ein anderes Mädchen.

Aber das erste Kind hatte von da an extrem schlechte Noten. Und was macht man dann? Es ist vielleicht nicht so schwer, Kinder zu erziehen, die sich nichts gefallen lassen, aber die Frage ist natürlich: Was macht man mit dem schlechteren Zeugnis?

Wenn ein Kind sich wehrt und dem Täter deutlich macht, dass es seine Handlungen nicht möchte, dann kann das den Täter also gegen das Opfer aufbringen. Warum lautet der Ratschlag dann so oft »Kinder stärken«? Werden die starken Kinder nicht erst recht zum Opfer?

»Kinder stärken« heißt nicht, dass sie so stark sind, dass ihnen nichts mehr passiert, sondern dass sie vielleicht stark genug sind, sich Hilfe zu holen. Allein haben Kinder keine Chance.

Man muss das mit seinem Kind gemeinsam durchstehen. Man muss dann auch in Kauf nehmen, Strafanzeige zu erstatten und das Kind durch alle Instanzen zu begleiten. Möglicherweise bedeutet es auch, dass man mit seiner Familie wegziehen muss. Das muss den Eltern von vornherein klar sein. Das ist Unterstützung.

Ist das denn oft an soziale Ächtung gekoppelt?

Bereits die Opferwerdung ist ein Teil der sozialen Ächtung.

Schule als Schutzraum – für wen?

»Neben angemessener Versorgung bedürfen Kinder besonderen Schutzes. Sie haben ein Recht auf Schutz vor körperlicher oder seelischer Gewaltanwendung, vor Misshandlung oder Verwahrlosung, grausamer oder erniedrigender Behandlung und Folter, vor Missbrauch, wirtschaftlicher oder sexueller Ausbeutung oder auch auf Schutz vor Drogen.«
UN-Kinderschutzkonvention

Deutsche Schulen verstehen sich, zumindest auf dem Papier, grundsätzlich als »Schutz- und Schonraum« für ihre Schüler. »Lern- und Lebensraum« ist auch ein in der pädagogischen Literatur vielfach verwendeter Idealbegriff.

Wie garantiert sind diese Qualitäten des Ortes »Schule« für unsere Mädchen und Jungen? Wie groß ist das Engagement der anderen Erwachsenen dort zu ihrem Schutz, wenn eine Lehrkraft zu weit gegangen ist? Sind die Kollegen und Vorgesetzten wirklich eher am Erhalt eines makellosen Bildes der Institution Schule interessiert als an der Aufdeckung und Bestrafung von Verfehlungen oder Gewalttaten?

»Ich empfand unseren Beruf immer als besonders anstrengend und hatte das Gefühl, wir Kolleginnen und Kollegen müssen zusammenhalten. Das schien auch gut zu klappen. Ich habe mich immer sehr wohl gefühlt.
Ein paar Jahre lang hatten wir eine Kollegin, über die immer wieder gemunkelt wurde, dass sie Kinder schlage. Mir haben das verschiedene Eltern erzählt.

Offiziell war das aber nie ein Thema. Auch nicht im Kollegium. Wir haben die Lehrerin nie darauf angesprochen. Ich dachte immer: Falls etwas dran ist an den Gerüchten und falls sich die Eltern trotzdem nicht beschweren und nichts unternehmen, warum sollte ich mich dann einmischen? Ich ging der Sache nicht weiter nach. Die besagte Kollegin verließ unser Kollegium dann irgendwann und wechselte an eine andere Schule. Warum das so war, wurde uns nicht mitgeteilt.« (Irene)

Der Lehrerberuf ist ein Beruf, der Loyalität verlangt. Für verbeamtete Lehrer gilt dies umso mehr. Darum stecken Lehrkräfte, die Kenntnis von Straftaten ihrer Kollegen oder gar Vorgesetzten haben, oftmals schwer in der Klemme. Was soll man tun? Soll man dagegen vorgehen zum Schutze der Kinder? Die Zwickmühle ist perfide. Denn rein juristisch gilt:

»Ein Beamter verletzt die ihm obliegende Pflicht zu achtungs- und vertrauensgerechtem Verhalten, wenn er wegen innerdienstlicher Vorgänge gegen seinen Vorgesetzten oder einen anderen Mitarbeiter eine wissentlich unwahre oder leichtfertig eine in schwerwiegender Weise verdächtigende Strafanzeige erstattet. Dies gilt auch dann, wenn ein Beamter eine solche Strafanzeige erstattet, ohne zuvor alles ihm Zumutbare unternommen zu haben, um eine Klärung der streitigen Angelegenheit durch die Verwaltung herbeizuführen.«
Bundesverwaltungsgericht, Urteil vom 13.12.2000, Az. 1 D 34.98

Bevor Lehrer in einem Fall von Gewalt etwas unternehmen können, müssen sie die Sicherheit haben, unterstützt zu werden. Nicht selten erleben Lehrkräfte aber im Laufe ihrer Dienstzeit durchaus im Kollegium mit, wie »vorlaute« Kollegen, die nicht »spuren«, plötzlich verschwinden, versetzt werden oder aus dem Dienst ausscheiden. Wie gut kann da Zivilcourage funktionieren? Lohnt es sich, die eigene Gesundheit, die Arbeitsstelle, die Altersabsicherung auf das Spiel zu setzen? Besonders, wenn man selbst Familie hat?

Wenn ein Pädagoge über die Stränge schlägt, bringt er also auch seine Kollegen ganz schnell in ein Dilemma, wenn nicht gar in Teufels Küche.

Eine Mutter berichtet über einen solchen Fall aus der Zeit des Konflikts um die Brutalitäten einer Grundschullehrerin von Begegnungen mit deren Kollegin. Zu dem damaligen Zeitpunkt lief ein strafrechtliches Ermittlungsverfahren. Die beschuldigte Lehrerin unterrichtete nicht mehr in der betreffenden Klasse, versah aber weiterhin ihren Dienst an der Schule.

»Lauras Klassenlehrerin verhielt sich auf ihre Art eigentlich hilfsbereit und hat einem immer gut zugeredet: ›Das wird schon, das geht schon.‹ (...) Während die strafrechtlichen Ermittlungen liefen, aber bevor die gewalttätige Kollegin endlich verschwand, stellte sich diese Klassenlehrerin schützend vor die Kinder. Die besagte Pädagogin, die in der Klasse mehrere Kinder misshandelt hatte, kam wiederholt während des Unterrichts in den Saal, um etwas abzuholen. Die Kinder sollen dann jedes Mal vor Angst erstarrt sein. Also hat sich die Klassenlehrerin damals immer vor die Tür gestellt, um die andere dort abzufangen.

Bei der polizeilichen Vernehmung hat sie dann ausgesagt, sie habe nichts von den Übergriffen gewusst. Vermutlich wagte sie es nicht, gegen ihre Vorgesetzte auszusagen. Sie ist auch in einem Alter, in dem man die Arbeitslosigkeit wohl besonders fürchtet. Ich denke mal, dass ihr der Job wichtiger war als unser Konflikt mit dieser Lehrerin.« (Ariane)

Wird in einem Fall von Lehrergewalt schließlich ein Strafverfahren eröffnet, ist die Kollegensolidarität besonders gefragt. In den Berichten betroffener Eltern fallen immer wieder Begriffe wie »Korpsgeist« oder »Schweigemauer«. Da ist die Rede von anderen Lehrern aus dem Umfeld des Täters, die ihm zur Seite stehen, die seine Tat bagatellisieren, die sich bemühen, zugunsten des beschuldigten Kollegen Einfluss zu nehmen auf Opfer und Zeugen.

Wenngleich das Dienstrecht offiziell ruhen muss, solange strafrechtlich ermittelt wird, und Schulleitungen und Behörden damit häufig ihre Untätigkeit in Sachen Opferhilfe in dieser Phase erklären, sind bisweilen inoffizielle und unstatthafte Aktivitäten an der Schule zu beobachten.

»Ich hatte vor der Erfahrung mit den Gewaltvorfällen mit dem Lehrer meines Sohnes keine Ahnung, wie enorm ein solcher Täter geschützt wird. (…) Dass das System so ist, wie es ist, das erkläre ich mir dadurch, dass es auf allen Ebenen aus Lehrern und ehemaligen Lehrern besteht. Irgendwann wird man Schulleiter, dann Schulrat, steigt vielleicht ins Ministerium auf etc. Sie schöpfen immer wieder aus ihrem eigenen Saft. So kommt es vermutlich auch zu dieser Solidarität und zu dem gegenseitigen Schutzgedanken.« (Victoria)

Wie im konkreten Fall kollegiale Schützenhilfe aussehen kann, beschreiben Betroffene aus verschiedenen Bundesländern.

»Als meine kleine Schwester in die erste Klasse ging, wurde sie von ihrer Lehrerin geschlagen. Damals haben sich ganz viele Eltern beschwert, weil diese Lehrerin wohl ganz viele Kinder geschlagen hat. Und diese Lehrerin, die war auch die Rektorin, hat gesagt, dass das nicht stimmt; dass sie nicht geschlagen hat. In unserer Klasse war das dann so: Da hat unsere Klassenlehrerin mit uns einen großen Stuhlkreis gemacht. Und da hat sie gesagt, dass es schwere Vorwürfe gibt, dass hier Lehrer schlagen und rumbrüllen. Dann sagte sie: ›Jeder, der das glaubt, der soll sich jetzt mal melden.‹ Und da habe nur ich mich gemeldet. Mein Freund Kevin, der hat sich nicht getraut. Aber ich habe mich gemeldet, weil ich weiß ja, dass es so ist, und ich will die Wahrheit sagen und nicht rumlügen. Und sie sagte dann: ›Sebastian, du glaubst das?‹ Und ich sagte: ›Ja, das glaube ich.‹« (Sebastian)

»Ich denke, das ist wohl ähnlich wie bei den Ärzten oder auch in anderen Berufszweigen: Eine Krähe hackt der anderen kein Auge aus. Es ist vermutlich leichter, sich gegen die Eltern zu stellen, als jemanden aus dem Kollegium Paroli zu bieten, den man gut kennt. Die Eltern sind ja auch Feindbilder. Die Elternschaft ist die Klientel, mit der man sich sowieso immerzu herumärgern muss. Die nur meckern und nie zufrieden sind. So kam es zumindest an der Schule rüber, die ich als Mutter schulpflichtiger Kinder kennenlernte.« (Christina)

In einem Fall, in dem Drittklässler von körperlichen Übergriffen ihres Klassenlehrers berichtet hatten, erstatteten die Eltern eines der Opfer Strafanzeige und ersuchten die Dienstaufsicht um pädagogische Hilfe für die Opferkinder und um eine Konfliktlösung zur Beruhigung der Klasse. Die Dienstaufsicht beschied diese Bitte negativ und verwies darauf, dass die Anzeigenerstatter durch die Einschaltung der Strafermittler eine pädagogische Bearbeitung unmöglich gemacht hätten, so wünschenswert diese auch wäre. Das wurde auch der Klassenelternschaft mitgeteilt. Der beschuldigte Lehrer blieb also weiter der Klasse vorgestellt und hatte täglich Umgang mit den Kindern.

Doch ganz so untätig, wie offiziell behauptet wurde, blieb man von Seiten der Schule doch nicht. Eine Kollegin des Klassenlehrers rief Eltern von Zeugenkindern noch vor deren Vernehmung durch die Polizei an und setzte sie unter Druck. Außerdem soll die Lehrkraft die Taten des Lehrers als »Burschikosität« verharmlost haben. Die Eltern, die die Strafanzeige erstattet hatten, habe sie als »Täter« hingestellt, die einem bemitleidenswerten Kollegen etwas Böses wollten. Schließlich hätte die Lehrerin versucht, die Angehörigen der Zeugen dazu zu bewegen, Einfluss zu nehmen, damit die Strafanzeige zurückgenommen würde.

Als die betroffenen Eltern von der Telefonaktion der Lehrerin erfuhren, erstatteten sie eine Dienstaufsichtsbeschwerde. Die Aufsichtsbehörde schlug diese nieder mit der Begründung, die Pädagogin habe nicht die Absicht gehabt, Zeugen zu beeinflussen, sondern hätte gehofft, »die Angelegenheit in einer gütlichen Weise regeln zu können«.

Kurz darauf wurde eine Angehörige der Familie eines Opfers im Privathaushalt einer pensionierten Lehrerin aus der gleichen Schule mit Dokumenten aus der Konfliktakte konfrontiert. Sie wurde von der ehemaligen Kollegin des beschuldigten Lehrers befragt, während diese mitschrieb. Konkret ging es um die Dienstaufsichtsbeschwerde gegen die telefonierende Pädagogin. Die lag auch auf dem Tisch.

Als der Landesdatenschutzbeauftragte schließlich bei der Behörde anfragte, wie die Amtsdokumente auf den privaten Tisch einer pensionierten Lehrerin gekommen seien, musste er insgesamt etwa ein halbes Jahr lang auf die Antwort warten. In diesem Bundesland war gerade Wahlkampf. Nach Auskunft des zuständigen Landesdatenschutzmitarbeiters bestätigte der Präsident der Dienstaufsicht der betroffenen Lehrer, dass es in seiner Behörde ein Datenschutzvergehen gegeben habe. Seine Maßnahme: Die Lehrer der betroffenen Schule sollten noch einmal über das wünschenswerte korrekte Verhalten in dieser Angelegenheit informiert werden. Wer die Akten herausgegeben hatte, gab er nicht bekannt. Nicht einmal, ob es eine gründliche Untersuchung gegeben hatte.

Der Datenschutz war nun am Ende mit seinem Latein. Damit, dass die Schulaufsicht ein Vergehen zugegeben hatte, war formal ja ein Ergebnis da. Clevere Schulaufsicht!

Was haben die Lehrer des betroffenen Kollegiums daraus gelernt? Dass man bei einem Datenschutzvergehen nicht viel zu befürchten hat. Der Nebeneffekt: Eingeschüchtert waren einige der Zeugenfamilien allemal. Und das gründlich.

Sowenig gern ein couragierter Alleingang von Lehrkräften in Fällen von Lehrergewalt von Vorgesetzten und Aufsichtsbehörden gesehen wird, so groß kann trotzdem der Ärger sein, wenn sie am Ende passiv bleiben. Ihr »Wegsehen« und ihre Tatenlosigkeit angesichts von Übergriffen von Lehrkräften auf Schüler können Kollegen durchaus teuer zu stehen kommen.

Im Fall des sexuellen Missbrauchs von Schülerinnen durch einen Fachlehrer wurden Lehrkräfte aus dem gleichen Kollegium zu bis zu 15 000 Euro Geldstrafe verurteilt. Das zuständige Landgericht war davon überzeugt, dass sie den Opfern keine Hilfe geleistet und außerdem uneidlich falsch ausgesagt hatten, dass sie von den Übergriffen des Pädagogen keine Kenntnis gehabt hätten. Der Täter selbst war zuvor zu einer Geldstrafe von 5400 Euro verurteilt worden.

Sosehr »schwarze Schafe« wohl auch in Pädagogenkreisen bekannt sind, so wenig scheint es deren Kollegen oftmals bewusst, dass sie im Lehrerzimmer mit Straftätern an einem Tisch sitzen. Die unpädagogische oder gar gesetzeswidrige Behandlung von Schülerinnen und Schülern wird möglicherweise von Kollegen genauso toleriert wie deren eigenwillige Unterrichtsmethoden. Die »pädagogische Freiheit«, die über allem schwebt, zieht eine klare moralische Grenze zwischen Pädagogen und Pädagogen: Man mischt sich nicht ein. Kritik am Vorgehen eines Kollegen löst eher einen Territorialkonflikt aus als eine fachliche Diskussion.

Leidtragende dieser Situation an den Schulen sind die Kinder. Wenn sich Lehrkräfte im Rahmen eines Konflikts mit Eltern in die Enge gedrängt fühlen, kann es dazu kommen, dass sie die Opferkinder zusätzlich unter Druck setzen. Durch kleine Gemeinheiten und »Sonderbehandlungen« werden die Kinder in Außenseiterrollen getrieben und geängstigt. Nicht selten sind an solchen Aktionen auch solidarische Kollegen beteiligt.

»Es gab nur noch wenige Unterrichtsstunden mit der Lehrerin, die Celine geschlagen hatte. Danach war diese Lehrerin eine Weile krank. Zwar kam sie später wieder, hat aber nicht mehr unterrichtet. (…) Sie hat aber die Situation ausgenutzt, um die Kinder zu beobachten. Wenn sie beispielsweise in Unterrichtsstunden anderer Lehrer hereinplatzte, versetzte das die Kinder in Angst und Schrecken. Das führte dazu, dass die Klassenlehrerin sich immer in den Raum stellen musste, damit meine Tochter die Gewissheit hatte: ›Du brauchst keine Angst zu haben. Ich passe schon auf!‹ Aber die gewalttätige Lehrerin hat die Situation trotzdem ausgenutzt, um die Kinder zu piesacken. Sie hat sie beobachtet. Auf dem Schulhof hat sie selektiv Gummibärchen verteilt. ›Nur die lieben Kinder dürfen [in die Tüte] reingreifen!‹« (Barbara)

»Als unsere Tochter die Schule wechseln sollte, habe ich mich zunächst geweigert, der Rektorin mitzuteilen, wo das Kind hingehen würde. Daraufhin schnappte sie sich einfach das Kind und setzte es unter Druck, ihr zu sagen, welches die neue Schule sei.« (Caroline)

»Ich denke, dass in solchen Fällen die Lehrer oftmals auch nicht unterscheiden können zwischen den Eltern eines Kindes und dem Kind selbst. Sie erleben in einem Konflikt die beschwerdeführenden Eltern vielleicht als bedrohlich und lassen das dann an dem Kind aus. Ähnlich geht es wohl auch den Kollegen, die sich mit dem Täter solidarisieren. Sie mobben das Kind in dem Bewusstsein, sich ›doch nur zu wehren‹ gegen dessen vermeintlich ›gefährliche Eltern‹.« (Christina)

»Eines Tages hatten wir Besuch von einer Dame, die ihr Enkelkind dabeihatte. Sie war sichtlich nervös und wollte den Jungen immer im Auge behalten. Nach einer Weile ›beichtete‹ sie dann, sie habe zuvor gehört, dass unser Sohn so gewalttätig sei, und sei nun ganz verwundert, einen so ruhigen Jungen anzutreffen, der ganz lieb mit ihrem Enkel spielte. Unser Kind hatte dank des bösartigen Gerüchterührens aus dem Umfeld des Täters regelrecht ein ›Image‹ bekommen. Er war nicht mehr Opfer, sondern als Täter stigmatisiert, als ›böser Junge‹, den sein Lehrer hatte ›bestrafen müssen‹.« (Katja)

»Unsere Kinder, also die der Beschwerdeführer gegen den brutalen Lehrer, wurden regelrecht genötigt, an einer Unterschriftenaktion für diesen Lehrer teilzunehmen. Sie berichteten, buchstäblich auf dem Stuhl festgehalten worden zu sein von anderen Schülern, die sie aufforderten: ›Los, jetzt unterschreib!‹ (…) Uns ärgerte das sehr. Der Konrektor hatte unseren Kindern immer wieder vor anderen ins Gesicht gesagt, sie machten ihn krank, sie seien schuld daran, dass er nun krank sei.« (Beate)

Zu viel »Herzblut« für Schüler?

Wenngleich körperliche, psychische oder sexuelle Gewalt von Lehrkräften gegen Schüler weit verbreitet sind, stoßen nur relativ wenige Pädagogen auf echten Widerstand durch die Opfer oder deren Eltern. Noch weniger werden angezeigt. Die Strafanzeige oder der Strafantrag gegen einen Lehrer ist die große Ausnahme, und kaum ein Pädagoge hat in seinem Job Erfahrung damit.

Gibt dieses Klima einer Nachlässigkeit Vorschub, was den Umgang mit »Lehrergewalt« im Kollegium angeht? Was

unternehmen Lehrer, wenn sie sehen oder hören, dass ein
Kollege seinen Schülern gegenüber gewalttätig ist? Und
was passiert mit diesen Lehrern dann an ihrer Schule?
In einem Fall endete das Engagement der Pädagogin für
ihre Schüler in einer persönlichen Katastrophe. Eine Jour-
nalistin recherchierte den Fall; in einem schriftlichen Inter-
view mit Patricia Wolf im November 2006 schilderte sie
die Einzelheiten:

Sie berichteten über den Fall einer Lehrerin, die gegen
eigene Kollegen Strafanzeige erstattet hatte, weil diese
angeblich Schülerinnen und Schüler misshandelt und
gedemütigt hatte. Worum ging es da genau?
Die Lehrerin Angelika T. wurde als Zeugin mit Gewalttätigkeiten einiger Kollegen gegenüber Schülern konfrontiert. Sie legte daraufhin ihrem obersten Dienstherrn, dem
Regierungspräsidenten, eine dreißig Seiten starke Dokumentation vor, in der unter anderem achtzig Schülerinnen
und Schüler von Übergriffen berichteten: Die Rede war
von Kopfnüssen, Boxen auf den Oberarm oder Schlägen
in den Nacken. Einige Mädchen sagten, sie seien des
Öfteren von Lehrern auf der Toilette eingeschlossen worden. Angelika T. konnte das bezeugen, weil sie die Mädchen selbst aus der Toilette herausgeholt hatte. Doch die
zuständige Behörde wiegelte ab, leitete die Dokumentation an den Direktor der betroffenen Hauptschule weiter –
und der stellte sich schützend vor das Lehrerkollegium.
Angelika T. warf er Böswilligkeit vor. Sie habe »durch
Abfragen der Schüler erst die Lust an der Aussage ge-
weckt«.

Was ist daraufhin passiert?
Nachdem Angelika T. die Missstände zur Anzeige gebracht hatte, begann ein beispielloses Mobbing. Sie wur-

de an eine andere Schule versetzt, man drohte ihr eine Suspendierung vom Dienst an. Schließlich wurde sie zwangspensioniert. Rund ein Jahr nachdem Angelika T. auf die Gewalttaten aufmerksam gemacht hatte, wurde das Ermittlungsverfahren von der Staatsanwaltschaft eingestellt. Begründung: Man habe keinerlei Anlass für eine Anklageerhebung gefunden. Auch die Strafanzeigen der Eltern führten zu nichts. Stattdessen richteten sich die Vorwürfe nun gegen die Lehrerin selbst. So stellte die Staatsanwaltschaft etwa fest, Angelika T. habe »eine gezielte Kampagne gegen das Lehrerkollegium durchgeführt, um sich den Weisungen des Schulleiters widersetzen zu können«. Damit nicht genug: In einem Schreiben vom Amtsgericht Köln wurde sie aufgefordert, sich psychiatrisch untersuchen zu lassen, im Raum stand die Androhung der Entmündigung. Angelika T. wurde von den Behörden sukzessive in die Nähe einer psychischen Erkrankung gerückt. Ihre Beharrlichkeit in der Sache wurde ihr als Querulantentum ausgelegt.

Ihr Artikel hieß damals »Das Wichtigste ist der Schulfrieden«. Warum?

Die Überschrift bezieht sich auf eine Äußerung eines Beamten im zuständigen Regierungspräsidium. Der bekräftige mir gegenüber, dass – so wörtlich – »Einzelinteressen unter Güterabwägungen schon mal leiden können«. Damit meinte er wohl das berechtigte Interesse von Angelika T., zumindest Gehör zu finden und fair behandelt zu werden. Schließlich habe der Schulfriede auf dem Spiel gestanden, sagte der Referent weiter. Und der sei immer noch das Wichtigste. Das ist zwar starker Tobak, aber wenigstens eine klare Aussage. Die waren von den Behörden nicht einfach zu bekommen.

Was für ein »Frieden« ist das?

So wie der Beamte den Begriff verwendet, ist darunter wohl ein störungsfreier Ablauf des Schulalltags in einem bürokratischen Sinne zu verstehen. Und die Allmacht und Unangreifbarkeit des pädagogischen Personals.

Parallel zu Ihnen recherchierten damals noch andere Medien zu dem Fall. Außer Ihnen sprangen letztlich alle anderen Journalisten ab. Warum?

Schlussendlich müssten Sie die Details bei den Kollegen selbst erfragen. Ein Mitarbeiter der European Antimobbing Association hatte damals recherchiert, warum ein bereits geführtes Interview mit Angelika T. nicht gesendet wurde. Aus der Redaktion hieß es, die Bezirksregierung habe mit dem Hinweis interveniert, gegen die Lehrerin laufe ein psychiatrisches Verfahren.

Warum sind Sie an der Geschichte drangeblieben?

Ich habe viel Zeit auf die Sichtung der Akten verwendet, ich habe mehrmals mit Angelika T. gesprochen, habe mit Eltern von Schülern der besagten Hauptschule telefoniert, mit dem Direktor geredet. Und als ich die einzelnen Puzzleteilchen zusammengesetzt hatte, war mein Eindruck: Die Geschichte, die Angelika T. erzählt, ist glaubwürdig. Und: Sie ist ein Skandal. Sie musste erzählt werden.

Welche Erfahrung machten Sie selbst bei der Recherche zu diesem Thema?

Staatliche Behörden sind in solchen Fällen nicht gerade auskunftsfreudig. Das liegt meines Erachtens daran, dass sie mit auf der Anklagebank sitzen, wenn Gewalt von Lehrern an Schülern bekannt wird. Denn die Behörden haben eine Aufsichtspflicht. Wenn Schüler in Schulen misshandelt werden, wirft das nicht nur ein schlechtes Licht auf die einzelnen Lehrer, sondern auf die gesamte Struktur. Hinzu kommt, dass Lehrer – in den meisten Fällen – Beamte sind und der Staat sich für sie in gewisser Weise verantworten muss. Diese Melange macht die Recherche schwierig, es wird viel geschwiegen zu dem Thema.

Was ist so schwierig an diesem Thema? Wieso fällt es uns so schwer, Lehrergewalt für existent zu halten?
Das Thema ist immer noch stark tabuisiert. Weil nicht sein kann, was nicht sein darf, mag sich keiner so recht vorstellen, dass es pädagogisches Personal gibt, das seine Schutzbefohlenen misshandelt. Und dass das öfter vorkommt als alle zehn Jahre einmal. Die Art und die Stärke des Tabus erinnern mich an das Thema »häusliche Gewalt«: Lange Zeit wurde die Tatsache, dass Männer ihre Frauen schlagen, unter Ehekrach verbucht – Privatsache eben. Heute gibt es ein Gewaltschutzgesetz, das heißt: Der Schläger muss die gemeinsame Wohnung verlassen, das Opfer bleibt. Noch vor zwanzig Jahren war das undenkbar. Es dauert also lange, ein Tabu zu knacken, die Öffentlichkeit zu sensibilisieren. Meine erste, spontane Reaktion auf die Geschichte von Angelika T. war ja auch: Das glaube ich nicht. Es ist einfach unvorstellbar.

Können Sie sich selbst aus Ihrer eigenen Schulzeit noch an tätliche Übergriffe oder verbale Herabwürdigungen von Lehrern gegen Schüler erinnnern?
Ja. Mein Kunstlehrer in der Unterstufe hatte etwas merkwürdige, altertümliche Vorstellungen von Pädagogik. Nach der Stunde wurde immer das beste und das schlechteste Bild prämiiert. Wenn man verloren hatte, musste man nach vorn – er saß erhöht auf einem Podest – und Aufforderungen Folge leisten wie etwa: Mach mäh, und sag, ich bin ein Schaf, oder mach muh … Man musste also vor der

Klasse stehen und sagen: Ich bin ein Schaf. Und dann sollte man mähen. Und natürlich lachten alle. Wenn ich die Geschichte heute erzähle, muss ich lachen, weil sie so abstrus ist. Der Lehrer war auch nicht wirklich böse, eher ein wenig verrückt. Aber als Kind fühlte ich mich natürlich gedemütigt.

Wenn Eltern
sich wehren müssen

Die Welt steht kopf

»Mein Kind war das Opfer. Meine kleine sechsjährige Celine war von ihrer Lehrerin geschlagen worden. Sie hatte unser Kind, als es in der ersten Klasse in der Bank saß, von hinten an den Kopf geschlagen. Auch Klassenkameraden bezeugten das. Die Kinder waren darüber sehr erschrocken. (…) Ich konnte einfach nicht verstehen, dass es sein kann, dass eine Lehrerin in dieser Position – sie war ja nicht nur Lehrerin, sondern auch Rektorin – Kindern gegenüber handgreiflich wird. Das verstehe ich bis heute nicht. (…) Als Erstes wollte ich mit ihr persönlich sprechen, bekam aber gar keinen Zugriff. Als ich sie in der Schule aufsuchte, entzog sie sich einfach. Dann hieß es, ich solle einen Termin ausmachen. Das funktionierte auch nicht. Die Lehrerin war während der ganzen Zeit für uns Eltern nicht greifbar. Es hatten mehrere Eltern versucht, mit ihr zu reden, alle wegen ihrer Gewalttätigkeit.« (Barbara)

Wenn eine Lehrkraft ein Schulkind schlägt, verletzt sie nicht nur einen schutzbefohlenen kleinen Menschen. Sie verletzt Gesetze, soziale und zivilisatorische Tabus, Grundsätze des friedlichen Umgangs miteinander, die pädagogische Vorbildfunktion und letztendlich auch das Vertrauen, das die Eltern des Kindes in sie gesetzt hatten.

Besonders Letzteres kann den Angehörigen eines Opfers von Lehrergewalt schwer zu schaffen machen. Übergriffe einer Lehrkraft gegen das geliebte Kind, das seinem Peiniger schutzlos ausgeliefert war, lässt in vielen betroffenen Familien Verzweiflung aufkommen. Mühsam ringen sie darum zu verstehen, was passiert ist. Alarmiert kreisen die Gedanken um das mögliche Ausmaß der Vertrauensverletzung. Wie oft? Wie lange schon? Wieso?

»Ich erfuhr es dadurch, dass das Kind bei einer Gelegenheit, bei der wir über Gewalt gesprochen haben, erzählt hat, dass es von einem Lehrer an seiner Schule, von seinem Klassenlehrer, getreten worden ist. Ich habe eigentlich nur Wut und Ohnmacht gefühlt, weil ich es mir nicht vorstellen konnte, dass ein Lehrer, der ja eine pädagogische Ausbildung besitzt, achtjährige Kinder tritt.« (Michael)

Wer ein Kind großzieht, weiß aus der täglichen Praxis, wie wichtig die Vorbildfunktion ist. Kinder lernen hauptsächlich durch Nachahmung – wie Erwachsene ja auch. Wir alle entwickeln uns weiter, indem wir, bewusst oder unbewusst, aufschnappen, auswerten und nutzen, was unsere Mitmenschen tun. So entstehen Moden und Trends, so funktioniert Wettbewerb.

Dabei gilt: Die Praxis siegt über die Theorie, das Erlebnis über den Appell. »Actions speak louder than words«, sagen die Angelsachsen: Taten sprechen lauter als Worte.

Für die gesunde, positive Charakterbildung eines Kindes, so sind sich wohl die meisten Erwachsenen einig, bilden konkrete, vorgelebte Werte ein unerlässliches Geländer. Sie geben dem Kind Orientierung, Ansporn und auch Grenzen. Das Pestalozzi-Zitat »Erziehung ist Liebe und Vorbild« kursiert in Elternkreisen als beliebter Sinnspruch bereits auf Glückwunschkarten zur Ankunft Neugeborener.

»Wir lieben unser Kind sehr. Wir haben uns viel Mühe gegeben mit unserem Kind. Wir waren stolz

auf ihn: Er war ein wundervoller gesunder, glück-
licher, anständiger kleiner Mensch. Wie sollten wir
ihm erklären, dass sein Lehrer etwas Böses getan
hat, aber nicht dafür bestraft wird? Dass Kinder weiter zu diesem Mann in den Unterricht gehen müssen. Welche Folgen wird diese Erkenntnis haben für
unser Kind?« (Katja)

Wenn eine Lehrkraft gegen ein Kind gewalttätig war, können in der Folge eine Menge Masken fallen. Nicht selten
folgt für die Angehörigen des Opfers eine unschöne Of-
fenbarung der nächsten. Werte kehren sich um, die Welt
scheint kopf zu stehen.

»Es war, als ob sich die ganze Welt gegen uns ver-
schworen hätte. Am Anfang brach wirklich eine
Welt für mich zusammen. Ich war völlig neben mir.
Es war so plötzlich gekommen. Es war so unvorstellbar. Ich fühlte mich, als verlöre ich den Boden unter
den Füßen.« (Fabiola)

»Eines ist uns in unserer Arbeit als Elterninitiative
ganz klar geworden: Mit wirklichen Problemen steht
man in der Schule allein auf weiter Flur. Immer wieder hat man uns gewarnt, immer wieder waren wir
voller Idealismus, wollten all die Vorurteile nicht
kritiklos übernehmen, wollten unsere eigenen Erfahrungen machen, immer wieder wurden wir eines
Besseren belehrt, um am Ende mit der Erkenntnis
dazustehen:
Ja, es gibt sie – die ›Achse des Bösen‹. Unterstützt
und ermöglicht durch die ›Achse des Blöden‹. Die
Bösen, die Tatsachen verleugnen und verniedlichen,
die Eltern und Kinder verleumden, die Vorfälle ver-

tuschen und Ermittlungen verschleppen, die sich mit Straftätern solidarisieren – und die, die ihnen dabei helfen. Aus Eigennutz, aus Angst, aus Feigheit, aus Opportunismus, aus Bosheit und oft auch aus purer Ignoranz.« (Regina)

In Deutschland teilen sich die Erziehungsarbeit der Kinder Elternhaus und Schule. Das ist in den Schulgesetzen geregelt.

Mit dem gewalttätigen Übergriff einer Lehrkraft gegen eine Schülerin oder einen Schüler hat die ursprüngliche Erziehungsgemeinschaft Schule und Elternhaus eine empfindliche Störung erfahren. Eine Störung, an der weder das Kind noch seine Eltern schuld sind, sondern eindeutig der misshandelnde Pädagoge.

Eine Lehrkraft, die handgreiflich wird oder Kinder seelisch verletzt, handelt falsch, unprofessionell und ungesetzlich. Eine Schuldzuweisung gegen die schutzbefohlenen Schüler ist im Falle des Übergriffs einer Lehrkraft nicht richtig und auch nicht akzeptabel. »Sie haben mich so gereizt«, »die Kinder sind so ungezogen und frech« sind in einem solchen Fall keine tolerablen Argumente.

Eine Supermarktkassiererin oder eine Verkäuferin müssen auch bei größtem Ansturm, Lärmpegel und anspruchsvollster, gereizter Kundschaft noch freundlich und professionell reagieren. Tun sie das nicht, können sie diese Arbeit nicht machen. Und sie werden sie dann auch nicht lange behalten.

Von einer Hundepension erwartet der zahlende Kunde, dass dort ein professionelles, hundefreundliches Klima herrscht und dass alle Mitarbeiter wissen, was zu tun ist. Würden die Pfleger dort Hunde misshandeln, wäre der Skandal wohl sicher und der Konkurs auch.

Eltern schulpflichtiger Kinder erwarten in der Regel auch, dass in den Schulen ihrer Kinder ein kinderfreundliches Klima herrscht und dass alle Lehrkräfte wissen, wie ihre Aufgabe aussieht. Umso schmerzhafter sind dann böse Überraschungen.

»Sören hatte sich unglaublich auf die Schule gefreut. Er war so aufgeregt am ersten Tag, als er dann endlich dort stand mit seiner Schultüte. Er war überglücklich. Und wir waren das auch. Unsere ganze Familie hatte mitgefiebert. Sören hat es immer ein bisschen schwerer gehabt als andere Kinder. Bei seiner Geburt gab es Komplikationen, und seitdem ist er behindert. Unter anderem fällt es ihm nicht so leicht zu sprechen. Er spricht wie ein wesentlich jüngeres Kind. Er hat auch nicht die Konzentrationsspanne, die andere Erstklässler schon haben. Aber er liebt Musik und singt gerne. Wir haben viel Wert darauf gelegt, ihn zu fördern.

Äußerlich kann man Sören seine Behinderung nicht unbedingt ansehen. Als ich ihn in der Förderschule anmelden wollte, sagte der dortige Rektor, er habe noch wesentlich stärker behinderte Kinder in seiner Schule und wir sollten es mit Sören doch lieber in einer Regelschule mit Integration versuchen. Ich hatte eigentlich kein gutes Gefühl dabei. In der Regelschule wurde Sören dann von zwei Lehrerinnen im Team-Teaching unterrichtet: einer Klassenlehrerin und einer Sonderpädagogin. Es waren etwa 20 Kinder, davon vier ›Förderkinder‹. Bereits nach wenigen Tagen gab es schon die ersten Probleme. Sören klagte über Bauchweh und wollte nicht zur Schule gehen. Ich fand relativ schnell heraus, dass er sich als Außenseiter fühlte. Während alle anderen Kinder in einer U-Form saßen, stand sein Tisch alleine am Rand. Die Pädagoginnen klagten, dass er den Unterricht störe.

Mein Sohn war todunglücklich. Er machte wieder ins Bett und auch in die Hosen, er klagte über Bauchweh und übergab sich. »Schule doof«, drückte er seinen Unmut aus, »ich doof, ich kann nicht richtig reden, ich kann nicht richtig schreiben.« Die Ausgrenzung durch die Mitschüler zehrte an ihm. Immer wieder jammerten die Lehrerinnen, wie anstrengend er sei, dass er sich unter den Tisch setze, herumlaufe, mit Bauklötzen werfe.

Als ich erfahren hatte, dass sie ihn alleine auf den Flur geschickt hatten, intervenierte ich. Sören darf sich z. B. nicht allein im Straßenverkehr bewegen. Aufgrund seiner Wahrnehmungsstörung wäre das hochgefährlich. Ich wollte nicht, dass er unbetreut war. Die Lehrerin versuchte mich zu beruhigen: ›Wir haben doch minütlich nach ihm gesehen.‹ Minütlich! Der seelische Zustand meines Jungen verschlimmerte sich immer mehr. ›Angst!‹, versuchte er mir zu erklären. ›Angst!‹ Ich konnte mir keinen rechten Reim darauf machen. Auch nicht, als er »ich 'leine, ich Angst« sagte. Die Förderlehrerin erklärte mir, dass sie mittlerweile kaum noch zu etwas anderem komme, als meinen Sohn aus der Klasse in den Ruheraum zu bringen. Mehrmals täglich sei das nötig. Im Kindergarten war Sören auch gelegentlich im Ruheraum gewesen. Dort war es schön: beruhigende, bunte Farben, Kuschelkissen und eine Hängematte. Er kannte das. Er war ja auch in einem integrativen Kindergarten gewesen. Ein Junge, der in Sörens Schule in eine andere Klasse ging, erzählte viel später, längst nach Sörens Schulwechsel, dass er mehrfach beobachtet habe, wie die Förderlehrerin Sören gewaltsam hinter sich hergezerrt hätte, über den Flur zu einem Raum. Sören habe ohne Unterlass immer wieder ›Entschuldigung, Entschuldigung, Entschuldigung‹ gerufen und sich dagegengestemmt. Die Lehrerin sei dann nach einer Weile ohne meinen Sohn wieder zurückgekommen.

Da sich Sörens Zustand immer mehr verschlimmerte, er nur noch ein ganz armer Tropf war, ganz traurig und unglücklich, bemühte ich mich um seine Aufnahme in der Förderschule, wie wir das ja ursprünglich auch angestrebt hatten. Der dortige Rektor kam in Sörens Klasse, um ihn sich im Unterricht anzusehen. Beim anschließenden Gespräch berichtete er mir, dass der Junge bei weitem nicht das einzige unruhige Kind in der Klasse war und es nur *einen* Anlass gegeben habe, weswegen die Lehrerin meinen Sohn in den Ruheraum gebracht habe. Was dieser Anlass genau war, konnte er aber nicht mehr sagen. Was er mir aber sagte und was mich im Nachhinein seltsam berührte, war: ›Ich habe Sören da aber ganz schnell wieder rausgeholt!‹ Der Rektor einer ganz anderen Schule griff in das pädagogische Handeln dieser Sonderpädagogin ein? Und er klang dabei so ›retterhaft‹. Ich konnte seine Aussage zunächst nicht genau einordnen. Doch dann berichtete Sören immer nachdrücklicher: ›Angst, ich Angst. Ich 'leine, Tür zu. Ich Angst.‹ Mit einem Mal ahnte ich Schreckliches.

Ich eilte in die Schule und verlangte von der Förderlehrerin: ›Ich möchte den Ruheraum sehen!‹ Sie wurde sofort puterrot und bekam regelrechte Flecken. Nun stand *ihr* ›Angst‹ ins Gesicht geschrieben. Sie zitterte, als sie einen Schlüssel holte. Ich zitterte mit. Mir war mit einem Mal sonnenklar, dass mich nun etwas Unerfreuliches erwartete, dass ich im Begriff war, etwas zu sehen, was ich nicht hätte sehen sollen.

Am Ende des Flurs schloss sie eine Tür auf. Eine Wolke von Uringestank schlug uns entgegen. Wir blickten in einen winzigen Raum ohne Fenster, in dem sich drei Pissoirs und ein kleiner Stuhl befanden. Der Stuhl, auf dem mein Kind mehrmals täglich hatte sitzen müssen in diesen ersten Schulwochen seines Lebens. Der Ruheraum. Der nach Urin stinkende ›Ruheraum‹ für mein Kind, das so stolz gewesen war, ein ›Schulkind‹ zu sein.« (Jessica)

»Es fing damit an, dass Philipp Krankheiten entwickelte: Bauchweh, Kopfweh, Übelkeit. Er fand immer wieder Gründe, warum ich ihn nicht zur Schule schicken sollte. Ich konnte mir keinen Reim darauf machen, bis ich dann einmal in der Schule selbst Zeugin eines totalen Ausrasters einer Lehrerin meines Sohnes wurde. Sie hat regelrecht verrückt gespielt, die Kinder niedergebrüllt, beschimpft und runtergemacht: ›Ihr seid alle faul‹ und ›die Hälfte der Klasse ist doof‹ usw. Ich konnte im Flur vor dem Saal alles mit anhören, so laut schrie sie herum. Als ich die Lehrerin später darauf ansprach, stritt sie es ab. Die Kinder hatten vorher schon gelegentlich zu Hause erzählt, die Lehrerin sei so schlimm, aber das hat man ja erst gar nicht glauben können. Es hat mich damals sehr belastet und wütend gemacht. Auch die Ohnmacht machte mich wütend, dass ich nichts tun konnte. Philipp hat dann nur noch Fünfen geschrieben in der Schule, hat nur noch Krikelkrakel gemacht, Männeken gemalt und hat von der Lehrerin dann auch öfter mal einen Eintrag bekommen. In einem Elterngespräch gab mir die Lehrerin dann ›durch die Blume‹ zu verstehen, dass mein Kind doof sei. Als ich ihr von der diagnostizierten Hochbegabung erzählte, sah sie mich nur ungläubig an.

Ich war wütend und ratlos. (...) Nachdem er nun aber ständig über Bauchschmerzen usw. klagte, suchten wir natürlich auch diverse Ärzte auf. Eine Ärztin stellte dann fest, dass Philipp vollkommen unterfordert war und aufs Gymnasium gehen sollte. Ich wusste, dass mir seine Klassenlehrerin die Empfehlung für das Gymnasium nicht schreiben würde. Ich wusste, dass sie mich als ›hysterische Gluckenmutter‹ sah und mir ohnehin nicht glaubte. (...)

Als ich mit ihr über die häufigen Krankheiten meines Sohnes sprechen wollte, tat sie die ab: ›Na ja, vielleicht hat er ja einen Virus. Es geht ja auch ständig etwas um.‹ Sie wollte keinen Zusammenhang herstellen zwischen seinem Abschalten in der Schule und seinen Fehlzeiten. Er ist ja nur noch in die Schule gegangen, um mir einen Gefallen zu tun. Er hat die Stunden regelrecht abgesessen. Das sagt er mir heute. (...) Er berichtete mir auch, dass die Lehrer an der Grundschule ihn öfter in ausfallender Weise beschimpften: ›Du bist stinkefaul‹, ›du bist doof‹ usw. Die anderen Kinder berichteten das auch. Die Lehrerin hat gerne mit Kollektivstrafen gearbeitet und gesagt: ›Weil der Philipp heute wieder nicht fertig geworden ist, können wir dies und jenes nicht machen.‹ Sie machte ihn regelrecht zum Sündenbock. Am Wochenende war er fröhlich und ausgeglichen. Sonntagabend ging es dann los. Dann suchte er regelrecht nach Gründen, um montags nicht zur

Schule gehen zu müssen. Er sagte auch einmal, er wolle gar nicht mehr zur Schule gehen. Wir hatten teilweise wirklich Kämpfe. Ich fragte mich öfter: ›Mein Gott, was tue ich meinem Kind hier eigentlich an?‹

Philipp bekam auch oft Strafarbeiten oder musste länger bleiben. Aber am schlimmsten war es, dass er so vor der Klasse heruntergeputzt wurde. Für das Fehlverhalten einzelner Kinder oder auch zu starke Lautstärke machte die Lehrerin Striche an die Tafel. Bei einer bestimmten Anzahl von Strichen gab es dann Kollektivstrafen: Extraarbeiten oder ein Versprechen wurde aufgehoben. Das war sehr schlimm. Philipp fragte oft: ›Warum macht die das?‹, und er hatte das Gefühl, dass seine Lehrerin ihn hasste. Er mochte sie auch nicht. Die Lehrerin war um die fünfzig Jahre alt. Sie jammerte sehr viel über ihre Belastung und ihr Arbeitspensum.

Philipp durfte auch öfter mal nicht in die Pause. Das ist natürlich extrem kontraproduktiv bei einem ADS-Kind. Er musste dann während der Hofpause an seinem Platz still sitzen bleiben. Aufgrund der Initiative einer Ärztin, die meinem Sohn eine entsprechende Empfehlung schrieb, geht Philipp jetzt in ein Privatgymnasium. Das ist zwar sehr teuer, aber er hat dort ein Teilstipendium bekommen. All seinen schlechten Grundschulnoten zum Trotz konnte er im Gymnasium mittlerweile sogar eine Klasse überspringen. Er hat sich sehr gut entwickelt und ist glücklich. Trotz seines ADS kommt er in der Schule gut zurecht. Er nimmt keine Medikamente ein. Wir haben durch Schulgeld, Fahrtkosten usw. etwa 500 Euro Kosten extra pro Monat seit der Umschulung. Ich kann auch nicht mehr arbeiten gehen, weil ich ihn die weite Strecke ja hin- und herbringen muss. Es kostet mich auch viel Zeit. Es ist schwer, aber für mein Kind tue ich es gerne.« (Simone)

Gewalt gegen ihr Kind stellt für die meisten Eltern einen gravierenden Vertrauensbruch da. Dieser Vertrauensbruch kommt meist aus heiterem Himmel, erwischt die Familien der Opfer wie ein plötzlicher Schlag in die Magengrube. Zu der Sorge um das Kind, zu dem verzweifelten Gefühl, nicht da gewesen zu sein, es nicht beschützt zu haben, kommt die massive Erschütterung der eigenen bisherigen Wahrnehmung von Pädagogik, von Schutzraum, von Gut und Böse. Geradezu körperlich kann sich die schlechte Nachricht niederschlagen. Nicht wenige Betroffene berichten von dem Gefühl, die Welt stehe kopf, oder vom Gefühl, den Boden unter den Füßen zu verlieren vor Fassungslosigkeit.

»Und es ist trotzdem unglaublich. Man weiß, das Kind sagt die Wahrheit, aber man hat dieses Abwehrgefühl, als ob man eine Todesnachricht erhält. Man will es nicht wahrhaben. Man denkt: ›Nein, nein, nein, das soll jetzt bitte nicht wahr sein‹, weiß aber, es ist so.« (Isabelle)

Eltern, die in Sorge um ihr Kind sind, neigen dazu, in den Erwachsenen, die täglich mit ihrem Kind zu tun haben, Verbündete zu sehen. Verbündete zum Wohle des Kindes. Sie glauben gern, den Pädagogen sei ihr Kind am Herzen gelegen. Sie erwarten Betroffenheit und Solidarität.

Den Weg zur Schulleitung gehen Eltern von Opferkindern meist zuversichtlich, auf der Suche nach Hilfe und

Gerechtigkeit. Aber immer wieder erleben Betroffene die Gespräche mit der Schulleitung im Konfliktfall als schockierend. Statt des gesuchten Verständnisses ernten sie kalte Ablehnung, statt der Solidarität spüren sie argwöhnische Feindseligkeit. Statt Trost und Hoffnung erfahren sie Spott und aggressive Anfeindungen und Unaufrichtigkeit.

Eine Mutter berichtet von einem Konfliktgespräch mit der Lehrerin ihres neunjährigen Sohnes, die die Kinder oft und bereits wegen geringer Anlässe laut und einschüchternd anschrie. Der Junge nahm, auf Wunsch der Lehrerin, am Gespräch teil.

»Ich erzählte ihr also, dass unser Sohn zu Hause berichtet hatte, dass sie ihn oft anschreie. Die nachfolgende Szene war bühnenreif: Sie rückte ganz dicht an mich heran, so, dass mir schon ganz mulmig wurde, sah mich mit ›Lady-Di-Blick‹ von unten nach oben an und sprach mit gedämpfter Stimme: ›Aber *ich* werde doch nicht schreien.‹
Ich schaute sie irritiert an, fing einen völlig verdutzten Blick meines Sohnes auf und atmete erst einmal tief durch. So eine Situation hatte ich noch nicht erlebt. Ich rückte mit meinem Stuhl ein wenig zurück, um wieder einen normalen Abstand herzustellen. ›Du lügst! Du lügst mich frech an – vor meinem Kind!‹, schoss es mir durch den Kopf.
›Tun Sie doch!‹, kam es auch schon von ihm. Wieder der ›Lady-Di-Blick‹, wieder die gesenkte, beschwörende Stimme und wieder haargenau der gleiche Satz: ›Aber *ich* werde doch nicht schreien.‹ Die Situation war so seltsam. Ich konnte förmlich spüren, dass sie log. Mein Sohn wusste es, und sie wusste es auch.« (Regina)

»Als ich die Lehrerin auf die Vorkommnisse ansprach, stritt sie sie ab. Ich hatte oft das Gefühl, dass sie mich anlog. Sie konnte mir nicht in die Augen sehen. Gegen ihr Wort standen die Schilderungen mehrerer Kinder. Es konnte einfach nicht sein, dass alle diese Kinder sich immer das Gleiche ausdachten. Wir Eltern tauschten uns ja untereinander aus.« (Simone)

Im Verlauf von Konflikten wegen ihrer Übergriffe gegen Schüler entwickelten einige Pädagogen »Amnesien«, die nachdenklich stimmen: Sie behaupteten schlichtweg, sich nicht an ihre Taten erinnern zu können. Weder im Falle der drei Knaben, denen ein 54-jähriger Lehrer der Reihe nach in den Popo trat, um sie zu »disziplinieren«, noch in anderen Fällen, wo geschlagen wurde, gekniffen oder geboxt.

Erstaunlich unerfreulich ist auch das Verstummen der Täter, ihr Schweigen und Abtauchen. Und selbst eine gewaltige Ohrfeige stellte sich in einigen Fällen nach den verharmlosenden Ausreden und Bewertungen der Taten durch die Täter selbst oder ihre Vorgesetzten völlig anders dar. So wurden Handgreiflichkeiten gegen Kinder in einem Fall zu einer »taktilen Unterstützung« der Worte des Pädagogen und in einem anderen Fall zu einem »Ausdruck der Körpersprache« eines Lehrers.

Auffallend ist auch die ungeheure Wendigkeit, mit der Lehrer-Täter zum Teil in Opferrollen zu schlüpfen verstanden. Wer seine eigenen Lügen als »Schutzbehauptungen« bezeichnet, nimmt ihnen ein Stück weit die Schärfe. Das »Verteidigungselement« dieses Begriffs scheint der Opferpose äußerst zuträglich.

»Die Schulleiterin leitet das Gespräch ein: ›Was haben Sie für ein Problem? Was führt Sie zu uns?‹ Diesen Ball spielen wir elegant zurück. ›Nicht wir haben ein Problem, Sie haben eines – eine kneifende Sportlehrerin. Erklären Sie uns doch bitte, wie es in Ihrer Schule zu körperlichen Züchtigungen dieser Art kommen kann.‹ Große Empörung, entsetzte Gesichter, die (drei) Lehrerinnen schauen sich mit gespieltem Erstaunen an. Die Sportlehrerin meiner Tochter (...) erzählt nun erwartungsgemäß, dass das alles gar nicht stimmen könne, und krönt das Ganze mit der Behauptung, an diesem Tag gar nicht draußen gewesen zu sein. Sie schaut dabei immer wieder zu ihrer Kollegin und bettelt eindringlich um Unterstützung. ›Nicht wahr? So war es doch!‹ Die lügt nicht ganz so frech, man sieht ihr das Unwohlsein an, und sie sagt nur nervös: ›Ja, ja‹, und wechselt schnell das unbequeme Thema.

(...) Wir beenden das Gespräch und stellen in Aussicht, dass dies der letzte Vorfall war, der in dieser Art und Weise besprochen wurde und dass der nächste Übergriff ohne weitere Vorwarnung zur Anzeige gebracht wird. Im Hinausgehen höre ich noch die schrille, keifende Stimme der Direktorin: ›Ach ja, und am Dienstag ist Ihre Tochter übrigens zu spät gekommen. Achten Sie bitte darauf, dass so etwas nicht mehr vorkommt.‹

Für meinen Mann war dies das erste Elterngespräch – ich hatte ihm aber vorab berichtet, dass es zur üblichen Taktik gehört, das Gespräch mit einem Hinweis auf das negative Verhalten des Kindes zu beenden, damit die Eltern das Schulgebäude zerknirscht verlassen und von weiteren Beschwerden absehen, da man ja nun den wahren Schuldigen

ausgemacht hat: Das Kind – und seine erziehungs-
unfähigen Eltern.« (Regina)

Ein Opfer von Lehrergewalt ist ein Problem. Nicht nur
für seine Eltern. Komplizierte Machtgefüge und Befindlichkeiten im Schulapparat leisten bisweilen einer Dynamik Vorschub, die Eskalation begünstigt, Eltern hilflos
dastehen lässt und die Opfer immer wieder aufs Neue
verletzt.

Nun sollte aber, vor allem zum Wohle des Kindes und
des Friedens insgesamt, der Konflikt schnellstmöglich
bearbeitet und beigelegt werden.

In allen Fällen, die uns bekannt sind, waren es die Eltern, von denen die Initiative zu einer Konfliktbewältigung ausging, nicht die gewalttätige Lehrkraft. Unseres
Wissens hat noch nie eine Lehrerin oder ein Lehrer von
sich aus die Eltern darüber informiert, dass sie oder er
deren Kind gewaltsam verletzte.

Uns ist auch kein Fall bekannt, in dem eine gewalttätige Lehrkraft sich spontan bei einem Opfer entschuldigt hat. Damit das überhaupt geschieht, müssen die Täter erfahrungsgemäß schon sehr viel »Druck von oben«
bekommen, geradezu dazu »verdonnert« werden. In einigen Fällen erfolgten, juristisch bedingt, in einem sehr
späten Stadium des Konflikts recht abstrakte Entschuldi-
gungen bei den Opfern.

»Unser achtjähriger Junge erhielt nach Abschluss
des Verfahrens einen Brief des Verteidigers seines
gewalttätigen Lehrers mit einer juristisch formulier-
ten Entschuldigung. Einen juristischen Brief! Und
die Dienstbehörde ließ uns schriftlich wissen, dass
es dem Täter nicht zuzumuten sei, mit uns an einem
Tisch zu sitzen. Das Verfahren habe den Lehrer zu

sehr mitgenommen. Die Frage nach dem Befinden unseres misshandelten Kindes fehlte in diesem Schreiben der Behörde ebenso, wie sie in allen vorherigen gefehlt hatte.« (Irmgard)

Vielfach, so berichteten Betroffene, gingen gewalttätige Lehrer nach Bekanntwerden eines Vorfalls buchstäblich auf Tauchstation. Entweder waren sie plötzlich krank und fehlten in der Schule, oder sie waren nicht zu sprechen. Hilfesuchende Eltern befanden sich immer wieder in der Situation, den Tätern förmlich hinterherlaufen zu müssen.

»Die von uns informierte Schulleitung reagierte überhaupt nicht. Fünf Tage vergingen ohne ein Gespräch. Immer, wenn wir den Rektor oder die Konrektorin auf dem Flur trafen, huschten sie geradezu vor uns weg, verschwanden blitzschnell hinter der nächstbesten Tür. Die Situation war gespenstisch. Es war ihnen anzumerken, dass sie die Konfrontation mit uns scheuten. Da standen wir nun mit unserem misshandelten Kind – und in der Schule lief ›business as usual‹.« (Irmgard)

»Wir bemühten uns über ein Jahr lang immer wieder, endlich einen Gesprächstermin zur Konfliktklärung zu bekommen: erfolglos. Auch der Anwalt erreichte nichts.« (Stefan)

Bei vielen Opfereltern taucht da ganz schnell eine Frage auf, wenn sie mit den ersten Widerständen zu kämpfen haben: Lohnt es sich überhaupt, etwas zu unternehmen? Wir haben nachgefragt bei Eltern aus unterschiedlichen Bundesländern, bei Eltern, die im Zusammenhang mit gewalttätigen Übergriffen oder seelischen Grausamkeiten von Lehrern gegen ihre Kinder schwierige Konflikte mit Schulen und Behörden auszutragen hatten.

»Meine Motivation war schlichtweg, dass ich solche Dinge geklärt haben möchte. Auch wenn wir unsere eigenen Kinder wegen der Vorfälle von der Schule genommen hatten, war die Sache für uns nicht erledigt. (…) Die anderen betroffenen Kinder sind teilweise unsere Nachbarn und die Freunde unserer Kinder. Sie gehen hier zur Schule und werden von diesem Lehrer weiterhin unterrichtet.
Ich denke auch darüber nach, wie es für uns wäre, wenn wir unsere Kinder an eine Schule brächten, wo es ähnliche Vorkommnisse gegeben hätte. Dann wären wir doch auch darauf angewiesen, dass die Schuleltern dort etwas unternommen und nicht einfach nur ihre Kinder aus der Schusslinie gebracht hätten. Das hat für mich etwas mit Zivilcourage zu tun.« (Marina, Elternvertreterin)

»Unsere Elterninitiative blickt auf zwei Jahre Arbeit zurück. Zwei Jahre, in denen wir intensiv verhandelt, veröffentlicht und gelernt haben. Wir haben unzählige Gespräche mit Lehrern, Eltern, Politikern, Juristen, Behörden und der Presse geführt. Wir haben ein dickes Fell bekommen in dieser Zeit. Wir haben viele Rückschläge, viel Ignoranz, Verleugnung, Verleumdung und Anfeindung ertragen müssen.
Am schlimmsten waren für uns alle wohl die Gespräche mit den Kindern. Wir wollten alles wissen, wir wollten alles begreifen – aber es tat so unerträglich weh, sich anhören zu müssen, was die Kinder

erzählten. Manchmal überstieg es unsere Kräfte. (…)

Lügen kommen und gehen, Notgemeinschaften zerfallen, Komplizen zerstreiten sich, Ansichten ändern sich. Was bleibt, ist die Wahrheit. (…) Die betroffenen Familien und viele, viele andere stimmten mit den Füßen ab, und die Schule leerte sich. Klassen mussten zusammengelegt werden, das Kollegium wurde teilweise ausgetauscht, und einigen Lehrern erschien der Vorruhestand urplötzlich sehr erstrebenswert – andere Kollegen bevorzugten den Dauerkrankenstand.

Wir haben alle sehr viel Nerven, Lebenszeit und Geld investiert. Aber hatten wir wirklich eine Wahl? Konnten wir abwägen und entscheiden? Ich sehe es nicht so. Wir haben eine Aufgabe bekommen und haben sie erfüllt. Aus Liebe zu unseren Kindern. (…)

Ja, es hat sich gelohnt. Unsere Kinder sind wieder glücklich, gehen gern zur Schule, haben viel Freude am Lernen und erholen sich nach und nach von ihren Erlebnissen. Schwere gesundheitliche Probleme verschwanden wie von Geisterhand. Die Kinder öffnen sich wieder, knüpfen neue Freundschaften und haben sogar wieder Vertrauen zu Lehrerinnen aufgebaut.

Und wir Eltern? Auch wir können endlich aufatmen. Schicken unsere Kinder nicht mehr voller Angst, Widerwillen und mit Bauchweh zur Schule. In unserer Freizeit rücken wieder andere Themen in den Vordergrund. Das Misstrauen, eine gewisse Vorsicht, wird wohl für immer bleiben. Aber wir stellen die Frage ›Und, wie war es heute in der Schule?‹ nicht mehr mit banger Erwartung und einem Druck in der Magengrube.

Die beschuldigten Lehrer haben sich vor keinem Gericht verantworten müssen, aber sie haben trotzdem ihr Urteil erhalten. Eine Beurteilung durch viele Eltern und Kinder, die sich erschreckt und angewidert abgewendet haben, die in großer Zahl die Schule verließen oder sich weigerten, dort ihre Kinder einschulen zu lassen. (...)

Ist es politisch und moralisch vertretbar, zu schweigen und damit weitere Entgleisungen zu ermöglichen, ja, quasi herauszufordern und zu legitimieren? Was hätten die Kinder dieser Schule von uns gelernt? Dass es richtig ist, den Mund zu halten, Unrecht schweigend hinzunehmen, zu erdulden oder zu gehen? Wie können wir Zivilcourage predigen und selbst die Augen vor schlimmen Zuständen verschließen? (...)

Zwei kleine Mädchen haben sich gegen den Strom gestellt, über ihre Erlebnisse gesprochen und so eine Lawine losgetreten, die am Ende nicht mehr aufzuhalten war. Man hat sie beschimpft, verleumdet, gemobbt, ihnen große Angst gemacht – sie sind unbeirrt bei ihren Aussagen geblieben. Der Konflikt hat sie gestärkt, denn alle Kinder haben die Situation als Sieger verlassen, sind nun glücklich und befreit. (...) Sie haben (...) erlebt, dass sie sich bedingungslos auf ihre Familien verlassen können.« (Regina)

»Auf jeden Fall sollte man etwas gegen Lehrergewalt unternehmen (...) Wir haben zwar keine Bestrafung der Täterin erreicht, aber das ist sowieso nicht das Wichtigste. Das Wichtigste war, dass diese Schule wieder eine Schule wird und keine Prügelknabenschule bleibt bzw. dass da eine würdige Schulkultur entsteht. Der unhaltbare Führungsstil und die schlimmen Zustände sind zerschlagen worden, und ich nehme an, dass sich das auf diese Schule und auf andere Schulen auswirkt, zum Wohle der Kinder.« (Roland)

Vergleicht man Konfliktfälle rund um Lehrergewalt aus unterschiedlichsten deutschen Schulen, Orten und Bundesländern, so zeichnen sich mitunter beeindruckende Gemeinsamkeiten ab. Die Abläufe der Ereignisse ähneln sich in vielen Punkten so sehr, dass geradezu ein Muster sichtbar wird.

Viele betroffene Eltern suchen in dem Verlangen nach Gerechtigkeit für ihr misshandeltes Kind Hilfe beim Staat. Sie erheben Dienstaufsichtsbeschwerden und erstatten Strafanzeigen, manche klagen auch auf zivilrechtlichem Weg. Dabei sind es unterschiedliche Bereiche des Rechts, mit denen sie sich auseinandersetzen müssen: Strafrecht, Verwaltungsrecht und Zivilrecht. In allen drei Bereichen unterscheidet sich der Rechtsweg ein wenig.

Recht haben – recht bekommen

Strafrecht
- Strafanzeige
- Staatsanwaltliches Ermittlungsverfahren
- Strafprozess/Möglichkeit der Nebenklage
- Urteil

Verwaltungsrecht
- Dienstaufsichtsbeschwerde beim Schulamt
- Dienstaufsichtsbeschwerde beim Ministerium
- Disziplinarverfahren

- Prozess vor dem Verwaltungsgericht
- Beschluss oder Urteil

Zivilrecht
- Privatklage beim zuständigen Gericht
- nach jeweiligem Landesrecht eventuell
  ein Schiedsverfahren
- Prozess
- Urteil

Eines haben alle Verfahren gemeinsam: der Ausgang ist ungewiss und sicher auch abhängig von der persönlichen Einstellung der involvierten Juristen. Während in einem Fall ein Staatsanwalt »den gesunden Klaps« für Kinder öffentlich guthieß, sprach im gleichen Bundesland eine Richterin das Urteil: 4500 Euro Geldstrafe für eine Lehrerin, die einer Schülerin ein Buch auf den Kopf geschlagen hatte. Die Lehrerin beklagte sich über die zu laute Klasse, ihr Verteidiger nannte es einen »erzieherischen Klaps«, aber die Richterin stelle unbeirrbar fest: »Es darf nicht sein, dass Kinder Angst haben, in die Schule zu gehen.«

Groß ist die Zahl der Betroffenen, die enttäuscht aus solchen Verfahren gehen, die nicht den Eindruck haben, dass ihnen am Ende geholfen wurde. Immer wieder berichteten Betroffene von ihrem Entsetzen darüber, wie viel Milde den Tätern zuteil wurde und wie wenig Reue diese zeigten.

Als besonders bitter wird vielfach empfunden, wenn Pädagogen, die gefehlt haben, wieder an ihr Pult zurückdürfen, als wäre nichts geschehen, während die Opfer aus ihrem Lebensumfeld gerissen werden, die Schule wechseln und sich womöglich in psychologische Betreuung begeben müssen.

Rätselhaft erscheinen auch jene Fälle, in denen plötzlich Stimmen aus der Vergangenheit laut werden: »Ja, da war doch schon einmal etwas ... Der hat doch schon einmal ...« Wie kann das überhaupt sein, dass Lehrkräfte mehrfach auffällig werden?

Immer wieder stolperten Betroffene über das Phänomen, dass Lehrkräfte mit »Vorgeschichte« von ihren Vorgesetzten im Verlauf eines Konflikts als »tadellos« hingestellt wurden.

Vorfälle aus der Vergangenheit schienen völlig »vergessen« worden zu sein. Vergessen? Verjährt!

»Unschöne« Einträge verschwinden mit der Zeit aus der Personalakte einer Lehrkraft, und das Blatt ist wieder unbeschrieben. Schulleiter, denen ein »neuer« Kollege zugewiesen wird, können aus dessen Akte nicht unbedingt schließen, ob es in dessen Berufsleben schon einmal »Schwierigkeiten« gab. Der Grund dafür ist im deutschen Beamtenrecht zu suchen.

Zur Personalakte

§ 90e Bundesbeamtengesetz

(1) Unterlagen über Beschwerden, Behauptungen und Bewertungen, auf die § 16 Abs. 3 und 4 Satz 1 des Bundesdisziplinargesetzes nicht anzuwenden ist, sind

1. falls sie sich als unbegründet oder falsch erwiesen haben, mit Zustimmung des Beamten unverzüglich aus der Personalakte zu entfernen und zu vernichten,

2. falls sie für den Beamten ungünstig sind oder ihm nachteilig werden können, auf Antrag des Beamten nach drei

Jahren zu entfernen und zu vernichten; dies gilt nicht für dienstliche Beurteilungen.

Die Frist nach Satz 1 Nr. 2 wird durch erneute Sachverhalte im Sinne dieser Vorschrift oder durch die Einleitung eines Straf- oder Disziplinarverfahrens unterbrochen. Stellt sich der erneute Vorwurf als unbegründet oder falsch heraus, gilt die Frist als nicht unterbrochen.

(2) Mitteilungen in Strafsachen, soweit sie nicht Bestandteil einer Disziplinarakte sind, sowie Auskünfte aus dem Bundeszentralregister sind mit Zustimmung des Beamten nach drei Jahren zu entfernen und zu vernichten. Absatz 1 Satz 2 und 3 gilt entsprechend.

Aus dem Bundesdisziplinargesetz

§ 16 Verwertungsverbot, Entfernung aus der Personalakte
(1) Ein Verweis darf nach zwei Jahren, eine Geldbuße und eine Kürzung der Dienstbezüge dürfen nach drei Jahren und eine Zurückstufung darf nach sieben Jahren bei weiteren Disziplinarmaßnahmen und bei sonstigen Personalmaßnahmen nicht mehr berücksichtigt werden (Verwertungsverbot). Der Beamte gilt nach dem Eintritt des Verwertungsverbots als von der Disziplinarmaßnahme nicht betroffen.

§ 15 Disziplinarmaßnahmeverbot wegen Zeitablaufs
Sind seit der *Vollendung* eines Dienstvergehens mehr als zwei Jahre vergangen, darf ein Verweis nicht mehr erteilt werden.

In der Schweiz dagegen bemüht man sich, den Schutz von Schülerinnen und Schülern vor Übergriffen durch Lehrkräfte zu verbessern. Dort werden Pädagogen erfasst, die wegen sexueller Übergriffe oder Gewaltanwendung auffällig wurden. Die Konferenz der kantonalen Erziehungsdirektoren (EDK) führt »schwarze Listen« über Lehrpersonal, dem die Lehrbewilligung durch das Departement Bildung, Kultur und Sport (BKS) entzogen wurde.

Bei vielen betroffenen Eltern hinterlässt die persönliche Erfahrung im Verlauf eines Verfahrens gegen eine Lehrkraft ein tiefes Gefühl der Unzufriedenheit bis hin zur Verzweiflung.

»Es war diese Hilflosigkeit, dass man gegen eine Übermacht ankämpft. Man hat wirklich das Gefühl, man rennt ständig gegen irgendwelche Mauern. Und dass diese Mauern ganz bewusst aufgestellt werden. Wenn man diese Aussagen hört, vom Rektor, vom Schulamt und von der Staatsanwaltschaft, die haben eigentlich alle ihre Aussagen immer gegenseitig gestützt. Jeder hat sich auf den anderen berufen. Da fragst du dich irgendwann wirklich: ›Ja, leben wir wirklich noch in einem Rechtsstaat?‹ (…) Das waren ja keine Larifari-Vorfälle. Die erkennbaren Auswirkungen auf die Kinder haben uns Eltern alarmiert, haben uns auf die Barrikaden gebracht. Zwei Kinder hatten Suizidgedanken geäußert, ein elfjähriges Mädchen hat sich an der Bushalte in die Hose gemacht aus Angst vor der Schule. Das sind gravierende Zwischenfälle. Außerdem hatten die Kinder Schlafstörungen, Angstzustände, weinten, heulten. Wir haben mit unseren Kindern um zwei Uhr nachts herumdiskutiert, dass sie am nächsten Tag in die Schule gehen müssen. Das ist ja das Schlimme: Ich muss mein Kind in die Schule schicken, sonst mache ich mich strafbar.« (Claudia)

Die schwierige Solidarität unter Eltern

Eltern, die sich wehrten, standen oftmals allein da, mussten ihren steinigen Weg allein gehen. Solidarität in der Elternschaft gab es keine, auch die offiziellen Elternvertreter scheuten sich vielfach, aktiv zu werden gegen Lehrergewalt. Vielfach wurden die Geschädigten auch noch angefeindet, und man fiel ihnen in den Rücken.

»Bei der Elternkonferenz in unserem Konfliktfall hatte die Stunde der Oberschleimer geschlagen. Man konnte die Elternsprecher getrost als Lehrersprecher bezeichnen – denn mehr waren sie nicht. Wenn ich an die Elternsprecher zurückdenke, die ich in den Schulen meiner Kinder erlebt habe, so hatten diese oft schwierige oder lernschwache Kinder, die sie durch ihren Einsatz schützen wollten. Duzfreunde der Lehrer waren auch darunter. Man kannte sich halt, spielte im gleichen Verein Tennis oder sang zusammen im Kirchenchor. (…)
Man geht zu einer Konferenz, weil es um misshandelte Kinder geht, und findet sich in einer Kampfveranstaltung wieder, deren Ausgang den meisten Teilnehmern vorab bekannt war – nur den Opfern nicht. Einmal hatte der Schulelternsprecher ganz dreist das Abstimmungsergebnis sogar schon schriftlich vorformuliert und fiel zu seinem großen Erstaunen bei der Abstimmung darüber dann doch auf die Nase. Er war ein enger Freund der Rektorin. (…)
Ich habe aus diesem Erlebnis gelernt, dass man niemals allein zu einer solchen Versammlung gehen

und immer mit dem Schlimmsten rechnen sollte. Man muss sich sehr gut vorbereiten und sofort ein Protokoll anfordern, gegebenenfalls Änderungen verlangen oder ein eigenes Gegenprotokoll erstellen und von Zeugen unterschreiben lassen. Elternsprecher sollten als Hemmschwelle zukünftig Schulungen (Schulrecht, Kommunikation) durchlaufen und Tests ablegen müssen, bevor sie zur Wahl zugelassen werden. Ihnen muss klar sein, dass das Ehrenamt mehr bedeutet als Kuchenbasare organisieren und Klassenfahrten begleiten.« (Isabelle)

In einem Fall, in dem mehrere Kinder berichtet hatten, im Unterricht einer Schulleiterin immer wieder seelisch verletzt und körperlich angegriffen worden zu sein, bildeten die verzweifelten Eltern eine Elterninitiative. Nachdem sie vergeblich versucht hatten, durch Polizei und Schulamt rasche Hilfe zu bekommen, versuchten sie über Flugblätter die Aufmerksamkeit der Öffentlichkeit zu erregen. Der »Zettelaktion« folgte ein offener Brief der Schulelternvertretung:

»Wir Eltern hatten gehofft, nachdem die Vorwürfe gegen Frau U. durch die zuständigen Behörden entkräftet sind, würde nun wieder Ruhe in der Schule einkehren und unsere Kinder könnten ungestört lernen. (…) Seit gestern aber müssen wir sehen: Es geht nicht nur das Mobbing per Internet weiter, nein, jetzt behelligen Sie auch noch unsere Kinder und stürzen sie in neue Verwirrung. Der Text auf dem Blatt, das an der Schule verteilt wurde, stammt zudem von einem Mann, der selbst weder Kinder noch Enkel an dieser Schule hat.«

Eine mögliche Entkräftung von Vorwürfen stand zu diesem Zeitpunkt aus, das Verfahren schwebte noch und fand erst im darauffolgenden Jahr seinen Abschluss durch eine Einstellung durch das zuständige Oberlandesgericht.

Dieses befand, »dass es – zum Teil auch unangemessene – Berührungen durch die Lehrerin gegeben hat«. Dabei stützte es sich auf das Glaubwürdigkeitsgutachten eines Psychologen. Dennoch scheint das Verfahren, bei dem zwischendurch auch einmal die komplette Ermittlungsakte verschwunden war, insgesamt zu lange gedauert zu haben. »Dass die frühere Beschuldigte die Antragstellerin körperlich misshandelt oder an der Gesundheit beeinträchtigt hat, lässt sich nicht (mehr) feststellen. (…) Dem Klageerzwingungsvorbringen ist im Weiteren zwar zuzugestehen, dass eine umfassende Anhörung aller Mitschüler der Antragstellerin unmittelbar nach Anzeigeerstattung wünschenswert und auch sachgerecht gewesen wäre. Eine Nachholung dieses Versäumnisses würde nunmehr, über ein Jahr nach der behaupteten Tat, aber aufgrund allgemeiner aussagepsychologischer Erkenntnisse keine tragfähigen Erkenntnisse mehr zeitigen können.«

Die Schulleiterin war bereits eine Woche nach den ersten Elternbeschwerden erkrankt und kam erst Monate später wieder in den Dienst zurück, nicht aber in diese Klasse. Fortan versah sie nur noch ihre Aufgaben als Rektorin und Fachlehrerin in anderen Klassen. Nach einigen weiteren Monaten wurde sie schließlich arbeitsunfähig geschrieben.

Verfahrenstechnisch gesehen sind schriftliche Dokumente von offiziellen Elternvertretern eine ganz harte Währung und oftmals maßgebliches Zünglein an der Waage, was die Aktenlage angeht. Die Argumentation, man könne nicht Einzelinteressen vertreten, sondern sei dem Gros der Elternschaft verpflichtet, zieht sich wie ein roter Faden durch die Korrespondenz, die Betroffene aus Schulbehörden und Bildungsministerien erhalten. Wer als Schulleiter die Kontrolle über die Aktenlage behalten möchte, der sieht am besten zu, dass er ein entsprechendes Dokument aus der Feder von Elternvertretern an Land zieht und seinen Vorgesetzten vorlegen kann.

Im oben beschriebenen Fall war der Schulelternsprecher der Gatte einer engen Freundin der Schulleiterin, die selbst beschuldigt wurde, immer wieder gewaltsam gegen ihre Schülerinnen und Schüler vorgegangen zu sein. Während der für die Opferfamilien sehr belastende Konflikt sich hinzog, verreisten die beiden Damen, Rektorin und Gattin des Schulelternsprechers, gemeinsam über ein verlängertes Wochenende. Die Schulleiterin fehlte an den »angehängten« Tagen im Unterricht.

In einem Konfliktfall sind für eine Schulleitung, die den Konflikt beherrschen möchte, isolierte Eltern ideal. Am schnellsten kann eine Elternbeschwerde niedergeschlagen werden, wenn der Beschwerdeführer allein dasteht. Je stärker ein Elternteil in einer Klasse vernetzt ist, desto stärker ist es auch in der Durchsetzung seiner Ziele, desto größer ist die Gefahr, die im Konfliktfall von ihm ausgehen kann, für die Schulleitung.

Ebenso gefährlich sind Beschwerdeführer, die außerhalb der Schule einflussreich und gut vernetzt sind, also »Meinung machen« können. Besonders im ländlichen Bereich, kann man beobachten, dass Schulleiter sich mit »Multiplikatoren« in der Elternschaft zu verbünden suchen: Ärzte, Zahnärzte, Politiker, Anwälte, Pfarrer, Vereinsfunktionäre usw. Das Wissen um unterschiedliche »Sendungsstärken« von Eltern kann von pädago-

gischen Führungskräften auf Fortbildungen und natürlich auch durch Erfahrung erworben werden. Deutlich
wird dieses Denken an einem Beispiel aus einer ländlichen Region.

»Als an der Schule unserer Kinder der Sohn zweier
bekannter Akademiker von einer Lehrerin geohrfeigt
wurde, gab es erstaunlicherweise eine ganz andere
Regelung. So massiv wir mit unserer Beschwerde
wegen Lehrergewalt auch bekämpft wurden und so
sehr uns der Schulleiter immer wieder untersagte,
auf Elternabenden davon zu sprechen, so einfach
und sauber schien die Lösung im Fall dieses geohr-
feigten Kindes, das allerdings in eine andere Klasse
ging: Wie mir mehrere Personen berichteten, wurde
ein Elternabend anberaumt, und die Klassenlehrerin habe sich dabei öffentlich und in aller Form bei
den Eltern entschuldigt. Das Gleiche soll sie dann
auch in der Klasse getan haben, bei dem Kind direkt.« (Elisabeth)

Von den Elternvertretungen können Eltern aber häufig
auch dann keine Hilfe erwarten, wenn diese nicht mit
der Schulleitung persönlich verquickt sind. Betroffene
aus verschiedenen Konfliktfällen in unterschiedlichen
Bundesländern berichteten über ähnliche Verhaltensmuster der Elternvertretungen im Umgang mit den einzelnen Beschwerdeführern: Die Mitglieder der Elternvertretungen scheinen oftmals hoffnungslos überfordert zu
sein, wenn es an einer Schule wirklich kracht. Im Zweifelsfall, so zeigt die Tendenz, nehmen sie »sicherheits-
halber« die Seite des stärkeren Parts ein, den des Lehrers
oder der Schulleitung.

»Meine Erfahrungen mit den Elternvertretern waren eher negativ. Sie hatten für unsere Probleme, also für die Probleme all der Eltern, deren Kinder geschlagen worden waren, kein offenes Ohr. Sie haben es sich zwar angehört, aber man hatte den Eindruck, dass es für sie nur mit Arbeit zu tun hatte, dass es ihnen nur lästig war, nach dem Motto: ›Na ja, es ist nicht mein Kind‹.« (Barbara)

»Die Elternvertreter verhielten sich sehr loyal – und zwar nicht zur Familie des betroffenen Kindes, sondern sehr loyal zur Schule, was ich einfach nicht verstehen kann, denn sie sollten doch die Belange der Eltern mit einer sehr viel höheren Priorität einstufen als die des Lehrers.« (Michael)

»Unsere erste Klassenelternsprecherin hatte mich angerufen. Sie sagte mir, ich solle für den gewalttätigen Lehrer beten und für mein Kind. Sie meinte, wenn man betet, wird alles wieder gut. Mit weiterer Unterstützung von ihr konnten wir nicht rechnen. Die zweite Klassenelternsprecherin gehörte auch zu den Betroffenen. Sie hat bis zum Schluss gekämpft. Unsere Erfahrungen mit dem Schulelternbeirat waren sehr schlecht. Sie waren irgendwie mit der Schulleitung verbandelt. Da gab es wohl auch private Verbindungen. Unsere Schulelternsprecherin hat sich komplett auf die Seite der Schulleitung geschlagen. Sie fungierte nicht als Mittlerin zwischen uns und der Schulleitung.« (Claudia)

»Ich finde, Elternvertreter müssen die Interessen der Eltern vertreten. Sie können sich im Konfliktfall nicht auf die Seite des Lehrers stellen. Genau das geschah aber in unserem Fall. Die zweite und dritte Elternvertreterin sprachen für den Lehrer und gegen unsere erste Elternsprecherin (...), die sich über die Übergriffe des Lehrers beschwert hatte. Auf dem Elternabend wurden die Gewaltvorfälle regelrecht bagatellisiert. Die Stimmung war ›pro Lehrer‹ und der ersten Elternsprecherin wurde vorgeworfen, dass sie ihn fertigmache, dass sie seinen Ruf ruinieren wolle.« (Evelyn)

Elternvertreter stellen im System »Schule« ein Äquivalent zu den Lehrervertretern da. Beide werden aus den Reihen der jeweiligen Interessengruppen gewählt. Aber sind sie wirklich vergleichbar? Haben Eltern verschiedener Kinder, die zueinander im Wettbewerb stehen, die um die besten Zensuren rangeln, wirklich gemeinsame Interessen?

Wer sind diese Elternvertreter? Eine wissenschaftliche Untersuchung über die Motivation von Elternvertretern, sich in dieses Amt wählen zu lassen, gibt es nicht. Aber den Schilderungen Betroffener zufolge sitzen in den Elterngremien an Schulen vielfach Personen aus dem persönlichen Umfeld von Schulleitung und Lehrkörper: Die Tochter des Rektors, die Frisörin der Konrektorin, Lehrerinnen und Lehrer anderer Schulen, Schulleiter anderer Schulen, Sängerkollegen aus der Kirche der Schulleiterin usw. Im Jahre 2006 ist der Vorsitzende des Bundeselternbeirats, der höchsten Elternvertretung unseres Staats also, von Beruf Schulleiter.

Die zweite nach den Einschätzungen Betroffener stark repräsentierte Gruppe in Elternvertretungen sind Eltern von Kindern mit Lernschwierigkeiten, psychischen oder körperlichen Problemen. Mehr als andere sind sie oft abhängig von einem guten Verhältnis zu denen, die an den

Hebeln der Macht sitzen, in der Schaltzentrale der Schulwelt Weichen stellen.

Auch die Wahlen zum Gremium der Elternvertretung stehen für manche Eltern unter merkwürdigen Vorzeichen.

»Die Schulleitung hatte die Elternvertreterwahlen alle auf ein und denselben Termin gelegt. In allen Klassen. Alle Elternabende fanden in allen Klassen zur gleichen Stunde statt. Wer mehrere Kinder in dieser Schule hatte, in unterschiedlichen Klassen, der konnte sein Wahlrecht nur eingeschränkt wahrnehmen. Als wir darum baten, die Wahlen ordnungsgemäß demokratisch zu regeln, schmetterte der Schulleiter unsere Bitte lapidar ab. Als Begründung gab er an, Energiekosten sparen zu wollen, indem er nur einen solchen Abend im September veranstalte. So könnten auch Eltern Benzin sparen.
Wir empfanden diese Antwort als befremdend. (...)
Die Dienstaufsicht, die wir informierten, bewertete die gegen den Elternprotest unsachgemäß durchgeführten Wahlen als nicht weiter schlimm. Sie wurden nicht etwa wiederholt. Man schrieb uns lediglich, dass man den Rektor darüber informiert habe, dass er die Wahlen beim nächsten Mal ordnungsgemäß durchführen solle.
Die bei jenen seltsam undemokratischen Wahlen in unserer Abwesenheit gewählten Elternvertreter sollten sich im Laufe unseres Konflikts um einen gewalttätigen Lehrer als willfährige Helfer der Schulleitung erweisen.« (Irmgard)

Natürlich gibt es auch Elternvertreter, die wirklich versuchen, die Elterninteressen zu unterstützen. Denen wird jedoch ihr Ehrenamt häufig nicht leicht gemacht – von Seiten der Schulleitung und von den Elternbeiratskollegen.

»Ich habe die Erfahrung gemacht, dass man für Engagement als Elternvertreter regelrecht abgestraft werden kann. Zum Beispiel habe ich mich einmal dafür stark gemacht, dass der Schulleiter nicht immer automatisch an jeder Schulelternbeiratssitzung teilnimmt. Ich wollte einfach nur, dass wir uns tatsächlich austauschen können, wie das nach dem Gesetz unser Recht ist. Ich wollte im Grunde nicht mehr, als dass es ein bisschen demokratischer zugeht.

Aber da gibt es eben auch Elternvertreter in diesen Gremien, die in erster Linie darauf bedacht sind, einen guten Draht zur Schulleitung zu haben. Denen dieses Ziel vorrangig ist vor allem anderen.« (Marina, Elternsprecherin)

Was im Konfliktfall in der Schule aus Sicht der Eltern passieren kann.
- Die Elternvertreter führen mehrere Gespräche mit der Schulleitung (auch einzeln). Die Initiative zu diesen Gesprächen geht überwiegend von der Schulleitung aus, und sie werden in Abwesenheit den Eltern des misshandelten Kindes geführt.
- Die Elternvertreter werden damit psychologisch »ins Boot« geholt, erhalten eine Art »moralische Beförderung«, werden zu vermeintlich Eingeweihten.
- Die Kindeseltern werden systematisch »klein« gemacht. Das geht bis hin zur Diagnose von vermeintlichen Cha-

rakterfehlern und psychischen Störungen: »Frau X. ist hysterisch, psychisch krank, notorisch streitsüchtig.«
- Die Taten der gewalttätigen Lehrkraft werden bagatellisiert.
- Die Personalvertretung stellt sich hinter den betroffenen Lehrer.
- Die übrigen Lehrer mauern oder schweigen und sind bemüht um »Neutralität«.

In allen Fällen ist die Schulleitung bemüht, die Fäden in der Hand zu behalten. Zu einem möglichst späten Zeitpunkt wird ein Gespräch mit den Beschwerde führenden Eltern angesetzt. Dabei ist es nicht unüblich, aufgebrachten Eltern klarzumachen, dass sie mit ihrem Widerstand dem geschädigten Kind mehr schaden als nützen.

Ebenso kommt es vor, dass Elternvertretern und beunruhigten Eltern vermittelt wird, dass der Widerstand Einzelner in der Elternschaft gegen Lehrergewalt durch den entstehenden Tumult ihren eigenen Kindern schaden wird. Warum sollten diese Ärger für die eigene Tochter oder den eigenen Sohn in Kauf nehmen, nur weil andere Eltern »vollkommen überzogen« reagieren?

Zu dieser Einschätzung beispielsweise können Elternvertreter durchaus gelangen, wenn sie im vertraulichen Vieraugengespräch mit dem Schulleiter erfahren haben, dass die Beschwerdeführer »psychisch gestört« seien oder auf ihr »erstes Kind« oder »Einzelkind« ungesund fixiert.

Auf diese Art und Weise kann eine aufklärungsunwillige Schulleitung den Gang der Dinge nach ihren Wünschen lenken.

»Die Elternschaft der Klasse, einer Grundschulklasse, war wirklich in zwei Lager gespalten. Auf einem außerordentlichen Elternabend, der eigens zu diesem Thema, also zu den Vorwürfen bezüglich der Übergriffe des Lehrers, stattgefunden hat, konnte man das gut beobachten. Auf der einen Seite waren die Eltern, die wie die Schulleitung sagten, das Problem müsse in Einzelgesprächen mit dem Lehrer geklärt werden. Und auf der anderen Seite stand der Teil der Eltern, der sagte: ›Nein, man muss der Sache nachgehen, muss sich auch umhören, ob es noch mehr Fälle gegeben hat, und dann gemeinsam versuchen, das aus der Welt zu schaffen.‹ (...) Da war die Elternschaft sehr zwiegespalten.« (Inken)

Neben dem Verhalten der Elternvertreter spielt natürlich auch das der Eltern von Klassenkameraden ihrer Kinder eine große Rolle. Gerade von ihnen erhofft sich noch mancher Vater und so manche Mutter Hilfe im Konfliktfall. Oft allerdings vergebens. Die fehlende Solidarität, das Wegsehen und Schweigen vieler Mit-Eltern wird aus den unterschiedlichsten Antriebsquellen gespeist. Die Gründe reichen von der blanken Ehrfurcht vor der Bildungsinstitution Schule über die Angst vor Repressalien bis hin zu gewöhnlichem Desinteresse.

»Erst waren alle auf unserer Seite. Als wir jedoch eine Dienstaufsichtbeschwerde schreiben und die örtliche Presse einschalten wollten, haben sie uns ganz schnell den Rücken zugedreht. Sie hatten Angst vor Repressalien.« (Anja)

»Interessanterweise entwickelten die anderen Eltern eher die Rolle des Zum-Lehrer-Haltenden. Weil sie einfach nicht verstehen konnten oder verstehen wollten, dass gerade an der Schule, an der ihre Kinder unterrichtet werden, ein Lehrer Schüler tritt.« (Michael)

»Wir hatten das Glück, nicht allein dazustehen. Glück im Unglück, weil mehrere Kinder von diesem Lehrer verletzt worden waren. Wir waren ein Kern von sechs Eltern, die sich engagierten. Zu Anfang waren es zwar noch neun Elternpaare gewesen, aber mit der Zeit waren einige abgesprungen aus Angst vor Repressalien. Wir leben in einem Dorf, wo jeder jeden kennt. Da gibt es viele Zwänge. Wer ein Geschäft hat zum Beispiel, der muss schon aufpassen, auch wer beispielsweise bei einer Behörde arbeitet. Als dann die Presse kam, die Zeitung, das Fernsehen, da waren einige Betroffene regelrecht gezwungen, den Mund zu halten.« (Claudia)

»Man konnte den Eindruck gewinnen, dass das Mitleid für den ›armen Lehrer‹ sehr groß war. Die Vorkommnisse wurden heruntergespielt. Da hieß es: ›Die sollen sich nicht so haben, was haben wir doch alles früher ertragen müssen.‹ Die Eltern, die auf unserer Seite waren, die waren still und sagten nichts. Die erzählten mir nur hinterher, wie toll sie es fanden, dass wir etwas unternommen haben. Ich finde es traurig, dass die Leute sich das nur hintenrum trauen. (…)
Die Eltern sprachen teilweise mit gespaltener Zunge: in der Schule so und hintenrum genau konträr. Ich finde es ganz, ganz furchtbar, dass die Mutter, die ihr Kind aus der Schule genommen hat, nun mit einem schadenfrohen Lächeln bedacht wird.

Wir werden unser Kind auch aus der Schule heraus-
nehmen.« (Evelyn)

Nicht nur in diesen, auch in einer Vielzahl von anderen
Fällen berichteten betroffene Eltern davon, dass sie nur
wenig oder gar keine Unterstützung von anderen Eltern
bekommen hatten. Immer wieder erzählten sie von Ängsten, von Warnungen, von der Distanzierung, vom Fallen-
gelassenwerden, von Ächtung, von Mobbing. Auch jenseits der offiziellen Elternvertretungen, im unmittelbaren
Klassenumfeld und sogar bei anderen Betroffen tut sich
oftmals verblüffend wenig.

Woran mag das liegen? Greifen hier die alten Muster
früher Konditionierung in der Schule: Schadensbegren-
zung durch »Bravsein«, schweigen, sich »unsichtbar«
machen, nicht auffallen wollen um jeden Preis? Ist sie
auf einmal wieder da, die Angst vor der tobenden Lehrkraft? Ahnt man das Unheil voraus, das droht, wenn
man die zornige Aufmerksamkeit der Pädagogen auf sich
zieht?

Nicht nur bei Eltern ist zu beobachten, dass in der
Kommunikation mit Schulleitungen die »hilflose« Schü-
lerrolle gepflegt wird. Vielfach schilderten Betroffene
groteske Situationen, in denen sich moderne Schulleiter,
wenn sich Konflikte zuspitzten, in Schulmeisterposen
warfen, wie man sie eigentlich aus antiquarischen Bil-
derbüchern kennt.

»Als wir beim Elternabend darum baten, die Eltern
über den juristischen Ausgang der strafrechtlichen
Ermittlungen zu informieren – der Lehrer war für
schuldig befunden worden –, wurde der anwesende
Rektor sehr wütend. Schließlich kam er von vorn,
vom Pult, zu uns gelaufen, die wir auf diesen win-

zigen Stühlchen an der Bank unseres Kindes saßen. Er baute sich vor versammelter Elternschaft direkt vor uns auf und redete wütend auf uns ein, wobei er immerzu durch die Luft mit dem Zeigefinger in Richtung des Gesichts meiner Frau hackte.« (Michael)

Derartige Szenen verfehlen ihre Wirkung nicht: Das Auditorium, z.B. auf einem Elterabend, duckt sich weg und schweigt. Die Eltern sind wohl durch schlechte Erfahrungen aus ihrer eigenen Schulzeit geprägt, wo sie sich selbst als ohnmächtig gegenüber Lehrerwillkür erlebten.

In einigen Fällen, die uns bekannt wurden, beteiligten sich sogar Eltern, deren eigene Kinder ebenfalls Opfer von Lehrergewalt geworden waren, aktiv an der Bagatellisierung und Vertuschung von Gewalttaten. Warum? Versprachen sie sich durch diese Kooperation zukünftige Privilegien? Ist es so, dass manche Eltern mit der Zeit einen Instinkt dafür entwickeln, wie sie ihre Kinder auf die Sonnenseite der Lehrerwahrnehmung bringen?

Eine weitere bedauerliche Folge der mangelhaften Kooperation zwischen Schülereltern ist die zunehmende Isolation des Opferkindes und seiner Familie. Die Eltern eines misshandelten Kindes können im Zuge des Versuchs der Konfliktlösung zu Parias werden: an der Schule und sogar in der Gemeinde, in der sie leben.

»Wer ein Problem hat, ist mit einem Makel behaftet. Eltern nehmen dies wohl instinktiv auf und sorgen dafür, dass ihr Kind nicht mit dem Makelhaften in Berührung kommt.« (Isabelle)

»Ich fühlte mich wie eine Geächtete. Wir waren plötzlich Randfiguren, Menschen, zu denen man auf Distanz geht, Gebrandmarkte.« (Elisabeth)

»Der Schulflur verströmt auch an diesem Tag den gleichen Kasernencharme wie in den fünf Jahren zuvor, und doch ist alles anders. Sonst kamen die anderen Mütter zu mir, plauderten über Kuchenrezepte und Hausaufgaben, heute stehe ich allein im großen Schulflur. Ich bin aus der Reihe getanzt, aus dem Rahmen gefallen, habe eine Grenze überschritten und bin über Nacht zum Risikofall mutiert.

Ich habe es nicht hingenommen, dass diese sadistische Rektorin Kinder geschlagen hat, habe den Mund weit aufgemacht, diese kranke Person zur Rede gestellt, habe Dienstaufsichtsbeschwerden und Strafanzeigen geschrieben und werde nun misstrauisch beäugt. (...)

Eine andere Mutter kommt die Treppe herauf und lächelt mich verlegen an, stellt sich an die mir gegenüberliegende Wand und schaut sich um. Erst links, dann rechts, dann kommt sie auf mich zu und streichelt meinen Arm. ›Wir sind Ihnen ja alle so dankbar, aber das darf man ja gar nicht laut sagen.‹ Lob und Berührungen von Fremden machen mich verlegen. Schon immer. Aber dieses Mal ist es noch schlimmer, dieser eine Satz brennt sich sekundenschnell in mein Hirn und die hilflose Geste dieser Frau katapultiert mich mit einem Wimpernschlag weit weg vom Rest der braven Eltern.

Ich könnte laut aufheulen, weil in diesem Gebäude jemand nett zu mir ist, und gleichzeitig empfinde ich nichts als Verachtung für die Menschen, die mich umgeben, die seit Jahren wissen, was an dieser Schule passiert, und die schweigen (...) Rückblickend ist dies einer der einsamsten Momente in meinem Leben gewesen.« (Regina)

Das System Schule
schützt die Täter

Das misshandelte Schulkind als »Problem«

Gehen die Eltern des Opferkindes zu Beginn eines Konflikts davon aus, dass ihrem Kind schnell geholfen wird, so müssen sie oft lernen, dass ihre Initiative dem Kind in letzter Konsequenz sogar schadet. Opfer von Lehrergewalt bekommen schlechte Noten, werden gemobbt und müssen häufig am Ende die Schule und ihre gewohnte Umgebung verlassen.

Nicht selten schützt das System die Täter, fördert deren berufliche Integration, auch auf Kosten seelischer Schäden beim Opfer.

»Eine Mutter aus der Klasse meines Sohnes, einer ersten Klasse Grundschule, rief mich an. Ich war damals die erste Elternsprecherin dieser Klasse. Die Dame schilderte mir aufgeregt, was sie erfahren hatte: Ihr kleiner Sohn sei mehrfach vom Mathelehrer in die Rippen geboxt worden. Und zwar im Zusammenhang mit einem Kopfrechentext, der Ende April in der Klasse eingeführt worden sei, und immer dann, wenn das Kind besonders viele Fehler gemacht hätte.

Ich habe mit diesem Kind auch persönlich gesprochen, und es hat mir dasselbe berichtet wie seiner Mutter. Diese Vorkommnisse wurden mir später von zumindest einem weiteren Kind dieser Klasse bestätigt, dem Ähnliches widerfahren sein soll (…) Mein eigenes Kind war auch betroffen, aber eben nicht so schlimm. Nur einmal, so erzählte es mein Sohn, habe ihm der Lehrer mit einem umgedrehten Bleistift in den Solarplexus, in den Bauch, gepiekt. Ich

konnte das erst gar nicht glauben und habe es heruntergespielt und zu ihm gesagt: ›Aber das hat nicht
wehgetan.‹ Da widersprach er mir energisch und
sagte: ›Doch, Mama, das hat mir wehgetan.‹ (...)
Irgendwie war mir in dem Moment klar, dass da eine
Riesenwelle auf mich zukommt, weil ich schon
mehrfach anderen Ärger an dieser Schule hatte. Bei
mir ist gleich ein Film abgelaufen, wie sich das alles
entwickeln wird. Man würde die Kinder möglicherweise als Lügner hinstellen, man würde mich als
Klassenelternvertreterin, die den Mund aufmacht,
wieder als Querulantin bezeichnen (...) Ich hatte
einschlägige Erfahrung mit der Konfliktbearbeitung
in dieser Schule.« (Kirsten, Elternsprecherin)

Wenn Lehrkräfte Kinder schädigen, so muss sich das also
nicht unbedingt zum Problem für die Täter auswachsen.
Tagtäglich werden an deutschen Schulen ungezählte
Schülerinnen und Schüler von ihren Lehrerinnen und
Lehrern seelisch oder auch körperlich misshandelt. Her-
abwürdigungen, Beleidigungen, Drohungen, Schubser,
Kopfnüsse und Tritte gehören für viel zu viele Schul-
kinder in Deutschland zum Alltag.

Alltag macht betriebsblind, auch die gewalttätigen
Lehrer und ihre wegschauenden Kollegen. Alltag ist
Gewohnheit, Gewohnheiten werden vertraut. Gewohnheiten werden zum Maßstab. Gewohnheiten werden lieb
und wert.

Wenn eine Lehrkraft ein Kind verletzt hat, so scheint
das zunächst einmal kein generelles Problem zu sein. Es
sei denn, es regt sich Widerstand. Wenn die Eltern einer
geschädigten Schülerin oder eines geschädigten Schülers für ihr Kind einstehen wollen, beginnt für sie nicht
selten ein wahrer Reigen aus Schwierigkeiten und Küm-

mernissen. Denn erst durch ihr Engagement wird der Missstand offiziell zum »Problem«. Rein technisch gesehen sind damit in einem Konflikt um Lehrergewalt oftmals die Beschwerde führenden Eltern die »Problemverursacher«.

Probleme mit »aktiven« Eltern

Es gibt eine ganze Reihe von Schwierigkeiten, denen sich die in den Konflikt verwickelten Personen und Institutionen stellen müssen, wenn Eltern gegen eine Lehrkraft vorgehen.

Beschuldigte Lehrkraft
- Furcht vor Prestigeverlust
- Rechtfertigungsdruck gegenüber Vorgesetzten
- Furcht vor Aufdeckung weiterer Taten
- Dienstrechtliche Konsequenzen
- Strafrechtliche Konsequenzen

Kollegium
- Geforderte Zivilcourage
- Furcht vor Aufdeckung eigener Taten
- Ärger mit Kollegen
- Furcht vor Repressalien (Schulleitung)
- Dienstrechtliche Konsequenzen
- Strafrechtliche Konsequenzen

Schulleitung
- Mehrarbeit
- Erklärungsbedarf gegenüber Schulamt
- Prestigeverlust
- Furcht vor Aufdeckung weiterer/bisher gedeckter Taten
- Furcht vor Aufdeckung eigener Taten

Übergeordnete Behörden
- Prestigeverlust
- Rechtfertigungsdruck gegenüber Vorgesetzten
- Furcht vor Aufdeckung weiterer Taten

Politische Ebene
- Prestigeverlust
- Rechtfertigungsdruck gegenüber Vorgesetzten
- Furcht vor Aufdeckung weiterer Taten
- Furcht vor »schlechtem« Medienecho

Elternvertreter
- Mehrarbeit
- Überforderung
- Loyalitätskonflikt
- Geforderte Zivilcourage
- Furcht vor Repressalien (Lehrer, Schulleitung)

Zeugeneltern
- Mehrarbeit
- Nachteile für die eigenen Kinder
- Furcht vor Repressalien (Lehrer, Schulleitung)
- Geforderte Zivilcourage

»Sagen Sie lieber nichts. Sie schaden nur Ihrem Kind!«
So und ähnlich lautet der erste Ratschlag, den Eltern von
durch Lehrer geschädigten Kindern aus ihrem direkten
Umfeld erhalten. Offenbar sagt der gesunde Menschen-
verstand dem Beobachter rein intuitiv, dass der Konflikt
mit einem Pädagogen zu Lasten des betroffenen Opferkindes ausgehen muss.

»Als ich erfahren hatte, dass der Lehrer meines Kindes die Kleinen gelegentlich trat, rief ich eine Elternvertreterin an. Sie riet mir dringend davon ab, juristisch gegen den gewalttätigen Lehrer vorzugehen. Sie sagte, wir sollten uns vielmehr überlegen, wie wir erreichen könnten, dass der Lehrer verstünde, dass er sein Verhalten ändern müsse. Wir sollten da ganz psychologisch vorgehen, schonungsvoll.« (Irmgard)

Nicht selten beginnt für die Eltern ein langer, trauriger Weg, wenn sie gegen eine Lehrkraft etwas unternehmen wollen. Dabei spielt es keine Rolle, ob die Lehrkraft gegen das Kind gewalttätig wurde, ob sie ihre Aufsichtspflicht vernachlässigte oder ob sie Hilfeleistungen unterließ.

In dem Moment, in dem die Angehörigen eines Opfers sich entschließen, gegen das Fehlverhalten eines Pädagogen oder einer Pädagogin vorzugehen, sind sie zumeist vollkommen ahnungslos, in welch gefährlich vermintes Gelände sie sich begeben haben.

Das »System« kämpft
um seinen Machterhalt

Wer gegen das Fehlverhalten einer Lehrkraft vorgehen möchte, muss sich darüber im Klaren sein, dass sein Protest eine Lawine auslösen kann. Eine Lawine feindlicher Reaktionen. Elternwiderstand bedeutet zumindest Mehrarbeit, meist sogar Ärger für die Schulleitung. Außerdem sind da die Elternvertreter, die Dienstaufsicht, möglicherweise kindliche Zeugen und deren besorgte Eltern. In manchen Fällen werden politische Interessen tangiert. Nicht selten haben beschuldigte Lehrkräfte politische Ämter oder gesellschaftliche Ehrenämter inne, repräsentieren Vereinigungen, die alles tun, um ihre weiße Weste zu verteidigen.

Im Verlauf eines Konfliktfalls mit der Schule werden die Eltern mit Entwicklungen und Verhaltensweisen konfrontiert, die sie vorher nicht für möglich gehalten hätten. Die meisten dieser Vorfälle sind im Grunde auf einen einfachen Nenner zu bringen: Für die betroffene Schule als Institution geht es nicht in erster Linie um das Wohl und Wehe einzelner Kinder, es geht vielmehr um die Kontrolle der Aktenlage.

Bereits ganz zu Beginn eines Konflikts kann die Situation für andere in den Konflikt Involvierte (Schulleitung, Schulbehörde) bereits sehr viel kritischer und komplizierter sein, als die Opferfamilie ahnt. Wenn ein Kind misshandelt oder geschädigt wird, bedeutet das für die es umgebende liebende Familie zunächst einmal eine Verletzung. Ihr Blickwinkel ist in der Regel ein sehr emotionaler. Sie erleben ihr Kind als hilfloses Opfer. Oft beschreiben die Eltern der betroffenen Kinder die Situation für sich selbst ebenfalls als verletzend und schmerzhaft.

»Ich hatte das Gefühl, als ob ich die Angst, die mein Kind empfunden hat, in mir aufnehme. Ich habe seine Angst körperlich gespürt. Und, na klar, wurde mir da schlecht.« (Nadine)

Die Angehörigen eines Opfers stufen die verletzende Situation als Ausnahme ein, als Abweichung von der Regel. Sie messen und urteilen gewöhnlich mit den Maßstäben der elterlichen Liebe und des allgemeinen gesunden Menschenverstands. Sie wünschen sich Schutz für das Kind, Aufklärung, Anteilnahme, Wiedergutmachung, Gerechtigkeit und Menschlichkeit.

Der Blickwinkel der beteiligten Pädagogen und Behörden ist systembedingt ein anderer. Für die Schulleitung stellt ein keimender Konflikt in jedem Fall eine zu lösende Aufgabe dar. Liegen schwerwiegende Vorwürfe gegen eine Lehrperson vor, so muss die Schulleitung sich dieser annehmen und möglicherweise eine entsprechende Akte anlegen. Eine solche Akte muss geführt und gepflegt werden. In der Regel bedeutet dies Zusatzarbeit zum Alltagsgeschäft. Vermutlich liegt es in der Natur der Sache, dass der, der eine solche Akte anlegt und führt, den Inhalt auch kontrollieren möchte. Berücksichtigt man die Tatsache, dass eine solche Akte gegebenenfalls auch Vorgesetzten, wie zum Beispiel einer die Dienstaufsicht innehabenden Behörde, vorgelegt werden muss, so wird der Druck klar, der auf den Aktenführenden liegt.

Indikatoren für das »Aktenlagen-Syndrom«:
Die Kontrolle über die Aktenlage zu behalten ist die oberste Priorität des Aktenführenden.

Nichts Schriftliches an die Beschwerdeführer herausgeben
Schriftliches herauszugeben wird vermieden. »Lassen Sie uns doch darüber reden!« Man sollte sich besser nicht in die Irre führen lassen. Sobald bei einem solchen Gespräch Papier und Schreibgerät auftauchen, können Sie sicher sein, dass ein Dokument entsteht. Ein Aktenvermerk, ein Protokoll, irgendein Dokument, dessen Inhalt, Marschrichtung und Bedeutung Sie weder kennen noch kontrollieren können, es sei denn, Sie bestehen von Anfang an auf einem Protokoll, das von allen Anwesenden, auch Ihren Zeugen, unterschrieben wird.

Den Ort des Gesprächs bestimmen
Die »offenen, freundlichen Gespräche« sollen ausschließlich in der Schule stattfinden. (Dort haben die Bediensteten das Hausrecht.) Lehnen Ihre Gesprächspartner andere, informelle, bequeme Orte wie ein Gartenlokal oder den »Italiener um die Ecke« ab, so ist dies möglicherweise ein Indikator dafür, dass sie das Thema bereits sehr viel offizieller handhaben, als sie Ihnen weismachen möchten.

Keine klaren Aussagen machen
Schriftliches von Schulleitung und Behörde ist häufig schwammig formuliert und nebulös im Inhalt. Es wird am Thema vorbeiargumentiert.

Elternvertretungen manipulieren
Wirken die Elternvertreter parteiisch? Sind sie den Beschwerdeführern gegenüber abweisend oder herablassend? Dann kann es gut sein, dass sie bereits »vertrauensvolle Gespräche« zur Einstimmung mit der Schulleitung hatten.

Vorsicht: Elternvertreter verfassten bisweilen essenziell wichtige Dokumente für die Akte, ohne die Beschwerdeführer darüber zu informieren. Sie können auch im Namen von Elternschaften sprechen und schreiben, obwohl diese gar nicht im Bilde sind und auch noch keine Meinung geäußert haben.

Attacke! Angriff ist die beste Verteidigung
Zur Taktik gehört bereits in einem sehr frühen Stadium, dass den Beschwerdeführern Vorwürfe gemacht und/oder sie diskreditiert werden. Dies kann ein Indiz dafür sein, dass die Beschwerdeführer als besonders »gefährlich« eingestuft werden oder auch dafür, dass man fürchtet, es könnten alte, bislang vertuschte Fälle zum Vorschein kommen.

»Wie ein Schlag aus heiterem Himmel« bricht die Welle der Angriffe von Schule und Behörden über die Eltern misshandelter Kinder herein, nachdem diese sich beschwert und Hilfe gesucht haben. So zumindest schildern unterschiedliche Betroffene aus unterschiedlichen Bundesländern ihre Erlebnisse und Erfahrungen.

Fassungslosigkeit und Ratlosigkeit lähmten sie geradezu. Sie waren voller Sorge und Angst, konnten nicht mehr schlafen, wurden krank, fühlten sich zu schwach, um sich weiter zu wehren. Zumindest eine Zeitlang. Ist diese »Bremsfunktion« im Beschwerdemanagement der Bildungsprofis vielleicht ein bewusst genutztes Werkzeug? Sind psychisch zermürbte Eltern leichter »in den Griff« zu bekommen?

Ein Jurist beschreibt seine Beobachtungen aus einem Fall in seinem privaten Umfeld:

»In meinem Freundeskreis gibt es eine Familie, deren Kind (...) Opfer von Übergriffen seines Lehrers wurde. So erlebte ich über einen langen Zeitraum mit, wie der Konflikt diese Familie belastete, wie mühe- und schmerzvoll, aber letztendlich erfolglos ihre Bemühungen waren, Sicherheit und Gerechtigkeit für ihr Kind zu erreichen. Sie bemühten sich vergeblich um klärende Gespräche, schalteten einen Anwalt ein.

Auch ich bin Jurist, wenngleich kein Verwaltungs- oder Strafrechtler. (...) Als es sich dann herauskristallisierte, dass tatsächlich Übergriffe eines Lehrers vorlagen, da hat mich der Korpsgeist der beteiligten Lehrerschaft, der sich teilweise bis in die Behörden zog, wo zumeist ehemalige Lehrer sitzen, mehr als überrascht.

Überrascht hat mich auch, mit welcher Vehemenz Eltern mit ihren berechtigten Anliegen, es geht immerhin um Straftaten, abgewiegelt wurden. Wie das Ganze niedergebügelt wurde und nicht dem Bürger, dem Kind geholfen wurde, sondern mehr oder minder sich selbst, sich selbst als Gruppe ›Schule‹, als Gruppe ›Lehrer‹.

(...) Die Anerkennung der Eltern als Bürger mit Rechten, der Umstand, dass auch Kinder Rechte haben, wurde einfach durch einen vermeintlichen ›pädagogischen Auftrag‹, der monstranzartig vor sich hergetragen wurde, vielleicht tatsächlich voller Überzeugung nicht in Betracht gezogen.

Als Staatsbürger entsetzt es mich, da die betroffenen Lehrer in Deutschland tätig sind und damit der Vorschrift zur Einhaltung der Grundrechte und auch den normalen Gesetzen (...) unterliegen.

Und es entsetzt mich, mit welcher Kälte und Gleichgültigkeit sie den Kindern gegenüberstehen. Als Steuerzahler ›freue‹ ich mich natürlich ganz besonders, wenn sich Staatsdiener, die meines Erachtens an der sensibelsten Stelle des Staates, nämlich mit der Erziehung unseres Nachwuchses (...) beschäftigt sind, so verhalten; als Mensch macht es mich richtig traurig.

Die Taktik, die in dem mir bekannten Fall den Eltern gegenüber angewendet wurde, erschien mir bestimmt von dem, was man früher Korpsgeist nannte, den man von der Polizei oder den Streitkräften kannte. Diese dort zwischenzeitlich abgebaute Verhaltensweise hat sich jetzt anscheinend bei einzelnen Lehrern und Teilen einzelner Schulverwaltungen neu herausgebildet. (...)

Mit anderen Worten: Die Schule fuhr nicht nur ausschließlich eine Verteidigungsstrategie, sondern auch die übergeordnete Behörde machte sofort zu und baute eine Verteidigungsposition auf. Es kam nicht der Ansatz: Wir klären das auf, sehen, wo das Problem liegt, wir helfen den Eltern, sondern es wurden sofort die Reihen geschlossen und eine Abwehrhaltung gegenüber dem ›bösen Bürger‹ eingenommen, der es gewagt hat, sich zu beschweren.« (Carl)

Die Methoden der Schulen und Behörden

Als besonders schlimm schilderten Betroffene immer wieder die Erbarmungslosigkeit und Brutalität, mit der im Zusammenhang mit den Konflikten über die Opferkinder und ihre Familien hinweggegangen wurde. Immer wieder tauchen Schilderungen ähnlicher Methoden auf, die bei der »Bearbeitung« von Beschwerden über gewalttätige Pädagogen Anwendung fanden.

Methoden der »Konfliktbearbeitung«

Bagatellisierung der Tat
- Verbreitung einer tendenziösen Version der Tat als »harmlos« oder gar »notwendig«
- Verleumdung der Beschwerdeführer als unehrlich, überempfindlich oder boshaft
- Unterdrückung oder Manipulation von Zeugenaussagen
- Manipulation und Einschüchterung von Zeugen
- Manipulation von Dokumenten

Schwächung der Beschwerdeführer
- Drängen der Beschwerdeführer in Verteidigungsposition
- Boshafte Unterstellungen
- Schuldzuweisungen
- Verleumdung
- Einschüchterung

Zeitgewinn
Verschleppung von Bearbeitung durch:

- Krankheitspausen
- Abtauchen
- Untätigkeit
- Missverständnisse

Aufbau einer Gegenfront
- Manipulation von Elternvertretern
- Manipulation von Multiplikatoren in der Elternschaft
- Aufbringen Dritter gegen die Beschwerdeführer

Für jeden dieser Schritte gibt es vielfältige Beispiele, von denen im folgenden Text ein paar exemplarisch herausgegriffen werden. Dabei ist die Einschüchterung anscheinend ein besonders beliebtes Mittel, wenn es darum geht, Eltern vom Vorgehen gegen einen Lehrer abzubringen.

»Wir hatten erfahren, dass der gewalttätige Lehrer möglicherweise nach den Pfingstferien wieder zurück in die Klasse kommen sollte. Wir wussten damals nicht, ob es uns mit unserer Anwältin gelingen würde, das doch zu verhindern.
Um unsere Kinder zu schützen, planten wir deshalb, in diesem Fall (…) in die Schule zu gehen und unsere Kinder herauszuholen. Da wurde uns Hausverbot durch den Rektor angedroht. Wir hätten also unsere Kinder gar nicht aus dem Unterricht von diesem gewalttätigen Lehrer herausholen können.
Außerdem bekamen wir einen Anruf von der Polizei, die uns erklärte, es sei nicht gestattet, unangemeldete Demonstrationen abzuhalten. Wir hatten keine Demonstration geplant, also auch keine angemeldet. Ich weiß nicht, wer damals die Polizei

informiert hatte. Vermutlich sollte uns das einschüchtern.« (Claudia)

»Ein Mitglied unserer Familie wurde von Kollegen
des Täters unter Druck gesetzt. Sie wollten offenbar
verhindern, dass es zu einer Hauptverhandlung gegen ihn käme. Sie versuchten auf primitivste Weise,
Angst zu säen, und gleichzeitig uns zu diskreditieren und die Taten herunterzuspielen.« (Irmgard)

Den Eltern oder gar dem Kind den »Schwarzen Peter«
zuzuschieben, ihnen die Schuld daran zu geben, dass
es der beschuldigten Lehrkraft schlecht geht oder diese
das Kind verletzt hat, ist ebenfalls gängige Praxis in
Schulen.

»Als sich die Lehrerin in Widersprüche verwickelte
und schließlich zugab, dass sie die Aufsichtspflicht
vernachlässigt hatte, brach sie in Tränen aus.
Sofort keifte uns die Konrektorin an und tätschelte
der Lehrerin das Knie. Der Rektor stimmte auch sofort ein und schimpfte, da hätten wir es nun, wir
sollten uns ansehen, was wir da angerichtet hätten.
Mir schlug das Herz bis zum Hals. Es war Montag,
und dieses Gespräch war auf unseren Wunsch hin
zustande gekommen. Bereits seit Mittwoch lag mein
Kind (...) im Krankenhaus. (...) Keiner von diesen
drei Pädagogen hatte ihm geholfen, als es Angst und
Schmerzen hatte. Keinen Arzt hatten sie gerufen,
keinen Sanitäter, gar nichts. Sie hatten ihn auch
nicht im Krankenhaus besucht. Nicht angerufen.
Auch nicht bei uns zu Hause. (...) Sie hatten mein
verletztes Kind einfach ignoriert. Von Mittwoch bis
Montag. (...) Da saß sie nun, die Lehrerin, heulend,

ganz in der Opferrolle und ließ sich von ihrer Vorgesetzten das Knie tätscheln. Mich überkam ein solcher Ekel, dass ich einfach hinausstürzen musste. Ich hatte Angst, mein Herz könnte vor Kummer platzen. Die Situation war mehr, als ich ertragen konnte.« (Corinna)

»Ich habe dem Schulleiter (...) ein Fax geschickt, nachdem ich mit allen Eltern der betroffenen Kinder und der Zeugen gesprochen hatte, und habe um einen Gesprächstermin gebeten. Er rief mich an, und ich wurde dann gleich so angesprochen: ›Na, das sind ja schwere Vorwürfe, die Sie gegen den Lehrer erheben.‹ Er war wieder gleich so persönlich, hat das gleich an meiner Person festgemacht. Ich sagte dann: ›Nein, ich erhebe keine Vorwürfe, das sind die Kinder. Die gehen ja schließlich hier zur Schule. Ich kann nur weitergeben, was mir zugetragen worden ist, auch von Elternseite.‹« (Kirsten, Elternvertreterin)

»Unsere Tochter hatte berichtet, dass eine Sportlehrerin sie blutig gekniffen hatte. Die Verletzung konnte man deutlich sehen. Ein daraufhin angesetztes Gespräch in der Schule verlief erwartungsgemäß. Das übliche Dreigestirn, bestehend aus der Schulleiterin, ihrer Stellvertreterin und der beschuldigten Sportlehrerin, spulte kaltschnäuzig und mit sehr mäßigem Schauspieltalent das jahrelang erprobte Dementi-Programm ab. Zum Abschluss gab man uns mit auf den Weg: ›Und übrigens: Ihre Tochter ist am 17. August und am 21. September jeweils drei Minuten zu spät zum Unterricht erschienen!‹ Obwohl die Situation alles andere als lustig war, mussten wir laut lachen, waren aber anscheinend die Einzigen, denen die unfreiwillige Komik der Situation bewusst war.

Ja, wenn das so ist, dann hat man natürlich bei passender Gelegenheit das Recht, das Kind blutig zu kneifen. Wir gehen jetzt am besten nach Hause, schämen uns gebührend und belästigen sie nie wieder.

Die drei schauten uns völlig verstört an – wie ein paar Kleinkinder, denen man gerade ihr schönstes Spielzeug entrissen hat. Sie konnten natürlich nicht ahnen, wie oft uns diese armselige Vorgehensweise schon von anderen Eltern beschrieben worden war. Game over – die Strategie funktioniert nicht mehr.« (Regina)

Gelingt es dem Lehrkörper nicht, die Vorwürfe unter der Decke zu halten, wird durchaus auch zum Instrument der Diffamierung gegriffen. Damit soll die Glaubwürdigkeit von Eltern und Kindern herabgesetzt werden.

»Von den Lehrern über die Schulleitung und die Schulbehörde bis hin zum Kultusministerium bekamen wir ständig den Vorwurf zu hören, es sei unsere Absicht, notorisch Lehrer und die Schule zu diskreditieren. Belege oder Begründungen für diesen ehrverletzenden Vorwurf gab man uns nicht.

Immer wieder bekamen wir das zu lesen und zu hören. Auch von unbeteiligten Dritten. Offenbar hatte schon ein infames Mobbing-Konzert eingesetzt. Die Tatsache, dass die strafrechtlichen Ermittlungen dem Lehrer seine Schuld nachgewiesen hatten, ließ man vollkommen außer Acht. Systematisch wurden wir in die Rolle vermeintlicher Lügner und Verleumder gedrängt. Mit keinem Wort oder Zeichen klärte von Seiten der Schule oder Behörde jemand die übrigen Eltern oder die Öffentlichkeit über die wahren Vorkommnisse und strafrechtlichen Ermittlungsergebnisse auf. Vielmehr wurde ich als Mutter Journalisten gegenüber als hysterische Querulantin dargestellt, vollkommen ungeniert.« (Irmgard)

Auch das Geständnis eines Pädagogen bedeutet noch lange nicht das Ende der Auseinandersetzungen. Gibt ein Lehrer eine Verfehlung zu, bleiben für die vorgesetzten Instanzen genügend Möglichkeiten, dafür zu sorgen, dass die Tatsachen nicht an die Öffentlichkeit außerhalb der Schule gelangen.

»Es gab in der Schule eine größere Versammlung wegen der Vorwürfe gegen den Konrektor, der mehrere Kinder regelrecht sadistisch psychisch und physisch misshandelt haben sollte. Viele Eltern betroffener Kinder waren anwesend und brachten ihre Vorwürfe vor. Der Lehrer saß vorn und gab schließlich einige Übergriffe zu und entschuldigte sich dafür. Als wir den Rektor anschließend fragten, was er nun unternehmen wolle, sagte er uns: ›Nichts, denn es steht Aussage gegen Aussage.‹ So wurden wir dann wieder entlassen.« (Claudia)

Häufig berichten Betroffene, die bei der zuständigen Schulleitung Hilfe suchten, auch davon, auf welch großes Erstaunen sie mit ihrem Problem stießen. Oft fiel in diesem Zusammenhang der Begriff »Einzelfall«, und den besorgten Eltern wurde mitgeteilt, sie seien »die Ersten, die sich beklagen«, denn »bisher habe es nie derartige Probleme gegeben«.

Das Schulleitungsstatement ist in einer solchen Situation nicht selten: »Unser Schulfrieden ist intakt. Beziehungsweise, er war intakt, bis Sie mit Ihrem Anliegen kamen.« Automatisch fühlen sich die Beschwerdeführer in einer unangenehmen Sonderrolle, ein bisschen vielleicht sogar wie Denunzianten und Störenfriede.

Wenn Schulleiter, an deren Schulen es seit Jahren gewalttätige Übergriffe von Pädagogen gegen Schüler gab, behaupten, sie hörten erstmals von solchen Vorfällen, dann sagen sie schlichtweg nicht die Wahrheit.

Wer stört, fliegt raus. Diese gängige Schuldevise gilt nicht nur für unartige Schüler, sie gilt auch für verzweifelte Eltern. Wegen Störung des Schulfriedens kann Eltern an der Schule ihres Kindes Hausverbot erteilt werden. Dazu muss eine Schulleitung gar nicht tief in die Trickkiste greifen.

Eine gezielte Eskalationstaktik, routiniert gepaart mit ein paar kleinen Manipulationen, kann dazu führen, dass Beschwerdeführer im Falle eines schwerwiegenden Vorwurfs geschickt aus dem Feld geräumt werden. Nicht selten nutzten Schulleiter bei Elternversammlungen ihren Wissensvorsprung in Sachen »Konferenzdynamik« und ließen Beschwerdeführer ins Messer laufen. Verzweifelte Eltern sind leicht reizbar. Wer dann die richtigen Fäden zu ziehen weiß, der kann sich mitunter schnell in der Opferrolle des Angebrüllten sonnen.

Das Wort »Schulfrieden« hat mit »Frieden« im eigentlichen Sinne nichts zu tun. Das Wort »Schulfrieden« tauchte in mehreren Konfliktfällen um Lehrergewalt just in dem Moment auf, wo unliebsamen Beschwerdeführern von Seiten der Schule der Vorwurf gemacht wird, sie störten ihn. Dabei ging es eher darum zu vertuschen, dass an der betreffenden Schule grobe Missstände vorliegen, besonders in Zusammenhang mit Gewalt. Wenn Lehrer kleine Kinder prügeln oder begrapschen, stört dann der den »Schulfrieden«, der das beklagt?

Der »Schulfrieden« scheint in vielen Fällen dem häuslichen Frieden geschädigter Familien eindeutig übergeordnet. Zur Wahrung des schönen Scheins können seitens der Schule Techniken zum Einsatz kommen, die das unbehelligte, harmonische Zusammenleben der Opferfamilien massiv erschüttern.

»Ich habe sowieso den Eindruck, dass engagierte Eltern nicht gern gesehen sind. Solange Eltern funktionieren und der Schule dienlich sind: ›Sehr gern!‹ Aber wenn Eltern Forderungen stellen für ihr Kind, dann werden sie sehr schnell auf das Gleis abgeschoben: ›hysterisch‹, ›überkandidelt‹.« (Simone)

Achtung – Alleinerziehende!

Kinder alleinerziehender Frauen scheinen häufiger Opfer von Lehrergewalt zu werden. In der Konfliktbearbeitung fiel auf, dass diese Frauen besonders schikanös behandelt und unter Druck gesetzt wurden.

Alleinerziehende sind oft gestresster und problembelasteter als andere Mütter und Väter, manchmal auch angreifbarer. Das wissen Lehrer, Schulleiter und Behörden. Betroffene beobachteten wiederholt, dass sich z. B. Schulleiter das Spannungsfeld zwischen den Eltern eines Kindes zunutze machen wollten, um sie unglaubwürdig erscheinen zu lassen. Getrennt lebende Eltern wurden bisweilen regelrecht gegeneinander aufgehetzt.

Unser Ratschlag: Gehen Sie niemals allein zu einem Konflikttermin. Nehmen Sie am besten mehrere Zeugen mit, und fertigen Sie immer ein Protokoll an. Sorgen Sie stets dafür, dass die Akte Dokumente enthält, die den wahren

Ablauf des Konflikts dokumentieren und deren Inhalt Sie kennen.

Vermeiden Sie Begegnungen mit Schulleitung und Lehrern, bei denen Sie allein oder mit Ihren Zeugen in der Minderheit sind. Vermeiden Sie diese Begegnungen auch auf dem Flur oder an anderen Orten in der Schule.

Die bei den Schulleitungen sehr beliebte Isolationstaktik bedient zwei Bestrebungen: Erstens dem Ersticken einer gefährlichen Flamme in der Elternschaft, bevor ein »Flächenbrand« ausgelöst werden kann und vielleicht sogar »Leichen aus dem Keller« geholt werden; zweitens der Zermürbung der Beschwerdeführer.

»Ich habe leider die bittere Erkenntnis gewonnen, dass man als Opfer ziemlich allein dasteht und dass man sich wehren muss, obwohl man selbst geschädigt wurde. Ich war nach den Übergriffen gegen meinen Enkel absolut sicher, dass der Lehrer und die Schulleitung sich bei uns entschuldigen würden. Was dann aber eintrat, hätte ich niemals für möglich gehalten. Wir waren plötzlich nicht mehr die Opfer, sondern ›die Bösen‹, wie der Rektor, mein ehemaliger Chef, mir wörtlich erklärte. Mir wird heute noch schlecht, wenn ich an dieses feige, unmenschliche Verhalten meiner Kollegen denke. (...)
Die traurigste Rolle aber spielte die Dienstaufsicht mit ihren lächerlichen Versuchen, den Spieß herumzudrehen und die Mutter des Opfers als renitente, bösartige Person darzustellen. Für das Kind interessierte sich niemand. Man war froh, als es endlich die Schule verließ.« (Sophia)

»Aus der Klasse meines Sohnes wurden noch drei weitere Kinder herausgenommen. Warum, erfuhren wir nicht. Warum unser Sohn ging, wurde ja auch unter den Teppich gekehrt. Kein Wort von all seinen schlimmen Erlebnissen und Erfahrungen. Es hieß dann einfach: ›Philipp geht jetzt auf eine andere Schule.‹« (Simone)

Manche Pädagogen schrecken auch vor äußerst unsauberen Mitteln nicht zurück, um sich den Eltern gegenüber einen Vorteil zu verschaffen und deren Glaubwürdigkeit zu erschüttern.

»Irgendwann warf mir der Schulleiter vor, ich sei unberechtigt in der Schule an einem Schrank zugange gewesen. Diese infame Unterstellung traf mich wie ein Messerstich. Die Konrektorin wollte das bestätigen. Ich fühlte, dass nun ein Punkt erreicht war, wo sie ihre Masken vollständig fallen gelassen hatten.

Mein Kind lag mit seinen Verletzungen im Krankenhaus, und sie hatten deshalb ein Riesenproblem. Die Lehrerin hatte sich ja schon ›verquatscht‹ und versehentlich einiges zugegeben. Vor meinen Ohren. Wenn ich nun aber unglaubwürdig wäre? (…)

Natürlich hatten sie alle Chancen der Welt, damit durchzukommen. Wenn sie genug Kollegen finden würden, die bereit wären zu sagen, dass sie mich dabei erwischt hätten, wie ich das Tafelsilber der Schule hinausgetragen hatte, hätte ich gar keine Chance, obwohl ich unschuldig war.

Mein Kind war im Krankenhaus, und ich wusste, wenn es entlassen wird, würde die Schulpflicht es zwingen, sich weiterhin Tag für Tag von diesen Persönlichkeiten prägen zu lassen. Freiwillig würde ich mein Kind niemals in die Obhut solcher Charaktere geben. Ich habe Angst, dass das abfärbt.« (Corinna)

»Wir Eltern wurden auch sehr angegriffen. Zunächst einmal wurden wir als ›hysterisch‹ abgetan. Wir leben in einem Dorf, in dem der gewalttätige Lehrer auch viele Verwandte hat. Es soll schon früher solche Vorfälle gegeben haben. Aber nie sollen die Opfer Hilfe bekommen haben.« (Claudia)

Das Leid von Opferfamilien findet im Allgemeinen nicht viel Beachtung. Als »Privatsache« wird die Misshandlung eines Schulkindes oft von der Umgebung eingestuft, als »hässliche Angelegenheit«, von der viele Menschen nichts hören und mit der sie nicht belästigt werden möchten. Engagierte Helfer und Mitstreiter zu finden ist für Betroffene meist immens schwer.

Schnell entsteht eine Schweigemauer, und diese schützt die Täter und nützt ihnen.

In einem Fall, in dem das übliche Schema aufgebrochen wurde und sich die Familien misshandelter Schüler tatsächlich zusammenschlossen und sich öffentlich in einem Internetforum Gehör verschafften, kam es zu einer Strafanzeige. Diese hatte eine Geldbuße zur Folge. Die bestrafte Mutter berichtet:

»Mehrere Familien hatten eine Lehrerin angezeigt, nachdem ihre Kinder von Schlägen und anderen Gewaltübergriffen berichtet hatten.
Nachdem die komplette Ermittlungsakte mit allen Zeugenaussagen usw. während des Verfahrens eines Tages plötzlich aus der Staatsanwaltschaft ver-

schwunden war, musste sie mühevoll wieder re-
konstruiert werden. Niemand konnte sagen, wie, wo
und warum die Akte abhandengekommen war. Das
fand Monate nach Erstattung all der Strafanzeigen
durch die Eltern statt. Letztendlich stellte die Staatsanwaltschaft das Verfahren gegen die Lehrerin ein.

Die Lehrerin ließ auf den Elternabenden ihrer Schule den Einstellungsbescheid verlesen, ohne zu er-
wähnen, dass alle Eltern sofort Beschwerde gegen
ihre Bescheide eingelegt hatten und man sich somit
weiterhin in einem laufenden Verfahren befand. Ihr
Einstellungsbescheid wich zudem inhaltlich stark
von unserem ab, und deshalb haben wir aus unseren Akten zitiert und zunächst auch interessierten
Bürgern Akteneinsicht angeboten. Wir haben uns
dann aber anders entschieden und stattdessen unser
Anliegen im Internetforum unserer Stadt veröffentlicht.

Der Bescheid war zu diesem Zeitpunkt noch nicht
rechtskräftig, und die Lehrerin, die selbst ihren Bescheid in der Schule verlesen ließ, zeigte mich an.

Bevor ich den Vorwurf der Staatsanwaltschaft las,
wäre ich nicht im Traum auf den Gedanken gekommen, dass dieser Paragraph auf mich anwendbar
wäre. Die Staatsanwaltschaft sah das anders. Ich
musste 1500 Euro Geldbuße zahlen, und das Verfahren wurde eingestellt.

Ich wurde dafür bestraft, dass ich in Zusammenhang
mit Gewalt gegen mein siebenjähriges Kind das Ein-
stellungsdokument des Verfahrens gegen die Lehrerin veröffentlicht hatte.« (Regina)

Die Schulleitung –
der Kopf des Fisches?

»Als Führungspersönlichkeiten werden sich die Schulleiter mindestens in der Außendarstellung tendenziell schützend vor ihre Lehrer stellen und deren Sozialverhalten öffentlich kaum in Frage stellen.«
Dr. Frank Meng von der »Akademie für Arbeit und Politik der Universität Bremen« in seinem Bericht vom November 2004 zur Schulleiterbefragung »Gewalt und Gewalt-prävention« in Bremen[3]

Eine ganz besondere Rolle im Zusammenhang mit Lehrergewalt spielten in Konfliktfällen die jeweiligen Schulleiterinnen und Schulleiter. Oft zeichnete sich in einem sehr frühen Stadium ab, welchen Weg der Konflikt gehen würde. Je nach Führungsstil der Schulleitung gab es entweder eine schnelle Lösung, Einigung und Beile-gung, oder es begann eine lange zermürbende Auseinan-dersetzung, geprägt durch eine Verschleppung des Ver-fahrens, Vertuschungsversuche und Attacken gegen die Opferfamilien.

»Schulleiter leiten und repräsentieren ›ihre‹ Institu-tionen. Eine primär problemzentrierte Sicht auf die ›eigene‹ Schule kann Gefühle persönlicher Kompe-tenzdefizite erzeugen. Tendenziell gibt es die (sinn-volle) Neigung, primär auf die Stärken der Schule zu fokussieren, aber auch die kontraproduktive Nei-gung, Probleme als singuläre Phänomene zu deuten und/oder deren Ursachen außerhalb der Schule an-zusiedeln.« *(Dr. Frank Meng von der »Akademie für Arbeit und Politik der Universität Bremen« in sei-*

nem Bericht vom November 2004 zur Schulleiter-
befragung »Gewalt und Gewaltprävention« in Bre-
men, S. 11)

In Fällen, in denen die Schulleitung von Anfang an in
eine Abwehrhaltung ging, stellte sich erschreckend oft
zu einem späteren Zeitpunkt heraus, dass Übergriffe gegen Schüler dort schon häufiger vorgekommen waren.
Mit entsprechender Routine wurden dann auch die Beschwerdeführer abgeblockt. Fast scheint es so, als habe
man verhindern wollen, dass andere Opfer Mut fassen
könnten, sich zu melden und zu wehren.

> »Als ich den Schulleiter meiner Kinder einmal im
> Treppenhaus der Schule traf, sprach er mich im Vor-
> beigehen auf unseren Konflikt mit der Klassenleh-
> rerin an. Ich sagte ihm, wie bekümmert wir waren,
> weil sie so kalt und herzlos schien, die Kinder so
> viel Angst hatten. Er war bereits einige Stufen die
> Treppe hinaufgegangen. Er drehte sich um, sah zu
> uns herab, hob verzweifelt beide Hände zum Him-
> mel und rief laut: ›Sie müssen vertrauen! Vertrauen
> Sie! Sie müssen vertrauen!‹
> Er hatte etwas von einem engagierten Prediger, der
> von der Kanzel wettert. Die Situation war befremd-
> lich. Als ich ihm antwortete, man könne Vertrauen,
> genau wie Liebe, nicht einfach einfordern, drehte
> er sich um und verschwand die Treppe hinauf.«
> (Katja)

Nicht wenige Eltern beschrieben ihre Irritation über das
Verhalten von Schulleitern im Konfliktfall. »Unverschämt-
heit«, »Arroganz« und »mangelnder Respekt« gegenüber
den Beschwerdeführern wurden häufig bemängelt.

»Wir haben nicht so schnell aufgegeben. Warum denn auch? Wenn Unrecht zu Recht wird, wird Widerstand zur Pflicht. Es geht um mein Kind. Die Schule hat für mein Kind da zu sein und eine Dienstleistung zu erbringen. Ich erwarte von der Rektorin, dass sie uns respektvoll behandelt.« (Miriam)

Die Einheitlichkeit der Satzbausteine in der Konfliktkorrespondenz von Schulen und Schulbehörden bundesweit ist frappierend. Ebenso die ähnlichen Vorgehensweisen, Eskalationstaktiken, Machtdemonstrationen und Zermürbungstechniken. Kann das Zufall sein?

Warum erinnert vieles, was Opferfamilien nach Fällen von Lehrergewalt erlebten, an Strategien aus der psychologischen Kriegsführung? Oder an die Techniken, die in der Wirtschaft zum Beispiel in Seminaren zum Thema »Kündigungsvorbereitung« gelehrt werden?

Schulleiter können einschlägige Seminare zum Thema »Personalführung« besuchen. Finanziert aus dem Bildungsetat ihrer Länder, auf Kosten der Steuerzahler. Dort erhalten sie nicht nur das Rüstzeug, um unliebsame Kollegen loszuwerden. Eine Untersuchung einer Vielzahl einschlägiger Fälle von Lehrermobbing durch Schulleiter, im Fachjargon »Bossing« genannt, brachte den Fachautor und Schulmobbingexperten Horst Kaspar, selbst Schulleiter a. D., unter anderem zu folgender Erkenntnis:

»Denunziation und andere Hinterhältigkeiten helfen, ›die Ordnung‹ aufrechtzuerhalten.« (HLZ 7-87 1998, S. 3) Und: »Die vorliegenden Mobbingfälle zeigen, dass die Schulaufsichtsbehörde die Schulleiter oftmals, selbst wenn deren Versagen auf der

Hand liegt, mit aller Macht stützen, ganze Serien von Versetzungswünschen der Schulleiter oder von Lehrerinnen erfüllen, um ›Ruhe zu schaffen‹.« (Mobbing in der Schule, Lichtenau 1998, S. 53)

»Nachdem wir unsere Kinder wegen des gewalttätigen Lehrers und des entstandenen Tumults von der Schule genommen hatten, bemerkten wir in unserem Umfeld Sticheleien gegen uns. Zum Beispiel berichteten uns andere Eltern, zu denen wir noch Kontakt hatten, dass der Rektor bei der Abholung der Kinder im Pausenhof gestanden und Eltern regelrecht abgefangen hätte, um sie zu fragen, ob denn aus ihrer Sicht alles mit der Schule in Ordnung sei. Er habe sie gebeten, sich gegebenenfalls direkt an ihn zu wenden mit Beschwerden und nicht ›hintenrum etwas zu unternehmen‹, wie wir es getan hätten. Dabei soll er uns tatsächlich namentlich genannt haben.
Wenn man bedenkt, dass wir uns zunächst an die vorgesetzte Behörde gewandt und erst die Strafanzeige erstattet haben, als uns klar wurde, dass die Schulleitung versucht, die zahlreichen Gewaltvorkommnisse und pädagogischen Ungereimtheiten zu vertuschen, ist es ungeheuerlich, was der Rektor da offenbar versucht.« (Inken)

Die Zahl der männlichen Rektoren ist, gemessen an der Menge der Lehrer, weitaus höher als der Anteil der Rektorinnen, verglichen mit der Gesamtzahl der Lehrerinnen. Das gilt besonders für Grundschulen. Vereinfacht ausgedrückt heißt das: Die Wahrscheinlichkeit, dass ein männlicher Lehrer Karriere macht, ist wesentlich höher als die seiner Kollegin.

Möglicherweise hängt dies damit zusammen, dass männliche Grundschullehrer nur ein relativ geringes Sozialprestige genießen. Ihr Job gilt als typischer Frauenberuf. Deshalb ergeben sich für Grundschullehrer vielleicht nicht immer ausreichende Möglichkeiten, als »Alphatier« zu glänzen. Dieser Misere kann man(n) durch den Karrieresprung entweichen.

Ein besonderes Stilmittel in der Führungsarbeit von Schulleitungen ist das Hantieren mit dem Dämon »Elternmeinung« oder gar »Elternopposition«. So wird manchem Kollegium das Fürchten gelehrt. Wenngleich Eltern im Ernstfall kein Bein auf den Boden bekommen, werden sie von Schulleitern ihren Mitarbeitern gegenüber gern als Druckmittel eingesetzt und als konkrete Gefahr dargestellt. Ob diese Manipulationen der vertrauensvollen Zusammenarbeit von Eltern und Lehrern dienlich sind? Dem Machterhalt von Einzelpersonen in den Schulleitungen aber allemal!

Ein weiterer solcher Popanz kann das künstlich aufgebauschte Schreckgespenst »Schulrat« oder gar »Dienstaufsicht« sein. Disziplinierungsjoker allererster Güte, könnte man meinen, wenn man hört, wie einzelne Lehrer ängstlich behaupten: »Wir stehen ja immer mit einem Bein im Knast.« Die Kunde von den ungezählten an deutschen Schulen misshandelten oder missbrauchten Kindern und den lange gedeckten und geschützten Tätern scheint nicht bis in die Lehrerzimmer vorzudringen.

Geschickt operierende Schulleiter verstehen es, Skandale durch raffinierte Konfliktbearbeitungstechniken zu vertuschen. Wem nützt das?

Eine Schule mit gutem Ruf bringt etwas ein. Wem es gelingt, Schüler aus anderen Zuständigkeitsgebieten anzulocken, dem kann das möglicherweise in barer Münze zugutekommen. Das Schulleitergehalt ist vielfach gestaffelt nach der Anzahl der Schüler an der Schule. Und angesichts sinkender Geburtenraten, wer kann es sich da leisten, Schüler zu verlieren, weil Ungereimtheiten oder Übergriffe aus der Schule »draußen« bekannt wurden?

An der Konfliktbearbeitungstechnik von Schulleitungen fallen wieder zwei Elemente ganz besonders auf: die stark an der Machterhaltung orientierte Technik der »Isolation« und die das Problem verkleinernde »Einzelfallbehauptung«.

»Was mich besonders wütend gemacht hat, war, dass man versuchte, uns einzureden, dass wir allein dastünden, dass unser Fall ein Einzelfall wäre. Zuerst einmal sind alle Eltern einzeln zum Lehrer und zum Rektor gegangen und haben das Gespräch gesucht. Dort sagte man uns allen wohl das Gleiche: Es hätte bisher noch nie Beschwerden über diesen Lehrer gegeben, wir seien die Ersten und die Einzigen. Irgendwann fanden wir dann in Gesprächen mit anderen Eltern heraus, dass es mehrere Übergriffe des Lehrers gegeben hatte und allein in der Klasse meines Sohnes acht Familien betroffen waren! Das hat uns ungeheuer geärgert, dass wir angelogen worden waren, dass man uns das Gefühl gegeben hatte, dass wir ein Einzelfall seien.« (Claudia)

»In unserer Schule wurde eine Umfrage zur Elternzufriedenheit durchgeführt. In der Elternschaft wurde vorab wild diskutiert, ob und wie man die Bogen ausfüllen sollte – die meisten hatten Angst vor negativen Konsequenzen für ihre Kinder und logen, dass sich die Balken bogen, oder gaben die Fragebogen gar nicht erst ab.

In der Ankündigung wurde uns zugesichert, dass die Bogen völlig anonym abgegeben und ausgewertet werden – sie hatten jedoch unterschiedliche Farben für die Jahrgangsstufen.

Was dann geschah, übertraf selbst meine schlimmsten Befürchtungen: Beide Klassenlehrerinnen meiner Kinder verlangten die Bogen, setzten sich ans Pult und lasen sie sofort. Selbstverständlich schrieb ich gleich eine Beschwerde an die Schulleitung.

Ein paar Wochen später rühmte sich die Schulleiterin bei einer Elternkonferenz mit dem sensationell guten Ergebnis der Umfrage. Eine Bekannte gab zu bedenken, dass ihres Wissens viele Eltern aus Angst gelogen hätten. Sie hatten befürchtet, was dann auch eingetreten war: dass die Lehrer die Fragebogen lesen und zuordnen könnten.

Die Antwort der Schulleiterin lautete wie üblich: ›Das höre ich zum ersten Mal!‹ Auf meine schriftliche Beschwerde hingewiesen, wechselte sie kurzerhand das Thema.

In der Elternschaft wurden manchmal Wetten abgeschlossen, welche ihrer drei Antworten man bekommen würde. Mehr umfasste ihr Repertoire nämlich nicht.

Variante 1: ›Das ist ein bedauerlicher Einzelfall!‹ Übersetzung: Nun ja, zumindest erwischen Sie mich heute zum ersten Mal, und das finde ich sehr bedauerlich.

Variante 2: ›Das höre ich zum ersten Mal!‹ Übersetzung: a) In dieser Woche, b) von Ihnen, c) und Sie können mir nicht das Gegenteil beweisen.

Variante 3: ›Nein!‹ Unterstützt durch heftiges Kopfschütteln der Schulleiterin soll den Beschwerdeführern die Unglaublichkeit ihres Vorwurfs verdeutlicht werden.

Übersetzung: Nein, das will ich nicht hören. Nein, die haben das tatsächlich herausgefunden. Nein, das werde ich mit Sicherheit nicht bearbeiten.« (Regina)

Wenig hilfreich: Vorgesetzte und Dienstaufsichtsbehörden

Ist der Gang zum Schulleiter nicht zufriedenstellend verlaufen, wenden sich verzweifelte Eltern meist an die nächste Instanz, den Schulrat und die Schulämter. Häufig mit mäßigem Erfolg. Das wissen die betroffenen Lehrer und Rektoren natürlich auch. Entsprechend reagieren sie auf Beschwerden.

Nachdem ihr Sohn ihr erzählt hatte, dass seine Lehrerin handgreiflich geworden sei, formulierte die wütende Mutter einen Brief an die Schulleitung. Sie schilderte uns, was daraufhin geschah:

»[In meinem Brief] schrieb ich: ›Ich erwarte, dass sich Frau H. in angemessener Form schriftlich bei mir und meinem Sohn entschuldigt. Ich erwarte, dass sich Frau H. in Zukunft meinem Sohn gegenüber in einwandfreier Weise ihrer Verantwortung als Lehrerin angemessen verhalten wird. Ich erwarte, dass dieser Vorfall sich nicht wiederholen wird.‹ Ganz am Anfang hatte ich das Gefühl, dass ich eine Bombe in der Schule abgebe. Als ich das Schulgebäude verließ, dachte ich: So, jetzt stürzt die Schule ein. Das war so ein Gefühl, das einfach da war. Und dann passierte erst einmal gar nichts (...) Meine Erwartung war natürlich, dass dieser Frau irgendwie Einhalt geboten wird und dass die Schule dem nachgehen wird.
Ich habe beim Abgeben des Briefes gesagt, ich werde mich melden. Dann habe ich aber gedacht: Wie blöd! Die müssen sich doch bei mir melden. Ich rechnete fest damit, dass sich irgendjemand rührt und viel-

leicht ein bisschen zuckt, weil ich mit der Dienstaufsicht gedroht habe, aber es ist nichts passiert.
Ja, ich habe wirklich das Gefühl gehabt, ich gebe eine Bombe ab. Ich habe mir den Empfang sogar quittieren lassen. (...) ›Ich möchte gern einen Eingangsstempel hier draufhaben, dass der Brief auch wirklich angekommen ist.‹« (Leonore)

»Was hatte ich an Hilfe erwartet? Das, was ich auf dem Schulamt gesagt habe. Warum wird die Lehrerin nicht suspendiert? Warum muss diese Lehrerin noch an der Schule unterrichten? (...) Später ist herausgekommen, dass sie die anderen richtig unter der Fuchtel gehabt hat. Sie war wie eine ›Königin‹ im Kollegium. Sie ist hochnäsig durch die Schule gelaufen, nach dem Motto: ›Was wollt ihr alle? Wenn ihr nicht auf meiner Seite steht, dann passiert etwas!‹ So wirkte das.« (Roland)

Mütter und Väter, die sich über gewalttätige Pädagogen beschwerten oder deren Übergriffe angezeigt hatten, schilderten ihre Verzweiflung darüber, wie gering das Echo auf ihre Hilfsgesuche bei den Dienstbehörden der Lehrkräfte war. Oftmals schien es so, als geschehe gar nichts, als würden die betroffenen Familien in ihrem Leid ignoriert. Mitunter vergingen Wochen und Monate, bis Schulbehörden Reaktionen zeigten. Und häufig waren die Antworten an die Bürger dazu angetan, die besorgten Eltern noch mehr zu verunsichern. Geschickt wurden da vielfach die eigentlichen Probleme umschifft, ohne konkrete Stellungnahmen. Dafür hagelte es erst einmal Schuldzuweisungen und einschüchternde Androhungen gegen die Beschwerdeführer.
Diese Vorgehensweise kann einer Schulaufsichtsbe-

hörde helfen, Zeit zu gewinnen und die Beschwerdeführer zumindest vorübergehend zu lähmen. Wie viele
Betroffene zu berichten hatten, war ihnen der Schreck
nach der Begegnung mit Kaltschnäuzigkeit und Arroganz
des Amtsschimmels gründlich in die Glieder gefahren.
Was in der Zwischenzeit möglicherweise in der Schulaufsicht passiert und ob überhaupt etwas getan wird,
bleibt dem Bürger verborgen, denn Lehrkräfte genießen
als Bedienstete des Staates besonderen Schutz. Um Lehrer zu schützen, gilt in den meisten Fällen »im Zweifel
für den Angeklagten«, und die Beschuldigten bleiben oft
so lange im Amt, bis ihre Schuld strafrechtlich erwiesen
ist. Das kann mitunter Jahre dauern. Schnelle Suspendie-
rungen sind die absolute Ausnahme.

Nach den ersten Erfahrungen mit als »unverschämt
und dreist« empfundenen Behördenbriefen steigt der
Misstrauenspegel der Beschwerdeführer gegen die offiziellen Stellen in der Regel in ungeahnte Höhen. So
schürt diese Verfahrensweise Misstrauen, Ärger und
Frustration.

»Auf die Frage an Rektor und Schulrätin, ob es denn
schon einmal einen gewalttätigen Übergriff von
einem Lehrer der Grundschule gegen Kinder gegeben habe, antwortete der Rektor ganz ernst: Ja, es
habe da einmal einen Fall gegeben. Einen Einzelfall
in all seinen langen Dienstjahren.
In den nächsten Wochen erfuhren wir nicht nur,
dass es aktuell etwa zehn unterschiedliche Vorkommnisse dieser Art gab, die Eltern nach eigenen
Angaben der Schulleitung gemeldet hatten, sondern
auch, dass es ein paar Lehrkräfte geben sollte, die
schon seit Jahren immer wieder recht brutal zu-

langten. Im Falle einer Lehrerin berichteten Betroffene aus vier aufeinanderfolgenden Klassen, die die Dame unterrichtet hatte, von Misshandlungen und übelsten Beschimpfungen der Kinder.

Die Schilderungen der Konfliktgespräche mit der Schulleitung waren immer gleich: Der Rektor soll immer wieder aufs Neue erstaunt getan und versichert haben, er höre derlei zum ersten Mal.« (Irmgard)

Dem oben beschriebenen Fall war ein Hilfegesuch einer betroffenen Mutter bei der zuständigen Schulrätin vorausgegangen, weil der Lehrer ihres Kindes seine Übergriffe zwar zugegeben, aber nicht bedauert hatte. Die zuständige Schulrätin antwortete auf die Vorwürfe, dass eine Elternversammlung kein geeignetes Mittel sei, um den Fall aufzugreifen, bevor das Ergebnis der staatsanwaltlichen Prüfung vorliege. Zudem gefährdeten die »Angriffe« gegen die Lehrer und die Schulleitung den Schulfrieden.

Die Mutter hatte die Klassenelternsprecherin vergeblich gebeten, die anderen Eltern über die nachweislichen Übergriffe des Lehrers gegen mehrere Schüler zu informieren.

Den Schulelternbeirat hatte sie über die Vorkommnisse und das laufende strafrechtliche Ermittlungsverfahren gegen den Lehrer informiert.

Ist der Schulelternbeirat denn, wie es diese Schulrätin schrieb, tatsächlich kein Gremium, das sich in konkreten Fällen mit der Lehrergewalt an einer Schule befassen darf? Eine klare Aussage dazu ist schwer zu finden. Wie so oft, tun sich die Schulgesetze nicht leicht, eine klare Sprache zu sprechen. Der Elternvertreter findet in den

Paragraphen zumindest nichts, was ihm für den konkreten Fall eine Richtschnur gäbe.

Im Schulgesetz von Rheinland-Pfalz beispielsweise heißt es: »Die Elternvertretungen sollen die Interessen der Eltern im Rahmen der Erziehung ihrer Kinder wahren und das Vertrauensverhältnis zwischen der Schule und dem Elternhaus festigen und vertiefen.«

Das bayrische Schulgesetz sagt dazu: »(1) Der Elternbeirat (...) wirkt mit in Angelegenheiten, die für die Schule von allgemeiner Bedeutung sind. Aufgabe des Elternbeirats ist es insbesondere, das Vertrauensverhältnis zwischen den Eltern und den Lehrkräften, die gemeinsam für die Bildung und Erziehung der Schülerinnen und Schüler verantwortlich sind, zu vertiefen.«

Im Schulgesetz von Mecklenburg-Vorpommern steht: »Aufgabe der Elternvertretungen ist es,

1. das Vertrauen zwischen Schule und Erziehungsberechtigten zu festigen und zu vertiefen,

2. die Interessen der Erziehungsberechtigten bei der schulischen Erziehung zu wahren und ihre Verantwortungsbereitschaft zu fördern (...).«

Aus solch schwammigen Paragraphen kann sich ein aufklärungsunwilliger Schulleiter zusammenbasteln, was er zur Unterstützung seiner Sicht der Dinge braucht.

Die Verschleppungsstrategie der Behörden zum Schutze der Staatsbediensteten kann außerdem dazu führen, dass wichtige Stellen zu spät die richtigen Informationen erhalten, so dass verurteilte Straftäter unter Umständen noch Wochen und Monate im Amt bleiben und ihr reguläres Gehalt bekommen.

So unterrichtete ein Gymnasiallehrer weiter, nachdem er 2004 zu einer Haftstrafe von zwei Jahren auf Bewährung verurteilt worden war. Das Beamtenrecht schließt in einem solchen Fall eine Beschäftigung eigentlich aus. Erst nach etlichen Monaten flog der Pädagoge auf. Er war wegen mehrfachen sexuellen Missbrauchs eines Kindes verurteilt worden.

Weniger Glück hatte ein Kollege. Einem Zeitungsbericht zufolge war er am Morgen nach seiner Verurteilung zu 4500 Euro Geldstrafe wegen des Sammelns von Kinderpornographie wie gewohnt zum Dienst gekommen. Doch der Schulleiter schickte ihn wieder nach Hause: Suspendierung. Ob eine Kündigung dienstrechtlich möglich wäre, versuchte die Dienstaufsicht im Anschluss zu prüfen. Während der Zeit der Prüfung bezog der Lehrer weiter sein Gehalt.

Nicht nur nach sexuellen Übergriffen von Lehrkräften bleiben die Täter oft erschreckend lange noch im Amt. Dies ist häufig auch nach Strafanzeigen bei einem begründeten Verdacht auf ein Vergehen der Fall. Wie die Erfahrung zeigt, spielt die Zeit dabei für die Täter, nicht für die Opfer. Ein mehrjähriges Verfahren kann einem Täter ein paar Jahre mehr Beamtenbesoldung bescheren. Für ein Opfer können diese Jahre den Verlust der Kindheit bedeuten und einen negativen Einfluss auf seine Entwicklung haben.

Die Bedeutung des Faktors Zeit bei jeder Art von Schulkonflikt ist Eltern oftmals nicht klar. Ahnungslos tappen viele von ihnen in die »Verschleppungsfalle«. Mit jedem Tag, den ein Konflikt andauert, nähern sich die Aussagen kindlicher Zeugen ihrem »Verfallsdatum«. Irgendwann sind sie juristisch nicht mehr verwertbar. Wer den zeitlichen Verlauf eines Schulkonflikts steuern kann, hat einen immensen Vorteil. In der Regel ist dies die Schule oder die Schulbehörde.

»Als ich bemerkte, dass auch das Schulamt uns nicht wirklich helfen wollte, sondern bemüht war, die Vorfälle zu vertuschen, da hatte ich ein schreckliches Gefühl der Ohnmacht, ein sehr negatives Gefühl. Aber auf der anderen Seite war da auch dieses positive Gefühl: Hier muss man was tun, man muss weitermachen.« (Kirsten, Elternvertreterin)

»Ich habe dem Schulamt einen Brief geschickt, weil mein Kind von einer Lehrerin geschlagen wurde. Den haben die einfach als Hinweis abgeheftet und überhaupt nicht reagiert, weil nicht ›Dienstaufsichtsbeschwerde‹ draufstand. Das muss man sich mal vorstellen! Woher soll ich das denn wissen?« (Barbara)

»Einen raschen Schulwechsel unserer Tochter hätten wir sehr begrüßt. Die Kleine wurde richtig krank. Die Gefahr, ständig der gewalttätigen Lehrerin zu begegnen, war eine große Belastung für sie. Sicher hätte das Schulamt unsere Beschwerde viel schneller bearbeiten können. Sie wurde aber erst nach einem halben Jahr beantwortet. Man hätte einen Schulwechsel viel schneller über die Bühne bringen und unserem Kind eine Menge Leid ersparen können.

(…) Die Behörden haben Pflichten. Ich habe es nicht so empfunden, als ob sie etwas getan hätten. Sie haben unsere Hilferufe gar nicht beachtet. Im Schulamt hat sich erst nach vielen Monaten der neue Leiter der Sache angenommen, und man hat den Eindruck, er möchte mehr tun, als er eigentlich kann.« (Barbara)

»Ich fühlte eine große Ohnmacht, weil ich es einfach nicht verstehen konnte, dass sowohl die Schulleitung als auch die zuständige Aufsichtsbehörde
kein Interesse daran gezeigt haben, sich mit unserem
Fall und mit den möglichen weiteren Fällen zu beschäftigen. Ich hatte den Eindruck, dass sowohl für
die Schulleitung als auch für die Dienstaufsicht das
Wohl des Lehrers über dem Wohl der Kinder steht,
die ja der Schule und damit auch der Dienstaufsicht
anvertraut sind.« (Stefan)

Das Schuljahr hat eine den Lehrern bekannte Dynamik:
Ferien, Weihnachten, Notenkonferenz. Die Klippen, die
umschifft werden müssen, sind routinierten Profis in
der Konfliktbearbeitung bekannt. Ebenso vorteilhafte
Zäsuren und Unterbrechungen, die geeignet sind, Gras
über eine Sache wachsen zu lassen.

Was Betroffene von Schulkonflikten in vielen Fällen in
die Verzweiflung trieb, war das Empfinden, vom Staat im
Stich gelassen zu werden. In diesem besonders sensiblen
Bereich, in dem es um den Schutz und das Wohl ihrer
geliebten Kinder ging. Beamte und Behörden wurden als
»untätig« und desinteressiert wahrgenommen. Die Ver-
suche, die Aufmerksamkeit von Entscheidern zu errin-
gen, um endlich Hilfe und Gerechtigkeit zu erlangen,
führten trotz der zum Teil erheblichen Kraftanstrengun-
gen der Hilfesuchenden ins Leere.

»Wenn Konfliktsituationen auftreten und man Strafanzeige erstatten muss, sollte man darauf achten,
dass keine Verzögerungstaktik angewendet wird.
Überhaupt nicht. Aus unserem Verfahren habe ich
echt gelernt.
Durch diese Verzögerung kann sich keiner mehr

detailliert erinnern, was genau an welchem Tag passiert ist und um welche Uhrzeit. Man muss nachlesen, um zu wissen: Wann war das denn?

Außerdem zermürbt die Ungewissheit. Immerzu fragt man sich: Was passiert als Nächstes? Wie fühlt sich das Kind dabei?

Die ganzen Gänge zu den Ärzten. Es war eine Strapaze ohne Ende. (...) Wir mussten weit fahren, um alle ärztlichen Gutachten zusammenzubekommen. Das war auch Stress für das Kind. Das musste während dieser ganzen Zeit weiter zur Schule gehen. Immer wieder dorthin. Das war schrecklich.

Wäre ich noch einmal in der Situation, hätte ich kein Problem damit, wenn mein Kind für lange Zeit krankgeschrieben würde.« (Barbara)

»Ich würde hundertprozentig wieder gegen Lehrergewalt vorgehen. Beim nächsten Mal würde ich aber gleich viel härter durchgreifen. Da bin ich klüger geworden. Ich würde mich nicht mehr hinhalten lassen, bis alles in Vergessenheit gerät. Das ist eine beliebte Taktik und war es schon immer, wie wir im Nachhinein gesehen haben. Das würde ich mir heute auf keinen Fall mehr gefallen lassen. Ich habe immer noch ein bisschen an das ›Gute im Menschen‹ geglaubt. Daran, dass sie doch etwas unternehmen, aber das war eben eine reine Hinhaltetaktik. Diese Hinhaltetaktik würde ich heute auf keinen Fall mehr hinnehmen – ganz sicher nicht.« (Roland)

»Über die Disziplinarmaßnahmen wurden wir Eltern eigentlich gar nicht informiert, so dass es schwer ist, hierzu eine dezidierte Aussage zu treffen. Ich kann nur sagen, dass ich mir in solch sensiblen Fäl-

len eine wesentlich höhere Transparenz der Maßnahmen wünschen würde, als in diesem Fall gegeben war.« (Michael)

Der verunsicherte Bürger kann in der Regel nicht nachvollziehen, ob die angesprochene Behörde nun tatsächlich an seinem Problem arbeitet. Auch nicht, ob sie dies,
wie es eigentlich ihre Aufgabe ist, objektiv tut unter
gleicher Berücksichtigung der Interessen von Lehrern,
Schülern und Eltern. Im ungünstigen Fall befürchten
Beschwerdeführer auch, dass hinter diesem Vorhang des
Schweigens lediglich Missstände unter den Teppich gekehrt werden, und sehen Gerechtigkeit für ihre Kinder
als nicht mehr erreichbar an.

Manchmal sind die Entscheider in dienstrechtlichen
Fragen auch Träger politischer Mandate und verfolgen
möglicherweise diesbezügliche Interessen.

»Als unsere Dienstaufsichtsbeschwerden gegen die
gewalttätigen Lehrer und ihre solidarischen Kollegen liefen, befand sich unser Bundesland im Land-
tagswahlkampf. Irgendwann fragten wir uns, ob es
einen Zusammenhang gebe zwischen diesem Umstand und der Tatsache, dass wir einfach keine Hilfe
bekamen. Auch schriftliche Versprechen der Dienstaufsicht wurden schlichtweg nicht gehalten. Die
Grundschulreferentin im Kultusministerium igno-
rierte unsere teuren Einschreiben-mit-Rückschein-
Briefe einfach. Viele Monaten bekamen wir gar keine Antwort.
Wir hatte eine Liste im wahrsten Sinne handfester
Punkte und Hilfsgesuche an sie geschickt, wegen
der haarsträubend unrechten Situation an der
Schule.

Erst als wir im Internet den Namen der Dame in eine Suchmaschine eingegeben hatten, ahnten wir angesichts der Ergebnisse, was los war. Sie war Mandatsträgerin der gleichen Partei wie ihre direkten Untergebenen und Vorgesetzten. In der Regierungspartei.

Am selben Tag, an dem sie uns per schnoddrig-kaltem Dreizeiler wissen ließ, wir möchten sie nicht mehr belästigen, hatte sie im Gästebuch eines Parteifreunds im Internet emotionsgeladene Gratulationen für den Siegerkandidaten hinterlassen.« (Irmgard)

In einem anderen Fall, in einem anderen Bundesland, hatte sich eine besorgte und engagierte Elternvertreterin für die Kinder einer ersten Klasse eingesetzt, nachdem ihr mehrere Eltern berichtet hatten, dass ihre Kinder sich vor einem Lehrer fürchteten, weil dieser rigide und ehrverletzende Unterrichtsmethoden praktiziere und auch gelegentlich körperliche Gewalt anwandte.

Nachdem die Elternsprecherin nach mehreren Anläufen bei der Schulleitung schließlich den Eindruck gewann, dass dort keine Hilfe zu erwarten war, sondern der Rektor sogar bemüht zu sein schien, die zahlreichen Vorkommnisse zu bagatellisieren und zu vertuschen, schulte sie ihr eigenes Kind kurzerhand in eine andere Grundschule um.

Prompt bekam sie ein Schreiben von der Schulaufsichtsbehörde, die ihre Dienstaufsichtsbeschwerde in Bearbeitung hatte. Darin wurde ihr erklärt, dass die Beschwerde hinfällig sei, da die Kinder nunmehr eine andere Schule besuchten und kein Kontakt mehr zu dem Lehrer bestehe. Sollten weitere Fälle bekannt werden, sei es Angelegenheit der betroffenen Eltern, sich an die zuständige Schulaufsichtsbehörde zu wenden.

Zum damaligen Zeitpunkt lagen der Schule bereits Beschwerden weiterer Eltern vor. Der Vorwurf, sie betreibe »Aktionen gegen Herrn Y. und die Schule im Dorf«, traf die couragierte Elternsprecherin wie eine Ohrfeige. Er stammte aus der Feder des Schulamts, das auch für die Schule zuständig war, an der der beschuldigte Lehrer im Alter von über 50 Jahren vorher unterrichtet hatte. Zum Zeitpunkt der von den Kindern geschilderten Vorkommnisse unterrichtete er erst einige Monate an seinem neuen Dienstort.

Eine Nachfrage bei einem Elternvertreter der ehemaligen Schule des Pädagogen erbrachte folgende Antwort:

»Ja, ich kann mich an diesen Lehrer gut erinnern. Er hat hier mächtig für Unruhe gesorgt. Es soll mehrere massive Elternbeschwerden gegeben haben. Was das im Einzelnen war, kann ich nicht sagen. Ich war nicht direkt involviert. Ich war nur der zweite Schulelternsprecher. Ich habe auch nicht an den Konferenzen über diesen Herrn teilgenommen. Es gab wegen dieses Lehrers insgesamt drei Sonderkonferenzen, von denen ich weiß. Bei einer war auch die erste Elternsprecherin eingeladen. Und bei der letzten war auch der zuständige Schulrat zugegen.
Dann verschwand der Lehrer. Er ging wohl an eine andere Schule. Wir waren heilfroh, ihn los zu sein. Natürlich macht man sich seine Gedanken, was das eigentlich bedeutet, wenn ein Lehrer einfach nur versetzt wird. Dann haben andere den Schwarzen Peter. Und man fragt sich: Wer wird nun seine Lücke schließen? Vielleicht jemand, der woanders gehen musste? Ist dies am Ende alles nur ein einziges Karussell, bei dem schlechte Lehrer im Kreis herumgereicht werden?« (Norbert)

Weitergereicht? War der Umstand, dass dieser Lehrer bereits an seinem vorherigen Arbeitsplatz heftige Elternbeschwerden ausgelöst hatte, der Schulrätin nicht bekannt?

Eine andere Mutter, die sich in einem anderen Bundesland hilfesuchend an das Kultusministerium gewandt hatte, weil ihr Kind nach Übergriffen seines Lehrers keinerlei pädagogische Hilfe bekam und im Gegenteil erheblichem Druck ausgesetzt wurde, bekam folgende Antwort in einem Schreiben:

»Ich bitte Sie, die laufenden Verfahren abzuwarten und vor allen Dingen darauf hinzuwirken, dass Ihr Sohn wieder Vertrauen zu seinem Lehrer finden kann.«

Auf die Bitte der Mutter, nach vielen vergeblichen Anläufen bei Schulleitung und Schulrätin doch endlich einen Gesprächstermin zu bekommen, bei dem die schwierige Situation des Opferkindes besprochen werden sollte, um ihm zu helfen, antwortete die zuständige Ministerialbeamtin mit dem Argument, es sei ja wohl schwierig, aus der Position eines Anklägers heraus ein vermittelndes Gespräch zu führen.

Die »Anklägerposition« sollte wohl beschreiben, dass die Eltern eines der Opfer die Übergriffe der Schulleitung und später der Staatsanwaltschaft und Dienstaufsicht gemeldet hatten. Da es sich bei »Körperverletzung im Amt« um ein Offizialdelikt handelt, das von Staats wegen untersucht und verfolgt wird, waren nicht die Eltern die »Ankläger«. Sie hatten auch keine private Nebenklage angestrengt, sondern sich lediglich hilfesuchend an die zuständigen Autoritäten gewandt.

Während des Ermittlungsverfahrens gewährte man

den Opfereltern von Pädagogenseite her also kein Gespräch. Und danach auch nicht. Denn es sei ja kaum zu erwarten, dass ein klärendes Gespräch mit Menschen möglich ist, gegen die man vor Gericht klagt und gegen die man Dienstaufsichtsbeschwerde erhoben hat.

Wieder unterstellte die Grundschulreferentin den Eltern, geklagt zu haben, als seien die strafrechtlichen Ermittlungen gegen den Lehrer eine »Privatsache« der Eltern gewesen.

Das Opferkind bekam keine pädagogische Unterstützung, nur einen Anwaltsbrief des Verteidigers mit einer Entschuldigung. Die anderen Eltern der Klasse wurden nicht über den Ausgang der strafrechtlichen Ermittlungen informiert. Der Lehrer blieb im Amt, das Opferkind musste wegen der psychischen Belastung und seines akuten Leistungsabfalls die Schule wechseln.

Abschließend wünschte die Grundschulreferentin »Kraft und ein Stück Gelassenheit«. Die mehrfach versprochene Stellungnahme zu den pädagogischen Missständen und dem ungesetzlichen Pädagogenverhalten an der besagten Schule schickte sie der betroffenen Familie aber nicht.

Politische Sonntagsreden

»Am Vormittag hatte erneut ein Junge seiner Mutter berichtet, von einer Lehrerin geschlagen worden zu sein. Zufällig fand am Abend eine Sitzung des Bildungsausschusses statt, die wir mit einer kleinen Abordnung unserer Elterninitiative spontan besuchten.
Im Rahmen der hitzigen Diskussion wurde eine Gesprächsrunde mit den Betroffenen vorgeschlagen. Die greise, aber nicht weise Vorsitzende des Bildungsausschusses verlangte allen Ernstes: ›Hierzu sollten wir auch Eltern einladen, deren Kinder nicht geschlagen wurden.‹
Es dauerte eine Weile, bis das Gelächter verebbt war. Dieser Satz ist in unserer Stadt zum geflügelten Wort geworden: ›Sprechen wir doch mit jemandem, der nicht dabei war!‹« (Regina)

»Integration«, »Ganztagserziehung«, »individuelle Förderung«: Aus den Presseabteilungen der Bildungsministerien schallen phantastische Botschaften hinaus zum Volk. Sie verkünden, wie gut man die Probleme analysiert und verstanden hat: Die perfekte Lösung ist auf dem Weg! Opium fürs kinderferne Wir-delegieren-Zukunftsentwicklung-an-die-Kultusministerkonferenz-Volk?
Die große Überraschung der Menschen im Land über die miesen PISA-Ergebnisse zeigte deutlich, wie wenig der durchschnittliche Steuerzahler oder Staatsbürger Bescheid weiß über die tatsächliche Arbeit der Abteilung »Nachwuchsentwicklung« im Unternehmen Bundesrepublik Deutschland. Man hat sich einfach zu wenig darum gekümmert, zu sehr vertraut. Können wir uns dieses

Vertrauen noch leisten? Als Nation? Als Solidargemeinschaft?

Weit über die Hälfte aller Lehrer in unserem Land erreicht das vorgesehene Rentenalter nicht, geht in den für die Gemeinschaft teuren Vorruhestand. Die Zahl der Pädagoginnen und Pädagogen, die auf Dauer als arbeitsunfähig gelten, steigt ständig an. Geld fließt da, viel, viel Geld … an unseren Kindern vorbei, raus aus dem Bildungsetat.

Das Gespenst Lehrermangel geht um. Das hat Konsequenzen. Wenn so viele krank und weg sind, steigt der Druck auf die Übriggebliebenen.

Die Politik bietet uns für diese sich auftuende Riesenlücke in den Lehrerkollegien Lösungen an, die uns alarmieren sollten, wenn uns an der guten und qualifizierten Ausbildung unserer Kinder gelegen ist. Unter anderem, so verbreitet der »Kultusfunk«, will man die Lücken durch Lehrkräfte schließen, die gar keine sind und eigentlich auch keine hatten werden wollen: Menschen aus anderen Berufsfeldern, die dort aber nicht mehr arbeiten (können). Warum arbeiten diese Menschen nicht (mehr) in ihren ursprünglich angestrebten Berufen?

Die Politik behauptet, die Konfrontation mit Menschen, die in den Berufen nicht arbeiten (können), die sie eigentlich einmal ausüben wollten, sei gut für unsere Kinder. Die Schule öffnete sich dadurch und bekäme mehr Kontakt zur Berufs- und Wirtschaftswelt. Liegen in dieser Argumentation nicht grobe logische Fehler verborgen? Kommen nicht vielmehr die unterschiedlichsten Karriere-Hoffnung-Züge an der »Endstation Schule« an? Darf man von Augenwischerei reden?

Mitunter wirken Programme und Publikationen aus der Welt der deutschen Bildungspolitik ein wenig wie Streberaufsätze – verfasst, um zu zeigen, dass man alles richtig verstanden hat. Dass man kapiert hat, welchen Auftrag die Gesellschaft ihr zugewiesen hat. Was ist das für eine Politik, die sich im theoretischen Diskurs genügt, aber nicht bereit oder imstande ist, ihre propagierten Vorhaben auch durchzusetzen? Was ist das für eine Politik, die nicht dafür sorgen kann, dass ihre Reformideen in den Klassenzimmern auch wirklich ankommen?

»Viele Reformen hat er miterlebt, aber keine hat er mitgemacht.« Dieser Satz ist als Bestandteil von Verabschiedungsreden in Pädagogenkreisen ein nahezu todsicherer Lacher. Wer es einmal geschafft hat, verbeamtet zu werden, den schleppt das System sicher mit durch. Die Insider wissen, was gemeint ist, und feixen.

»Die da oben« – gemeint sind wohl die übergeordneten Kultusministerien – kommen ohnehin nicht an gegen die Generalausrede, den finalen Rettungsanker in allen Konfliktsituationen, gegen die viel zitierte »pädagogische Freiheit«. Sie bietet dem Lehrindividuum formal die Möglichkeit, in vielen Fällen fragwürdigen pädagogischen Handelns einfach den Kopf aus der Schlinge zu ziehen. Die Methodenwahl bleibt schließlich der Lehrkraft überlassen.

Fortbildungen werden zwar angeboten und auch empfohlen, aber kontrolliert wird die Teilnahme daran nicht wirklich. Uhrzeiger und Globus drehen sich weiter und weiter, die Pädagogik aber? Ein treffender Witz zu diesem Thema lautet: »Wenn man einen Chirurgen und einen Lehrer zusammen einfriert und zwanzig Jahre später wieder auftaut, geht der Chirurg in den Operationssaal und fragt: ›Wo bin ich?‹ und ›Was ist das?‹ und ›Wie macht ihr das?‹ Der Lehrer geht im Klassenzimmer ans Pult und sagt: ›Alle hinsetzen, wir fangen an!‹«

»Nicht alle (kleinen) Menschen sind gleich, aber alle sollten die gleichen Chancen haben, die gleichen guten Startbedingungen. Besonders, wenn sie in einem so privilegierten Land aufwachsen wie der Bundesrepublik Deutschland. Die Maßstäbe der UN-Kinderrechtskonvention finden in bundesdeutschen Schulgesetzen ihre Entsprechung, quer durch die Republik. Demnach ist allen Kindern gleichermaßen Schutz, Bildung und Förderung garantiert. Und auch der Respekt vor ihrer individuellen Persönlichkeit. Zahlreich sind auch beispielsweise die Programme und Modelle zu Integration und individueller Förderung von Schülern mit unterschiedlichsten Voraussetzungen in gemeinsamen Schulen. Ein politisches Ideal. Wie aber wird es umgesetzt?

›Wir hatten an der Tür so einen Schrank, und da war so ein Spalt, und da hat unsere Lehrerin den Tom reingeschubst. Der stand dann da, und sie sagt, der soll zur Wand gucken.‹« (Linnea)

»Oft wurde mein Junge von der Lehrerin ›gebrennnesselt‹ an der Hand. Brennnesseln ist, wenn man ums Handgelenk eine Hand nimmt, etwas oberhalb am Arm, am Unterarm eben und die andere etwas unterhalb des Ellenbogens, und dann in verschiedene Richtungen die Haut dreht. Also, das zwiebelt ganz schön, das tut weh.

Er hat sich sehr gedemütigt gefühlt. Wir gehen ja zur Ergotherapie wegen der Grob- und Feinmotorik. Da hat er Schwierigkeiten. Sonst hat er in der Schule keine Probleme mitzukommen. Er wurde getestet und ist überdurchschnittlich intelligent, in Teilbereichen sogar hochbegabt. Er hat eine gute Auffassungsgabe.

Und wir sind seit den letzten beiden Jahren in der Kindergartenzeit zur Ergotherapie gegangen, um ihn in der Grob- und Feinmotorik besser einzustellen, um daran zu arbeiten. Wir sind auch zu diesem Zeitpunkt, während der ersten Klasse also, als er sieben Jahre alt war, zur Ergotherapie gegangen, jede Woche einmal. Die Berichte hat auch die Schule immer gekriegt, ich habe die da immer vorgelegt. (...) Er hatte Probleme, den Stift zu halten. Ich habe ihm spezielle Stifte gekauft. (...) Denn es nützt doch nichts, wenn die Lehrerin sagt: ›Wir nehmen einen Füller!‹, aber das Kind macht sich die Hand weiter kaputt. Das bringt ja nichts. Ja, also, es war bekannt, dass er Probleme hat. Er hatte überhaupt Schwierigkeiten, sich das einzuteilen, die Schriftgröße und überhaupt mit der Feinmotorik, um diese Schreibübungen auszuführen. Und dann wurde er von der Lehrerin immer wieder auf die Finger gehauen und gekniffen. Mehr so gekniffen, und dieses ›Brennnesseln‹. Und dieses Kneifen und Zwicken, das war immer so: Also, die Haut am Handrücken nehmen und ein bisschen rumdrehen. Immer wieder einmal, immer, wenn es ihr im Vorbeigehen nicht gepasst hat. Sehr demütigend empfand er es, so berichtete er mir, als sie ihn wieder einmal beschimpft habe wegen seiner Schrift und dass sie eben zwischen die Kinder gegangen sei. Er sagte, sie sei wirklich hinter den Kindern entlanggegangen und habe sich hinter sie gestellt, in der Schulbank, zwischen die Kinder. Die Banknachbarin sei also rechts gewesen und er habe auf der linken Seite gesessen – und da habe sie ihm da auf den Unterarm geschlagen, mit der Handkante, damit er mal den Füller loslässt, weil er damit herumgespielt habe und ihn nicht so gehalten habe, wie er sollte beim Schreiben. Er sei natürlich nervös gewesen, weil sie so dastand. Da habe er mit dem Füller herumgespielt.« (Nadine)

»Wir haben uns als Eltern oft gefragt, warum der Lehrer unserer zehn- und elfjährigen Kinder so gewalttätig und gemein war. Wir haben das im Kreis der Betroffenen mehrfach diskutiert. Es schien uns so, als ob er nun, im letzten Jahr vor seiner Pensionierung, noch einmal eine Art ›Elitetruppe‹ ausbilden wollte. Er wollte wohl mit Pauken und Trompeten in den Ruhestand gehen und eine Vorzeigeklasse hinterlassen. Unter anderem waren Kinder mit Lese-Rechtschreib-Schwäche in der Klasse, was er nicht akzeptierte. Er sagte ganz offen, dass es eine ›Lese-Rechtschreib-Schwäche‹ für ihn nicht gebe, sie existiere nicht.
Es war auch ein Kind dabei mit Zehenspitzengang. Dieses Mädchen soll der Lehrer immer nachgeäfft haben, wenn es an die Tafel ging. Die Klasse lachte dann, und das Mädchen wusste nicht, wieso. Das hatte sadistische Züge.« (Claudia)

Von ihren Begegnungen mit Politikern in Sachen Bildung können Eltern aus den unterschiedlichen Bundesländern einiges erzählen. Davon, dass ihnen einer der Mandatsträger geholfen hätte, allerdings nicht.

»Bei einer Veranstaltung unserer Regierungspartei sprach ein Mitarbeiter des Kultusministeriums. Seine Rhetorik erinnerte mich an die der Konfliktkorrespondenz, die wir mit Behörden und Ministerium hatten, wegen der Missstände und Übergriffe an der Schule.

Der Redner antwortete auf kritische Fragen nicht, redete gezielt am Thema vorbei und bemühte sich, dieses durch einen möglichst verwirrenden Wortschwall zu vertuschen. Immer wieder zog er die Argumente ›zu teuer‹ und ›ungeheuer schwierig‹ aus dem Ärmel.

Seine Rede erinnerte mich an die dreisten und unverschämten Briefe, die ich aus Schulbehörde und Ministerium bekommen hatte, als ich dort Hilfe suchte. Der Bürger wird abgebügelt. ›Zu teuer‹ und ›ungeheuer schwierig‹ sind Argumente, die für mich nicht zählen. Sie zeigen die Inkompetenz der Verantwortlichen. Das ist eben die Kunst, mit dem Etat, der da ist, Großartiges zu leisten. Da kann man nicht einen durchschnittlichen Job machen und anschließend beim Bürger rumheulen, es sei alles so schwierig. Diese Art kenne ich von den Lehrern, die sich beklagen, sie könnten ihren Job nicht machen, weil die Schüler sie störten. Das ist doch absurd. Ihr Job ist es, mit Schülern zu arbeiten. Eine Verkäuferin kann auch nicht sagen, die Kunden störten sie dabei zu verkaufen. (…)

Kultusbeamte sind in der Regel ehemalige Lehrer. Die nehmen ihre Mentalität mit. Auch ihre Lust an der Macht.« (Katja)

»Wenn die Behörden Pflichten haben, habe ich nicht den Eindruck gewonnen, dass diese dort erfüllt wurden. Jedenfalls nicht insofern, als man sagen könnte, die Zuständigen haben den Kindern geholfen. Es gab Situationen, da haben wir uns gefragt: ›Oh Gott, was hast du nur getan?‹ Wir hatten uns gewehrt, und die große Hilfe, die wir erwartet hatten, die kam nicht und damit auch keine Beruhigung für uns. Ich habe den Eindruck, dass letztendlich die Politik Verantwortung daran trägt. Das Kultusministerium scheint regelrecht zu bremsen.

Und unser damaliger Landesvater, den hatten wir als Elterninitiative ja direkt angesprochen. Auf unserer Demo. Zufällig war gerade Wahlkampf. Er kam tatsächlich und hat mit der Presse geredet und den Brief der Kinder entgegengenommen. Er sagte, er würde sich der Sache annehmen. Wir haben nie wieder etwas von ihm gehört. Später hat er einmal im Fernsehen gesagt, unser Bundesland sollte die kinderfreundlichste Region Europas werden. Das glaube ich ihm natürlich nicht. Mit anderen Politikern ging es uns ähnlich.« (Barbara)

Unvereinbare Gegensätze?

Konfrontation statt Dialog

Viele Eltern beschrieben ihre Begegnung mit den Lehrkräften ihrer Kinder als »fremd« oder »befremdend«, wie Reisende in einer ihnen unbekannten Welt. Besonders im Konfliktfall wollte es mit der Kommunikation zwischen Schule und Elternhaus einfach nicht so recht klappen. Wenn der Informationsfluss gebremst, gestoppt oder umgelenkt wird, wenn die Annahme von Informationen verweigert wird, dann muss der Austausch scheitern. Die Demonstration von Macht scheitert deswegen aber nicht. Ganz im Gegenteil.

Schwierige Kommunikation

Die meisten Erwachsenen haben in ihrem Beruf täglichen Umgang mit anderen Erwachsenen. Sie müssen sich auf der einen Seite verständlich ausdrücken und auf der anderen Seite ihre Mitmenschen auch verstehen. Dazu gehört selbstverständlich das entsprechende Auftreten, das äußere Erscheinungsbild, die Körpersprache, die Ausstrahlung.

Durch die Leistungsanforderungen und den Wettbewerb in der modernen Wirtschaftswelt verspüren Berufstätige quer durch alle Branchen Druck. Ihre Kommunikation, also die Bewegung von Information zwischen den Beteiligten, läuft auch unter diesem Druck ab, ist also eine Art »Schleifprozess«. Wer gut kommunizieren kann, wer »Schliff« hat, kommt besser zurecht. Überall. Gilt das auch für die Schule?

Wenn Lehrer und Eltern miteinander umgehen, dann

tun sie das aus ganz unterschiedlichen Gründen und auch aus unterschiedlichen Blickwinkeln heraus. Trotz der offiziellen Vorgabe, gemeinsam zu handeln und Verantwortung zu tragen, stehen sie sich meist frontal gegenüber. In gewisser Weise ist es so, als trügen Eltern und Lehrer bei ihren Begegnungen Schablonen unter dem Arm, die sie im Laufe der Interaktion immer wieder an ihrem Gegenüber anlegen.

Mit diesen gedanklichen Schablonen versucht der Mensch beim Gegenüber zu ermitteln, mit wem er es eigentlich zu tun hat.

Was Eltern und Lehrer sich fragen

Eltern
- Ist diese Person gut zu meinem Kind?
- Mag sie Kinder?
- Meines insbesondere?
- Ist diese Person ein Vorbild?
- Ist diese Person geeignet, mein Kind an sein Ziel zu bringen?

Lehrkräfte
- Ist mir diese Person wohlgesinnt?
- Tut sie, was ich sage?
- Ist sie stark/gefährlich?
- Hat sie ein Netzwerk (Beziehungen)?
- Behandelt sie ihr Kind gut?

Im Konflikt Lehrkraft-Elternteil ist vielfach die Lehrkraft der »Spielmacher«. Wegen des für die Eltern undurchsichtigen Schulapparats sind diese darauf angewiesen, dass die Lehrkraft kommunizieren möchte und dass auch wirklich Informationen fließen. Wenn Lehrer Eltern »ins Boot holen«, also versuchen, ihre Situation, ihren beruflichen Alltag verständlich zu machen, verwenden sie manchmal Formulierungen, die sehr schnell klarmachen, dass sie die Eltern nicht vorrangig als Individuen wahrnehmen. Vielmehr wird oftmals das Etikett einer Schublade sichtbar, in der sich diese Eltern möglicherweise gar nicht zu Hause fühlen: »Schuleltern«.

Unterschiedliche Gruppenzugehörigkeit

Was sind Eltern?
- Erwachsene
- Steuerzahler
- Staatsbürger
- Privatpersonen, deren Liebstes im Leben, die Kinder, sich mehrere Stunden am Tag in der Obhut von Lehrern befinden

Was sind Lehrer?
- Erwachsene
- Gehaltsempfänger aus Steuergeldern
- Staatsbeamte
- Berufstätige, die mit Kindern arbeiten

Grundsätzlich nehmen Eltern schulpflichtiger Kinder in Deutschland die Rolle der »Schuleltern« nicht freiwillig, aus eigener Entscheidung, ein. Mit der Schulpflicht ihrer Kinder rutschen sie automatisch und notgedrungen in diese Rolle hinein.

Der Lehrberuf hingegen ist ein frei gewählter Dienstleistungsberuf mit gesellschaftlichem Auftrag. Auf Staatskosten ausgebildete Profis übernehmen täglich mehrere Stunden am Tag, ebenfalls auf Staatskosten, die Aufsicht über die Generation, die unsere Zukunft sein wird.

Der Kommunikationsstil von Lehrkräften und Menschen aus anderen Berufen ist zum Teil sehr unterschiedlich. Schon allein deshalb kann Kommunikation zum Problem werden. Pädagogen sind es gewöhnt, über Schwächere zu bestimmen und diese in ihrem Sinn zu manipulieren. Im Kreise gleichberechtigter Erwachsener sachlich zu argumentieren und sachlich zu bleiben können sie in ihrem Berufsalltag kaum üben.

Viele betroffene Eltern berichten, wie schwierig und verwirrend sie die Kommunikation mit Lehrern empfanden. Sie sprachen häufig vom Scheitern, davon, dass Lehrkräfte »dichtmachten« und »einschnappten«, wenn sie auf Augenhöhe angesprochen wurden.

»Lehrer sind Machtmenschen. Sie sind es gewohnt, andere zu korrigieren mit Konsequenzen für diese anderen, nicht für sich selbst. Sie sind es gewohnt, dass alle schweigen müssen, wenn sie reden. Aus diesen Gewohnheiten erwächst wohl ein gewisser Anspruch, dass es immer so sein muss. Lehrer sind eigentlich nicht wirklich dialogfähig, nach meiner Erfahrung. Sie ertragen es nicht, Gespräche nicht moderieren zu dürfen, nicht steuern und manipulieren zu können.

Umso mehr genießen sie devote Eltern, die ihnen das Gefühl vermitteln, sie hingen an ihren Lippen. Eltern sollen jeden auch noch so unsinnigen Auftrag einer Lehrkraft ausführen. Das bedeutet: Elternmitarbeit. Damit meine ich nicht nur die ewigen Bitten, Kuchen zu backen und in der Schule abzu liefern. Eine notorische Aufforderung, an der wohl in Pädagogenkreisen der Grad der Mütterlichkeit gemessen wird.« (Daphne)

Verfolgt man Plaudereien unter Lehrern und studiert die deutsche Lehrerkultur, stößt man auf ein Phänomen: den selbstdefinierten Anspruch auf einen Wohlfühlfaktor bei der Arbeit.

»›Ja, was glauben Sie denn, was wir Schreckliches mit den Kindern machen?‹, fragte eine junge Lehrerin in beleidigt-weinerlichem Ton, als ich das Gespräch mit ihr suchte, weil sie fortwährend Regeln und Gesetze brach und die Kinder grausam behandelte. Es war ganz offensichtlich, dass sie in keiner Weise über ihr Fehlverhalten reflektierte. Sie wirkte ungeheuer selbstgefällig, als ob sie für sich einen anderen Maßstab in Anspruch nehmen wollte als den, der für alle anderen Menschen gilt. Sie sah sich mit Vorwürfen zu ihren Grausamkeiten konfrontiert und fragte entgeistert: ›Wissen Sie, wie ich mich jetzt fühle?‹ Sie jammerte und wehklagte, beschuldigte uns, daran schuld zu sein, dass sie sich schrecklich fühle.« (Katja)

In einer geselligen Runde wird der besserwisserische Schwadroneur gern als »oberlehrerhaft« bezeichnet. Unter diesem Begriff fasst der Volksmund den Hang zur Rechthaberei und das grenzverletzende Bevormundenwollen zusammen. »Ober«-Lehrer soll wohl heißen: das Lehrerhafte auf die Spitze getrieben.

Lehrerinnen und Lehrern bleibt dies nicht verborgen. Und mitunter leiden sie darunter. Im privaten Umgang – etwa im Urlaub oder beim Sport – nach ihrem Beruf gefragt, antworten nicht wenige Pädagogen: »Ich bin Lehrer, aber kein typischer!«

In seinem Fachartikel »Aktiv, offen und ganzheitlich« in der elektronischen Zeitschrift »Paraplui« zitiert der deutsche Pädagogikprofessor Dr. Roland Reichenbach einen Wiener Kollegen:

> »Es gehört zur Pathologie des Lehrers, dass er nicht lehrerhaft sein will. Keinem Anwalt oder Richter fiele es ein, sein Anwalt- oder Richtersein zu verleugnen oder zu kaschieren. Keinem Arzt käme es in den Sinn, den Habitus des Mediziners zu vertuschen. Auch der Ingenieur hat mit seiner Berufsrolle kaum nennenswerte Probleme. Der Lehrer schon. Vor allem möchte er nicht lehrerhaft erscheinen. Nicht in der Öffentlichkeit, aber – und das macht stutzig – auch nicht am Ort seiner Profession.« (Prof. Dr. Alfred Schirlbauer)

Diese Zerrissenheit zwischen Machtanspruch und Unsicherheit erzeugt immense Spannungsfelder und kann den Umgang mit Pädagogen für Außenstehende extrem schwierig machen. Nicht zuletzt führen die Begegnungen von Menschen aus anderen Berufen mit Lehrern auch zu einer Vielzahl von Anekdoten und Witzen. Wie sagt zum Beispiel der Architekturprofessor zu seinen Studenten? »Gehen wir einmal vom größten anzunehmenden Problemfall aus: Beide Bauherren sind Lehrer!«

Der Humor der Lehrer selbst ist oft sehr zynisch und schwarz. Zynismus sei ein Zeichen des Ausgebranntseins, sagen Experten. Man verfällt in diese Haltung, wenn man eine Distanz zu den Menschen aufgebaut hat, mit denen man täglich arbeitet: den Kindern (Entpersonalisierung).

Über einschlägige Witze und Bemerkungen kann sich in einem Kollegium eine Stimmung, eine Haltung fortpflanzen. Der Zynismus der Burn-out-Gefährdeten kann sogar auf die ganz jungen, frischen Kollegen übergreifen, die im schlimmsten Fall die »Ich-bin-genervt-Haltung« ihrer älteren Kollegiumsmitglieder als Pose übernehmen. Das Spottbedürfnis ausgebrannter Pädagogen wird durch einschlägige Parolen und eine ganz eigene Aufkleberkultur in Fachkreisen bedient. Wo der Hase in der deutschen Schulkultur auf Seiten der Lehrer langläuft, lässt sich vielfach schon deuten, wenn man die Pkw-Sticker auf Lehrerfahrzeugen liest. So zeigten die GEW-Mitglieder unter den Pädogogen in den siebziger Jahren gern Flagge mit Slogans wie »25 Schüler pro Klasse sind genug!« und kämpften damit für bessere Arbeitsbedingungen – auch für die Schüler.

Gegenwärtig liest man auf Lehrerkarossen: »Was wären wir ohne Lehrer? Dümmer!« Oder: »Ich bremse auch für Lehrer.« Beides zeugt von Image-und-Ego-Problemen, von Frust und (gekränkter) Eitelkeit.

Territorialkonflikte

Auch Lehrer haben gewisse Parameter, um Eltern einzuschätzen. So kommt es vor, dass Elternliebe am Zustand der Heftumschläge des Kindes gemessen wird und die Eltern als besonders »gut« gelten, die sich den Anweisungen des Lehrers am besten fügen.

Außerdem lässt sich im Umgang mit Lehrerinnen und Lehrern beobachten, dass sie bei der Einschätzung erwachsener Gesprächspartner gern auf die Instrumente ihres Berufes zurückgreifen. Sie versuchen schnell zu ergründen, welchen Bildungsabschluss ihr Gegenüber hat, um dann ein entsprechendes Kommunikationsprogramm aus der Schublade zu holen. Der Scanner tastet: Einfacher Mann? Hat Abitur, ist Akademiker! Herr Doktor!!!

Für »verschlossene« Pädagogen, jene, die sich nicht gern in die Karten schauen lassen, können Eltern wie »gefährliche Eindringlinge« wirken. Eindringlinge, die die unheimliche Aura der freien Außenwelt, der Welt der Erwachsenen, der Mobilität, der rasanten Informations- und Wissensgesellschaft umgibt. Und: Sie sind mündig. Das ist hochgefährlich. Hochgefährlich für den, der seine Enklave abschotten möchte, hochgefährlich für den einäugigen König unter den Blinden.

In der Regel kommen Lehrer nicht zu ihren Schülern nach Hause. Somit können sie über das Territorium »Elternhaus« nur spekulieren. In gewachsenen Lehrerkollegien haben sich mitunter schließlich auch spekulative Parameter etabliert, nach denen die Elternhäuser der Schüler bewertet und eingestuft werden. Wie Insider berichten, wird bei der Namensgebung für diese Kategorien dabei ganz gern tief in die verbale Schmuddelkiste gegriffen. Die Mutter, die morgens mit ihrem neuen Freund in die Schule kommt, heißt dann »Schlampe«, kooperationsfreudige Eltern werden als »nervig« eingeordnet, kritische Väter tragen das Etikett »Wichtigtuer«, kritische Mütter das Etikett »hysterische Glucke«.

»Ein Mitglied unserer Elterninitiative hatte die Idee, mit einer Flugblattaktion vor der Schule, in der unsere Kinder misshandelt worden waren, seinen Informationsbeitrag zum Thema ›Gewaltfreie Erziehung‹ zu leisten. Ordnungsamt, Polizei, Schulträger – alle wurden brav informiert, genehmigten die Aktion, und so nahm die Veranstaltung ihren Lauf.

190

Ich begleitete die Aktion mit der Kamera und wurde Zeuge eines Vorfalls, der die Arbeitsweise dieser Schule hervorragend dokumentierte. An allen Ausgängen, an der Ampel und an der Bushaltestelle standen Eltern und besorgte Bürger der Stadt mit ihren Flugblättern. Jedem Passanten und jedem Schüler wurden sie freundlich angeboten, selbstverständlich auch den Lehrern, die zum Beispiel als Busaufsicht anwesend waren. Leider machte keine einzige Lehrkraft von unserem Angebot Gebrauch, man lehnte die entgegengestreckten Blätter kopfschüttelnd ab.

Nach einer Weile fiel mir ein junges Pärchen auf, das aus dem Haupttor geschlendert kam und eindeutig zu jung war, um bereits Kinder an dieser Schule zu haben. Sie bekamen ein Flugblatt, nahmen es und gingen weiter zum Hintereingang der Schule, wo bereits eine Lehrerin auf sie wartete und das so ›erbeutete‹ Exemplar in Empfang nahm.

Der junge Mann grinste mich hämisch an: ›Tja, Pech gehabt! Ich kann mit meinem Flugblatt machen, was ich will.‹ Ich verstand nicht, warum er so reagierte, und bot ihm an, dass er gern noch mehr Flugblätter bekommen könne, damit jede Lehrerin eines hätte und Kopierkosten gespart würden. Ich überquerte sogar demonstrativ die Straße, ging zur Wohnung einer Lehrerin und steckte ein paar Kopien in ihren Briefkasten. Warum diese Umwege? Warum diese Verschlagenheit? Warum die Hintertür, wenn wir doch überall gesprächsbereit mit Flugblättern stehen? (…)

Wenn ich an diesen Vorfall zurückdenke, beschleicht mich immer noch ein beklemmendes Gefühl, und viele unangenehme Adjektive fallen mir ein: hinterlistig, verschlossen, unaufrichtig. Der Gedanke, dass das Verhalten, der Charakter der Erzieher und Lehrer direkten Einfluss auf die ihnen anvertrauten Kinder haben, liegt nahe und weckt Fluchtgedanken.« (Regina)

Wie ängstlich manche Pädagogen ihr eigenes kleines Königreich verteidigen, bekommt deutlich zu spüren, wer einmal im Unterricht seines Kindes hospitieren möchte. Besonders dann, wenn der Anlass ein Konflikt ist.

Eine Mutter, die bei der Schulleitung um einen solchen Termin gebeten hatte, bekam von der Lehrerin zur Antwort, dass ein klärendes Gespräch über die Vorwürfe der Mutter an die Lehrerin nötig sei, bevor die Mutter bei ihr hospitieren könne. Die Mutter hatte lediglich Kritik an der Arbeit der Pädagogin geübt …

In den meisten Bundesländern haben Eltern das Recht, zu hospitieren. Doch nicht immer wird es ihnen leicht gemacht, dieses Recht auch wahrzunehmen.

»Ich habe eine Hospitation beantragt und wurde schriftlich an das Schulamt verwiesen. Ich sollte dort meine Gründe mit dem zuständigen Schulrat besprechen. Einer anderen Mutter wurde mitgeteilt, sie solle die Hospitation drei Wochen vorher schriftlich beantragen, einem Vater und Elternsprecher erging es nicht besser. Eine weitere Mutter berichtete sogar, dass die Lehrerin sie auf dem Handy anrief und fragte: ›Muss das denn wirklich sein? Können wir das nicht unter uns klären?‹

Transparenz schafft Vertrauen, Verschlossenheit erzeugt Misstrauen, und man ist gut beraten, diesem Gefühl nachzugehen. Wer seine Arbeit gut macht, kann sie jederzeit stolz präsentieren, muss die Öffentlichkeit nicht scheuen. Wer hinter fest verschlossenen Türen sein pädagogisches Süppchen kocht, wird seine Gründe dafür haben. In der Gastronomie ist dieser Faktor längst bekannt, und viele Restaurants erlauben einen ungenierten Blick in die Küche, mancher Koch arbeitet gar im ›Schaufenster‹, direkt vor den Augen seiner Kundschaft.

Wer drei Wochen braucht, um eine präsentable Unterrichtsstunde vorzubereiten, und diese dann drehbuchartig abspult, baut mit Sicherheit kein Vertrauen in der Elternschaft auf.

Die Institution ›Schule‹ kann ohne die Zusammenarbeit aller Verantwortlichen nicht optimal funktionieren. Misstrauen und Zweifel sind der Sand im Getriebe der Kommunikation und führen letztendlich zur Frontenbildung – zum Nachteil der Schüler.« (Susanne)

»Mit einigem Vorlauf bekam ich schließlich beim dritten Anlauf einen Hospitationstermin im Englischunterricht der dritten Klasse. Die Lehrerin war sichtlich irritiert und gehemmt. Noch vor der Stunde fragte sie mich ganz unsicher, warum ich denn hospitieren wollte. Sie schien das ungewöhnlich zu finden oder etwas Schlimmes zu vermuten.

Sie hielt eine regelrechte Musterstunde. Mir war das richtig peinlich. Ich hatte das Gefühl, ihr irgendwie Umstände gemacht zu haben. Sie hatte allerlei Sachen von zu Hause mitgebracht, machte Spiele, einen Stuhlkreis, ließ die Kinder basteln, lachen, singen, schreiben, sprechen, und das alles in 45 Minuten. Schon vom Zusehen wurde mir schwindelig. Eine solche Schulstunde konnte unmöglich Standard sein.

Ich war für sie offensichtlich ein großer Stressfaktor, obwohl sie sich ausgesprochen nett verhielt. Es war so, wie es manchmal ist, wenn man jemand nur schnell besuchen will, und dann kocht der Gastgeber ein Fünf-Gänge-Menü. Man schämt sich irgendwie.

Die Kinder fragten mich anschließend, ob ich wiederkäme – als ich da war, sei es so schön gewesen. Viel schöner als sonst. Ich hatte still und passiv ganz hinten in der Ecke gesessen.« (Antonia)

»Jetzt, in der neuen Schule, der Privatschule, ist das ganz anders. Da konnte mein Mann sogar spontan in einer Mathematikstunde hospitieren, ohne langfristige Voranmeldung usw. Das war gar kein Problem.« (Caroline)

Woher die Macht der Lehrer kommt

Ganz offensichtlich haben Pädagogen die Macht, das Aufdecken unliebsamer Tatsachen zu unterbinden und die Verbreitung von Informationen zu verhindern. Dazu bedarf es sendungsbewusster Vertreter mit Einfluss an den richtigen Stellen zur richtigen Zeit, einer Lobby.

> »Der deutsche Bundestag ist mal voller und mal leerer, aber immer voller Lehrer.«
> Otto Graf Lambsdorff, Bundeswirtschaftsminister a. D. und ehemaliger FDP-Parteivorsitzender[5]

Im Zusammenhang mit konkreten Konflikten um Lehrergewalt berichteten betroffene Eltern häufig von Schuldzuweisungen und sozialer Ächtung seitens der gesamten Lehrerschaft. Nicht selten waren auch »fallfremde« Lehrerinnen und Lehrer am »Mobbing« von Beschwerdeführern beteiligt.

> »Vollkommen unbeteiligte Lehrer, die wir gar nicht persönlich kannten, diskutierten den Fall unseres vom Lehrer misshandelten Kindes, trugen ihn aus der Schule heraus in ihre Clübchen und Vereine. Überall begegneten wir fortan aggressiver Lobbyarbeit für den gewalttätigen Lehrer, auch in einem Verein, die sich unter anderem auf die Fahne geschrieben hat, Kinder vor Gewalt zu schützen. Dort wurden wir auf geradezu unanständige Weise hinausgeekelt und abgewiesen. Im Vorstand saßen Lehrerinnen aus dem Kollegium des Täters. Sie verweigerten jedes Gespräch zum Thema und hatten sich ein festes Urteil darüber gebildet, dass der Leh-

rer unschuldig sei – ohne uns zu hören und ohne die strafrechtlichen Ermittlungsergebnisse abzuwarten.« (Irmgard)

Die Unkündbarkeit und gute finanzielle Absicherung bei gleichzeitig weitgehender Handlungsfreiheit (»pädagogische Freiheit«) bieten Lehrern weitaus eher als anderen Berufsgruppen die Voraussetzung, sich intensiv nebenberuflichen Beschäftigungen zu widmen.

So ist es nicht erstaunlich, dass die Berufsgruppe »Lehrer« überdurchschnittlich häufig in politischen Ämtern und als Funktionsträger in Verbänden und Vereinen anzutreffen ist. Persönlichkeiten mit Machtinstinkt und starkem Sendungsbewusstsein fühlen sich vermutlich offenbar gleichermaßen von den Wirkungsfeldern »Schule« und »Politik« angezogen.

Sogar Lehrer, die wegen sexueller Straftaten angezeigt wurden und politische Ämter innehaben, müssen nicht in jedem Fall öffentlichen Druck befürchten. Besonders delikate Verfehlungen werden mitunter während der Ermittlungen gut unter Verschluss gehalten, natürlich »zum Schutze der Opfer«.

Auf der anderen Seite gelingt es der Lehrerschaft durchaus, Anliegen, die ihr wichtig sind, an die Öffentlichkeit zu bringen. Während Schüler- oder Elternvertretungen nur selten wirklich von sich reden machen, genießen die Äußerungen von Lehrervertretungen große Aufmerksamkeit und mediale Präsenz.

Lehrer können im ländlichen Bereich unserer Republik unter Umständen auch einen Großteil der Abonnenten der lokalen Tagespresse darstellen. Ein Grund möglicherweise, weshalb sich viele Redaktionen scheuen, Artikel zu veröffentlichen, die eine negative Tendenz gegenüber Lehrern aufweisen.

So manche Eltern hatten enorme Schwierigkeiten damit, in Fällen von Übergriffen von Lehrern gegen Schüler Hilfe von den Lokalmedien zu bekommen. Undurchschaubar scheinen da oft die Befindlichkeiten, undurchschaubar die Abhängigkeiten.

Nicht selten sind Lehrer eines Dorfes oder einer kleinen Stadt nebenberuflich als freie Mitarbeiter bei den lokalen Medien aktiv. Da gibt es zum Beispiel den rasenden Reporter mit der Digitalkamera, der an Wochenenden für den Sportteil der Tageszeitung junge Athleten mit dem Teleobjektiv einfängt und im Hauptberuf während der Woche als Lehrer tätig ist, oder den Pädagogen, der nebenbei für das Anzeigenblättchen schreibt und fotografiert. Würden diese Mitarbeiter lehrerkritische Veröffentlichungen unterstützen? Würden sie aktiv zur Enthüllung von Lehrergewalt beitragen? Und wen innerhalb der Mitarbeiterschaft würden Redakteure wohl zu Rate ziehen, wenn ein »Schulthema« besprochen werden muss?

Zudem zeigt die Erfahrung, dass Lehrergewalt aus Prestigegründen nicht an die Öffentlichkeit dringen darf. Stabsstellen in Kultusbehörden sind oft politische Ämter, und ihre Inhaber können jederzeit ohne Angabe von Gründen von ihren Ministerpräsidenten des Amtes enthoben werden. So hat wohl kein Ministerialbeamter gern prügelnde Lehrer unter seinen Schäfchen, die für unliebsame Aufmerksamkeit sorgen. Lieber tut man vorher alles, um so einen Verdacht gar nicht erst aufkommen zu lassen.

Werden Fälle von »Gewalt in der Schule« publik, so kann man davon ausgehen, dass es sich in der Regel um Beispiele der Gewalt von Schülern gegen Lehrer oder ihre Mitschüler handelt.

Doch es gibt auch die Gewalt von Lehrern gegen Schüler. Viel zu oft legte sie sogar das Fundament, auf dem die Schülergewalt dann gedeiht.

»Während des Konflikts mit der brutalen Rektorin hatte ich Angst. Existenzangst. Finanzielle Angst. Ich wusste, wenn ich jetzt in einen teuren Prozess hineinginge, den ich mir nicht leisten konnte, dann hätte ich wieder keine guten Voraussetzungen für die Versorgung meiner Kinder. Ich habe ja zwei Kinder. Ich muss ja auch meinem anderen Sohn etwas bieten: den Führerschein für die Lehre, eventuell auch finanzielle Unterstützung während der Lehre. Ich würde ihm auch Kraft geben müssen und seelische Unterstützung. Man sollte ja als Mutter für alle Kinder gleichermaßen da sein. (...) Der Konflikt hat unser Familienleben auf jeden Fall sehr stark beeinträchtigt. Auf jeden Fall. (...) Und der Kleine, der schwankte mit seinen Gemütsstimmungen in dieser Zeit. Und wenn er so ein bisschen aus der Trauer raus war, aufgefangen war, wenn er sich auch einmal ausgeheult hatte, weil es ihm schlecht gegangen war und er unglücklich war, dann konnte es sein, dass sein großer Bruder Probleme hatte. Mein großer Sohn ist ja eben schon sieben Jahre älter und eben schon Schüler der achten Klasse. (...) Dann fragte er verzweifelt: ›Warum konnte ich ihn nicht beschützen?‹ (...)
Ich muss ganz ehrlich sagen: Die Vorfälle an der Grundschule meines Jüngsten haben auch Kreise gezogen. Das ging durch die Gesamtschule und das ging durch die Realschule. Wir haben das mitbekommen, weil mein Großer genug Freunde hat und die auch darüber gesprochen haben. ›Weißt du noch, weißt du noch‹, berichteten diese Jugendlichen all

ihre eigenen alten Geschichten aus dieser Grundschule. Und ich habe auch gemerkt, dass da Hass
aufkam. Und plötzlich bot mir ein Schüler aus der
Klasse meines Sohnes an, einmal vorbeizuschauen
bei der Grundschule, zusammen mit einer Truppe,
und da mal ›aufzuräumen‹. Da bin ich erschrocken.«
(Nadine)

»Als ich kürzlich wieder einmal das Thema ›Lehrergewalt‹ mit einer anderen Mutter diskutierte, fragte
ich erschöpft und entnervt: ›Wird das jemals aufhören? Wann werden wir uns nicht mehr fragen
müssen, wie wir unsere Kinder schützen können.‹
›In sechs Jahren.‹ Sagte mein ältester Sohn, der gerade ins Zimmer gekommen war. In sechs Jahren ist
auch mein jüngster Bruder 13, und in diesem Alter
werden Schüler nicht mehr geschlagen – weil sie
dann nämlich zurückschlagen.« (Isabelle)

»Die Grundschule, in der die Kinder misshandelt
wurden, sieht aus wie eine Kaserne, daran können
auch die Bildchen, die man zur Straßenseite hin an-
bringt, nicht viel ändern. In den letzten Jahren kommen immer häufiger andere ›Bilder‹ hinzu: Schmie-
rereien und Graffiti. Das Entfernen ist mühsam
und kostet viel Geld, kommunales Geld, das man
auch anders ausgeben könnte. Beleuchtung, Poli-
zeistreifen etc. haben nicht viel gebracht. Im Gegenteil. Man hat den Eindruck, es wird immer
schlimmer. In der Zeitung bittet man bereits die
Bevölkerung um Mithilfe. Vandalismus und Schmie-
rereien – und immer das gleiche Ziel, immer die
Grundschule. Die Stadtverwaltung bestätigt: ›Kein
anderes Gebäude unserer Stadt wird so oft be-

schmiert wie diese Schule.‹ Und immer wieder das Wort ›Fuck …‹

Mir wird angst und bange, wenn ich diese hässliche, geballte Ladung Frust betrachte. Ich möchte nicht auf der Empfängerseite stehen, denn mir würden sich viele Fragen aufdrängen: Wann kippt dieses Verhaltensmuster? Wann wird es den Absendern dieser Botschaften nicht mehr reichen, sich an einem Gebäude zu vergreifen? Als außen stehender Betrachter bewegen mich andere Fragen: Wer tut so etwas? Warum diese Schule? Sind es ehemalige Schüler, und wenn ja – was haben sie hier erlebt, wenn immer noch ein solcher Zorn in ihnen brodelt? Auf mich wirken die Sudeleien wie Hilferufe, denn trotz verschärfter Sicherheitsmaßnahmen nimmt der Spuk kein Ende. Vielleicht reicht es nicht, die Wände zu reinigen – vielleicht wären ganz andere Maßnahmen nötig. Was würde ich darum geben, einmal mit den Sprayern sprechen zu können. (…)

Ich bat die Klassenlehrerin meines Sohnes um ihre Telefonnummer, die sie mir nur sehr sehr widerwillig gab. ›Bitte geben Sie sie auf gar keinen Fall weiter‹, schärfte sie mir im Laufe des Gesprächs mindestens noch dreimal ein und erklärte: ›Ich habe schon große Probleme gehabt und Drohungen am Telefon erhalten. Seitdem habe ich eine Geheimnummer.‹ Das machte mich neugierig. Ich habe mir dann ein Telefonbuch geschnappt und nach den anderen Lehrerinnen dieser Schule gesucht. Das Ergebnis war vorhersehbar: Keine war verzeichnet. (…)

Um Missverständnissen vorzubeugen, sage ich vorab, dass ich von einer Grundschule in einer kleinen

Gemeinde spreche und nicht von Berlin-Neukölln. An einem Januarnachmittag hatte ich den obligatorischen Termin mit der Klassenleiterin, um die Zensuren des Halbjahres zu besprechen. Ich ging auf das Eingangstor zu, grüßte ein paar Teenies, die auf den Treppenstufen saßen, und stand vor einer verschlossenen Tür. ›Versuchen Sie es doch mal am Hintereingang‹, empfahlen mir die Kids, ich bedankte mich und lief um das Gebäude herum. Auch diese Tür war verschlossen. Ich hatte aber doch die Lehrerin schon am Fenster des Klassenraums gesehen. Seltsam ... Ich wollte gerade wieder nach vorne gehen, da öffnete sich die Hintertür einen Spaltbreit, und die Lehrerin schaute vorsichtig hinaus. ›Kommen Sie schnell herein. Ich muss wieder abschließen. Da draußen sind doch die Jugendlichen.‹ Damals konnte ich die Maßnahme und die Angst der Lehrer vor ihren Schülern nicht verstehen, zumal es sich um eine Grundschule handelte. Die Kids, mit denen ich eben noch freundlich geplaudert hatte, waren etwa 12 bis 13 Jahre alt und wirkten auf mich nicht wie Hooligans.« (Regina)

Die Pädagogik ist eine Wissenschaft. Eine Wissenschaft mit Zukunftsorientierung. Eine lebendige Wissenschaft. Parallel zur gesellschaftlichen Entwicklung hat sie im Laufe der letzten Jahrzehnte Instrumente geschaffen, um erzieherische Fragen zu beantworten und Probleme professionell zu bearbeiten. Mit den 1980er-Jahre-Kenntnissen der perfekten Mülltrennung allein ist es längst nicht mehr getan, wenn man moderne Kinder und Jugendliche fit fürs Leben machen möchte.

Würde man einen Pkw Baujahr 2006 zur Wartung in eine Werkstatt bringen, die auf dem technischen Stand von 1980 ist? Oder gar von 1968? Sicher nicht. Was aber, wenn einem die Kfz-Werkstatt zwangsweise zugeteilt wird und dem Meister sein Geld auch dann zusteht, wenn er arbeitstechnisch nicht auf dem neuesten Stand ist? Ein Schrei der Entrüstung würde durch das Land fegen.

SELBST-TEST
»Was sollen die Lehrer denn machen?«
Stellen Sie sich diese Frage auch, wenn Sie über Probleme in anderen Berufsgruppen nachdenken? Rechtfertigen Sie konfliktbedingte Gewaltanwendung dort auch?

»Was sollen die Lehrer denn machen?«, lautet die wohl am häufigsten gestellte Frage Unbeteiligter im Zusammenhang mit Diskussionen rund um gewalttätige Übergriffe von Lehrern gegen Schüler.

Diese Frage als Reaktion der Geschädigten auf ein eklatantes Problem scheint eigentlich unverständlich. Warum reagieren geschädigte Leistungsnehmer mit stereotypen Verständnismantras angesichts unprofessionellen Verhaltens von Pädagogen? Warum glauben sie, wenn ihnen selbst keine Lösung einfällt, dann könnten sie auch von einem studierten Experten keine erwarten?

Die Lobby der Lehrer in Deutschland scheint immens mächtig. Und sie hat ganze Arbeit geleistet: Die meisten Menschen, so scheint es, haben folgende Botschaft verinnerlicht und reproduzieren sie sogar auf Nachfrage: Lehrer haben einen fürchterlich schweren Beruf. Ihre Aussetzer sind verständlich, menschlich legitim und verdienen unser Mitleid.

Die Kenner, die kompetenten Beurteiler von Lehrerqualität – sprich: die Eltern schulpflichtiger Kinder und die Schüler selbst –, sehen das möglicherweise anders. »Ein guter Lehrer ist eine Rarität«, heißt es da. Oder: »Ein guter Lehrer ist ein Glücksfall«, und: »Gute Lehrer sind kein Standard, den man erwarten kann.«

Feindbild: engagierte Eltern

Der Lobby der Pädagogen und ihrer Unterstützer stehen die Eltern gegenüber, die – häufig ganz auf sich gestellt – versuchen, ihre Interessen im System Schule durchzusetzen.

»Als ich zum ersten Mal Austausch mit anderen Eltern hatte, deren Kinder ebenfalls Opfer von Lehrergewalt geworden waren, fühlte ich buchstäblich Erleichterung. Ich bemerkte, wie mir während des Gesprächs das Herz immer leichter wurde. Es ist ja nicht nur die Sorge um das Kind, die man während eines solchen Konflikts mit sich herumschleppt. Es sind so viele Faktoren, die im wahrsten Sinne des Wortes belastend wirken.

Als besonders schlimm empfand ich die Isolation, dass man mit einem das ganze Lebensglück betreffenden Problem hilflos und schutzlos dasteht.

Ich war beruflich immer selbständig gewesen und hatte mich viele Jahre erfolgreich in einem Business durchgesetzt, in dem mit ganz harten Bandagen gefochten wird. Ein Business, in dem es, wie man sagt, ›tough‹ zugeht und einem nichts geschenkt wird. Ich war immer stolz darauf gewesen, in all den Jahren niemals eine juristische Auseinandersetzung im Job gehabt zu haben; weder mit meinen Kunden noch mit Zulieferern oder dem Mitbewerb. Ich war immer stolz auf mein Verhandlungsgeschick und meine Konfliktfähigkeit.

Im Konfliktfall mit der Schule aber musste ich lernen, sehr, sehr schmerzvoll und auf bittere Weise lernen, wie es in einem System zugeht, in dem es keine wirklich allgemeingültigen, verlässlichen Regeln gibt, in dem das mir ansonsten vertraute Regelwerk nicht greift. Ich war zum ersten Mal in meinem erwachsenen Leben konfrontiert mit irrationalem Despotismus. Mir wurde bewusst, wie privilegiert ich bisher gelebt hatte, wie zivilisiert, bis zu den Erfahrungen mit der Schule. Ich habe zum ersten Mal eine Idee davon bekommen, wie sich das Leben unter einer Willkürherrschaft anfühlt. Es ist ein unwürdiger Zustand, wenn man bedenkt, dass unsere Kinder viele Stunden des Tages in einer solchen Atmosphäre verbringen müssen.

Die Mentalität Erwachsener, die mir im staatlichen Bildungsgeschäft begegneten, hat mich hochgradig und nachhaltig befremdet. Sie passt so gar nicht in unsere Zeit. Die Vorstellung, dass wir als Nation unsere Zukunft in die Obhut eines so stark degenerierten Systems geben, macht mir Angst, ganz abgesehen davon, dass ich meine eigenen Kinder liebe und sie unbeschadet und glücklich sehen möchte.

Der Kontakt zu anderen Betroffenen hat mir enorm geholfen. Uns allen, glaube ich. Wir begriffen plötzlich, dass das Unglaubliche nicht einzigartig war. Wir verstanden, dass es noch mehr Opfer gab, dass da Strukturen waren, Parallelen. Der Moment, in dem man das System erkennt, ist ungeheuer befreiend. Da bekommt dieses fremde Universum plötzlich Koordinaten, der freie Fall hört auf.« (Elisabeth)

Isolation von Beschwerdeführern ist eine gängige, vielfach beobachtete Taktik in der Welt der Schule. Fälle, in denen die Beschwerdeführer allein dastehen, sind leichter zu »bearbeiten«. Isolierte Individuen sind leichter unter Druck zu setzen, zu manipulieren, mundtot zu machen. Wenn man beobachtet, wie rigoros und mit welch brachialen Methoden bisweilen Eltern bekämpft werden, die gegen Übergriffe von Lehrkräften Widerstand leisten, stellt sich die Frage, woher die Motivation dazu kommt.

Spielen Ängste eine Rolle? Wer fürchtet was? Oder wen? Fürchtet sich das System vor aufmerksamen Eltern? Welche Bedrohung mag von engagierten, wachen Eltern ausgehen? Welche Bedrohung von Eltern, die sich gegenseitig unterstützen?

Die alte Geschichte von den Reiskörnern auf dem Schachbrett kann uns helfen zu verstehen. Legt man auf ein Feld eines Schachbretts ein Korn Reis und auf das zweite zwei Körner, auf das dritte vier, auf das fünfte acht und so fort, legt man also auf jedes weitere Feld jeweils die doppelte Summe an Körnern des vorherigen, so kommt man sehr schnell in Verlegenheit, was den Nachschub an Reis und ebenso was den Platz auf dem Schachbrett angeht. Bereits auf dem zwanzigsten Feld müsste man 524288 Reiskörner unterbringen.

Wenn nun ein Elternteil zwei andere Eltern erreichte, die ihrerseits wiederum mit je zwei weiteren sprächen … Die Dynamik der Verbreitung eines Gedankens, einer Meinung oder auch von Einsatzbereitschaft kann ansteckend wirken. Und sie kann Lawinen in Bewegung setzen. Möglicherweise sogar Lawinen, die eine bisher unveränderbar erscheinende Situation einfach hinwegfegen.

Innerhalb der Medizin gibt es eine Wissenschaft, die sich besonders mit der Verbreitung und Entstehung von Phänomenen beschäftigt, die die Gesundheit einer Bevölkerungsgruppe oder der Bevölkerung im Allgemeinen betreffen: die Epidemiologie. Ursprünglich dienten die

Erkenntnisse der Epidemiologie dazu, ansteckende Krankheiten unter Kontrolle zu bringen.

Mittlerweile finden ihre Erkenntnisse längst auch Verwendung in Feldern und Disziplinen weit jenseits der Medizin. Das Wissen darüber, wie Ausbreitung in einer Population funktioniert, ist nicht nur Medizinern nützlich. Dem Sozialwissenschaftler erklären die Prinzipien der Epidemiologie die Entstehung von Moden, Gerüchten, Strömungen und Revolutionen. Auch die Entstehung von Widerstand.

Eine Kultur des Widerstands ist in unserer modernen Gesellschaft hauptsächlich beim Konsumverhalten zu finden. In einer Überflusswelt, in der man nur zugreifen und nicht mehr jagen muss, spielt der Widerstand in der Konsumentscheidung eine große Rolle.

Im modernen Beschwerdemanagement der Dienstleistungs- und Konsumgüterwelt wird nicht wenig Aufwand getrieben, um etwa unzufriedene Kunden schnellstmöglich ausfindig und wieder glücklich zu machen. Die Macht des Kunden, der sich mit anderen austauscht, wird gefürchtet. Nicht selten ist beispielsweise ein unzufriedener Telefonkunde dafür verantwortlich, dass gleich drei, vier, fünf weitere Familien aus seinem Bekanntenkreis seinem Rat folgen und den Anbieter wechseln. Wer seinen Kundenstamm erhalten will, muss hart arbeiten.

Auch in der Welt »Schule« gelten epidemiologische Prinzipien. Die »Population« Schülerschaft zum Beispiel wird nicht nur regelmäßig von Erkältungsviren oder Masernerregern heimgesucht. Auch Moden und Spleens breiten sich schnell und epidemieartig aus: coole Sonnenbrillen, Markenklamotten, ganz bestimmte Schlüsselanhänger, ganz bestimmte Drogen.

Und wie verhält es sich mit der Unzufriedenheit? Findet sie auch Verbreitung unter Schülerinnen und Schülern? Oder unter Eltern?

Funktionäre, Entscheider und Führungskräfte im deutschen Kultusbusiness leben damit, in einem System zu arbeiten, das eine Monopolstellung innehat und auf einem sicheren Stamm von »Zwangskunden« aufbaut, wobei die Zahlen der Neukunden zuverlässig sechs Jahre im Voraus kalkulierbar sind. Ein solches in der heutigen Zeit vielleicht ein wenig ungewöhnliches System hat Vor- und Nachteile.

Ein Vorteil: Die »Kunden« können nicht weg. Ein Nachteil: Unfreiwillige Kunden sind nicht unbedingt glückliche Kunden. Wer als Profi in einem solchen System arbeiten und sein Geld verdienen möchte, muss sich mit diesen Fakten abfinden, sonst brennt er aus. Er muss damit leben, dass seine Kunden möglicherweise das System, seine Leistung und seine Position nicht mögen. Schafft er es, sich zumindest mental darüber hinwegzusetzen, hat er vermutlich bessere Aussichten, im System Schule Karriere zu machen. Er hat dann bessere Chancen als Schulleiter, Schulrat, Mitarbeiter des Kultusministeriums usw., wenn er »professionelle Distanz« zur Materie und auch zu den »Kunden« aufbaut. Je abstrakter »Schüler« und »Eltern« sind, umso leichter lebt es sich im Amt.

Grundsätzlich ist unser Schulsystem ein System unter Druck, vergleichbar etwa mit einem Dampfkessel. Den Kessel bilden die, die es bestimmen und lenken. Lehrer, Schulleitungen, Schulbehörden, die Kultuspolitik. Sie haben sich alle freiwillig in ihre Positionen begeben. Es steht ihnen frei abzuspringen. Im Innern des Kessels eingeschlossen befinden sich all jene, die dem System mit Druck unterworfen sind: durch die Schulpflicht (als

Schüler oder als Angehörige von Schülern). Versuchen sie zu entkommen, stoßen sie sich an der Kesselwand.

Wie gewaltig die Dampfentwicklung in diesem Kessel sein kann, ist vermutlich den wenigsten Menschen klar, die es noch nicht lang mit dem deutschen Schulsystem zu tun haben. Den Profis aber, die seit Jahren oder gar Jahrzehnten Kraft aufbringen, um diesem Druck entgegenzuwirken, tragen die tiefe Angst vor einer möglichen Eruption in sich.

Sie wissen wahrscheinlich jedes Rumoren zu deuten, sie wissen, wie sich Bewegung im Kesselinnern von außen anfühlt, und sie wissen, wie wichtig es ist, kleine Risse und Löcher sofort zu stopfen, wenn man möchte, dass alles bleibt, wie es ist.

Unter Pädagogen, besonders auf der Führungsebene, sind ein paar »Daumenregeln« nicht ganz unbekannt. Epidemiologisch gesehen, bedarf es dreier Eltern in einer Klasse, die an einem Strang ziehen, um innerhalb der Klasse maßgeblich etwas bewegen zu können. Wohl dem Pädagogen, der eine solche Gruppe zu kontrollieren weiß!

Innerhalb einer Schule bedarf es des gemeinsamen zielorientierten Handelns von mindestens fünf Eltern. Bereits der Zusammenschluss einer Handvoll Leute kann also schon Enormes bewirken, möglicherweise gar eine Wende oder einen Umsturz initiieren. Schulprofis wissen das, Schuleltern meistens nicht.

Beliebte und bekannte Eltern, oftmals sind dies im ländlichen Bereich jene, die z. B. durch Vereinsarbeit gut vernetzt und anerkannt sind, könnten demzufolge richtig gefährlich werden.

Isolierte Eltern dagegen, Sprachunkundige, Alleinerziehende, neu Zugezogene, Finanzschwache usw. stellen dagegen für eine um Machterhalt bemühte Schulleitung das geringste Problem da. Im Konfliktfall sind diese Eltern am schnellsten zu isolieren und unter Druck zu setzen. Wer keine Fürsprache durch andere hat, kann auch leicht durch diskreditierende Behauptungen aus dem Feld geräumt werden.

»Wir Eltern werden darauf reduziert, Kuchen zu backen, beim Schulfest Bänke aufzubauen und Bastelmaterial zu organisieren. Ansonsten sollen wir den Mund halten. ›Kommen Sie und reden Sie mit uns, regen Sie etwas an!‹ sind beliebte Floskeln auf Elternabenden aus Lehrermund. Aber sie sind leer. Man sollte es nicht wagen, sich wirklich einbringen und engagieren zu wollen. Das ist meine Erfahrung.

Bei unserer Schule hat nur noch das Schild gefehlt: ›Eltern müssen draußen bleiben.‹ Ich habe meine Tochter morgens immer bis in die Eingangshalle gebracht. Sie ging dann allein in den Klassensaal, und ich sah ihr noch hinterher. Es war eine komische Situation, und ich fühlte die Blicke der Lehrer. Ich habe meine Tochter eben nicht wie sonst üblich auf der Straße vor dem Schulgebäude verabschiedet. Ich ging eben mit in die Halle. Ich weiß, dass es theoretisch mein Recht wäre, auch in den Klassensaal zu gehen, aber die Blicke der Lehrer signalisierten eindeutig, dass sie das als Grenzverletzung deuten würden.« (Caroline)

»In diesem Jahr wurden die Kinder aus unserem Dorf in die benachbarte zweizügige Grundschule eingeschult. Da wir schon durch andere Eltern wussten, dass die Rektorin die Kinder aus unserem Ort üblicherweise in zwei Klassen aufteilt, obwohl die

Eltern gern möchten, dass die Kinder in eine Klasse eingeschult werden, hatten wir gut ein halbes Jahr vorher Kontakt mit der Rektorin aufgenommen.

Wir gründeten eine Elterninitiative und baten die Schulleitung schriftlich freundlich um einen Termin. Doch leider bekamen wir eine Absage. In, wie wir fanden, herablassendem Ton teilte uns die Rektorin mit, dass sie nicht mit uns reden wolle.« (Anja)

Die Rektorin wies die Bitte der Eltern in einem Schreiben ab; mit Befremden habe sie ihren Brief zur Kenntnis genommen. Ihre folgende Argumentation war keine pädagogische, sondern eine machtpolitische: »(...) weise ich Sie darauf hin, dass die Einteilung der Klassen ausschließlich meiner Entscheidung obliegt und ich Ihnen keine Rechenschaft ablegen muss.« Eine der betroffenen Mütter berichtet weiter:

»Daraufhin stellten wir eine zweite Anfrage und bekamen schließlich doch einen Termin angeboten, wenn auch widerwillig. Zu einer Einigung kam es in dem Gespräch nicht. Die Schulleiterin vertröstete uns auf einen Termin sieben Monate später, da an diesem Tag das letzte Kind aus unserem Dorf zur Einschulungsuntersuchung musste.

Außerdem teilte sie uns mit, dass das Wort ›Elterninitiative‹ sie schon ›auf die Palme gebracht‹ hätte.

Zu dem angekündigten Termin, sieben Monate später, erfuhren wir, dass die Kinder nicht in eine Klasse kommen würden. Pädagogische Gründe hierfür nannte uns die Rektorin nicht. Wir empfanden das als klaren Willkürakt, den sie tätigte, um ihre Machtstellung zu demonstrieren.« (Anja)

Bis zum bitteren Ende war den hilfesuchenden Eltern unklar geblieben, welche pädagogischen Vorzüge die Entscheidung der Rektorin für ihre oder andere Kinder der Schule in sich barg.

Eine Beschwerde beim zuständigen Schulrat brachte den Eltern schließlich keine Verbesserung ihrer Situation, denn die Entscheidung der Schulleiterin sei »grundsätzlich nicht anfechtbar«. Auch die angeforderte pädagogische Begründung für die Entscheidung blieb aus. Dafür fingen sich die rührigen Eltern aber eine Belehrung ein: »Erlauben Sie mir noch darauf hinzuweisen, dass ich Ihre Beschwerde im Hinblick auf eine gedeihliche Zusammenarbeit zwischen Elternhaus und der Schule in der Diktion für unangemessen halte.«

Die Eltern hatten sich in der Dienstaufsichtsbeschwerde darüber beklagt, dass das Auftreten der Rektorin ihnen gegenüber »arrogant und unverschämt« gewesen sei, ihr Führungsstil »autoritär und diktatorisch«. Ihre eigene Position hatten sie so beschrieben: »Als Eltern möchten wir wahrgenommen und respektiert werden, um die Zukunft gemeinsam mit der Schule zu gestalten. Von unseren Steuergeldern finanziert, können wir eine moderate Dienstleistung erwarten.«

Kein Konsens möglich?

Das Tabuthema Lehrergewalt ist »brenzlig«. Wenn überhaupt, wird es vielfach nur mit spitzen Fingern angefasst. »Erst einmal abkühlen lassen!«, scheint vielfach die Devise zu sein. Häufig machen sich die hilfesuchenden Eltern kaum eine Vorstellung davon, wie »heiß« ihr Anliegen ist. Nicht zuletzt gilt es in einigen Fällen wohl, Flammen zu ersticken, um das Hochkochen alter Fälle zu verhindern, Fälle, die zuvor schon erfolgreich »bearbeitet« worden sind.

Im Konflikt mit der Schule kommt es oft zu konfrontativen Situationen. Wie es das Wort sagt, wird dann eine »Front« spürbar. Viele Betroffene berichten von dem Gefühl, als Beschwerdeführer in die Rolle Schuldiger gedrängt worden zu sein. In seinem Buch *Konfliktmanagement. Ein Handbuch für Führungskräfte und Berater, Bern/Stuttgart 1990* beschreibt Friedrich Glasl neun Stufen der Konflikteskalation:

1. Verhärtung: Die Standpunkte verhärten sich und prallen aufeinander. Das Bewusstsein von Spannungen führt zu Verkrampfungen. Trotzdem besteht die Überzeugung, dass die Spannungen durch Gespräche lösbar sind. Noch keine starren Parteien oder Lager.

2. Debatte: Es findet eine Polarisation im Denken, Fühlen und Wollen statt. Es entsteht ein Schwarz-Weiß-Denken und eine Sichtweise von Überlegenheit und Unterlegenheit.

3. Aktionen: Die Überzeugung, dass »Reden nichts mehr hilft«, gewinnt an Bedeutung, und man verfolgt eine Strategie der vollendeten Tatsachen. Die Empathie mit dem »anderen« geht verloren, die Gefahr von Fehlinterpretationen wächst.

213

4. Images/Koalitionen: Die »Gerüchteküche« kocht, Stereotypen und Klischees werden aufgebaut. Die Parteien manövrieren sich gegenseitig in negative Rollen und bekämpfen sich. Es findet eine Werbung um Anhänger statt.

5. Gesichtsverlust: Es kommt zu öffentlichen und direkten Angriffen, die auf den Gesichtsverlust des Gegners abzielen.

6. Drohstrategien: Drohungen und Gegendrohungen nehmen zu. Durch das Aufstellen von Ultimaten wird die Konflikteskalation beschleunigt.

7. Begrenzte Vernichtungsschläge: Der Gegner wird nicht mehr als Mensch gesehen. Begrenzte Vernichtungsschläge werden als »passende« Antwort durchgeführt. Umkehrung der Werte: ein relativ kleiner eigener Schaden wird als Gewinn bewertet.

8. Zersplitterung: Die Zerstörung und Auflösung des feindlichen Systems wird als Ziel intensiv verfolgt.

9. Gemeinsam in den Abgrund: Es kommt zur totalen Konfrontation. Die Vernichtung des Gegners zum Preis der Selbstvernichtung wird in Kauf genommen.

Ein fester Bestandteil des Schulleiterrepertoires ist das sogenannte »Dreiergespräch«, bei dem sich Schulleitung, Eltern und Lehrer an einen Tisch setzen sollen, um gemeinsam ein Problem zu lösen.

Das Dreiergespräch wird zumeist relativ am Anfang eines Konflikts angesetzt und kann als erster offizieller Schritt gewertet werden, betrachtet man das Verhältnis Lehrer–Eltern als ein grundsätzlich vertrauensvoll-intimes.

Das Dreiergespräch ist für die Schulleitung eine Routinemaßnahme, für die Schulleiter ausgebildet werden. Ein Konflikt zwischen Lehrkraft und Elternteil stellt für einen Schulleiter rein technisch gesehen eine kleine Irritation im täglichen Schulablauf dar. Diese gilt es schnellstmöglich zu beseitigen. Das Ziel scheint hierbei nicht vordringlich zu sein, Gerechtigkeit oder Recht herzustellen, sondern vor allem, den Apparat Schule funktionsfähig zu erhalten. Im Schul-Amtsdeutsch wird dieses Streben nach Machterhalt gern als »Wahrung des Schulfriedens« verbrämt. Dabei gilt: Mit einer Lehrkraft, besonders mit einer verbeamteten, muss ein Schulleiter in der Regel viele Jahre auskommen. Mit Beschwerde führenden Eltern dagegen meist nicht. Im Zweifelsfall sind Letztere auch wesentlich leichter loszuwerden. Ein bisschen Druck aufs Kind genügt, und schon suchen auf ihr Recht bestehende elterliche Störenfriede das Weite. Oft mitsamt ihrer Brut.

Für Lehrkräfte signalisiert das angesetzte Dreiergespräch bereits einen ernsten Konflikt. Wird es angesetzt, ist das Verhältnis zwischen Eltern und Lehrer nicht mehr optimal. Dieser Umstand kann von der Lehrkraft bewusst oder unbewusst als Affront gegen seine Person oder auch als persönliches Versagen gewertet werden. In beiden Fällen kann es sein, dass sie einfach »dichtmacht« und keine Bereitschaft mehr zeigt, nach einer Lösung zu suchen.

Für die Eltern dagegen birgt die Aussicht auf das Dreiergespräch nicht selten große Hoffnungen in sich. Sie erwarten sich davon unter Umständen Verbesserungen der Situation ihres Kindes und oftmals auch Gerechtigkeit nach einem als unrecht oder ungerecht empfundenen Erlebnis. Die Eltern sind in diesem klassischen Aufbau im Grunde das schwächste Element, ihre Erwartungen werden am ehesten enttäuscht werden.

»Im Endeffekt endete es mit einem Sechs-Augen-Gespäch. Anwesend waren der Schulrat, die Lehrerin und meine Wenigkeit. Das Gespräch fand in der Schule statt. Vom Schulrat wurde mir eindeutig klargemacht, dass ich mir überlegen soll, inwieweit ich die ganze Sache verfolgen möchte. Mein Sohn stand davor, die Schule zu wechseln. Man machte mir klar, dass er eine vernünftige Beurteilung bräuchte und dass ich noch ein zweites Kind in dieser Schule hätte.« (Jutta)

»In meinen Fall entpuppte sich das angekündigte Dreiergespräch als ein Fünfergespräch. Naiv und vertrauensvoll war ich ins Rektorat zum Termin gekommen, um die Lehrerin meines Sohnes um mehr Verständnis und Geduld zu bitten. Der Rektor hatte dabei sein wollen. Als ich hereinkam, saßen da plötzlich der Schulleiter, die Konrektorin, die Klassenlehrerin und ihre Vertretung.
Die Situation hatte etwas von einer Gerichtsverhandlung, bei der ich die Angeklagte zu sein schien. Im Laufe des Gesprächs wurde deutlich, wohin der Hase lief: Während mir fortwährend Vorschriften gemacht wurden und man versuchte, anhand abenteuerlicher Spekulationen über unser Privatleben aufzuzeigen, was bei uns zu Hause möglicherweise alles falsch läuft, bekam die Klassenlehrerin, die nicht nur Gesetze gebrochen, sondern auch pädagogisch haarsträubend gehandelt hatte, kein Wort der Kritik von ihren Vorgesetzten zu hören.
Mein Ziel, mit der Klassenlehrerin meines Kleinen einen Konsens herzustellen und sie zu erweichen, von ihrem harten Kurs abzulassen, rückte mit diesem Gespräch in unerreichbare Ferne. (…)
Als ich darauf zu sprechen kam, wie sehr mein Junge unter den repressiven und rigiden Methoden sei-

ner Lehrerin litt, dass er Angst hatte und nachts weinte, statt zu schlafen, unterbrach mich der Rektor mit den Worten: ›Tränen gehören dazu!‹, und begann einen Monolog darüber, (...) dass Tränen und Frustration einfach dazugehörten und wie wertvoll diese Erfahrungen heutzutage seien, wo Kinder doch so verwöhnt würden. Besonders sei ihm da der Vater eines kleinen Mädchens in Erinnerung geblieben, der ihn morgens auf den Treppen der Schule zur Rede gestellt habe, weil seine kleine Tochter so viel Angst vor ihm und seinem Unterricht gehabt hätte und immerzu weinte.

›Dieser Mann redet sich um Kopf und Kragen!‹, dachte ich. Innerhalb weniger Sätze trat er alle wichtigen Grundsätze moderner Pädagogik mit Füßen. Es schien, als steigere er sich in einem Akt wütender Selbstbehauptung in immer verwegenere Theorien hinein. Er fiel regelrecht aus der Rolle. Ich war entsetzt. Die vier Pädagoginnen blickten währenddessen mit kalten, leeren Minen, vollkommen ungerührt. (...) Ich spürte, dass die Kluft zwischen ihnen und mir umso größer wurde, je verrückter ihr Chef argumentierte. Ich wurde gerade Zeugin eines offenbar gut gehüteten Geheimnisses. Ich erlebte mit, wie der Schulleiter hinter seiner Maske aussah. (...) Intuitiv spürte ich, dass es um Macht und Machterhalt ging, nicht um Pädagogik. Ich hatte über mein Kind sprechen wollen. Ich hatte pädagogisch argumentiert, hatte Veröffentlichungen des Kultusministeriums zitiert. Das war bei diesen Menschen, die mir wie bei einem Tribunal gegenübersaßen, wohl als ›gefährlich kompetent‹ eingestuft worden. (...) Ich spürte, dass das, was da ablief, nur ein Ziel hatte: mich zum Verstummen zu bringen.« (Katja)

»Es kamen kleine Seitenhiebe von der Lehrerin, sie müsse mit mir sprechen, der Frederic habe sich verändert. Da fragte sie mich, ob ich einen neuen Partner hätte. (...) Hätte ich einen neuen Partner gehabt, wäre das zwar schön gewesen, dann hätte ich nicht allein dagestanden. Aber dann hätten sie es dem Mann untergeschoben, dass sich das Kind verändert hat und nicht der Sache in der Schule, den gewalttätigen Attacken der Lehrerin.« (Nadine)

Lösungsweg Mediation

In Konfliktfällen wird häufig von einer der beiden Seiten eine Mediation angestrebt. Dieses Verfahren ist den meisten Menschen am ehesten im Zusammenhang mit Beziehungsproblemen ein Begriff, kommt aber auch bei Schulkonflikten zum Einsatz. Die Mediation sucht den Ausgleich zwischen den Interessen der Konfliktparteien und nach einer Lösungsmöglichkeit abseits des Klagewegs vor Gericht.

Bei einem Mediationsangebot sollte man sich als Betroffener kritisch fragen, auf welcher Eskalationsstufe des Konflikts man sich befindet und ob ein solcher Versuch überhaupt noch Sinn macht. Auf Stufe 9 zum Beispiel ist sicher nicht mehr mit einem Erfolg zu rechnen (»Die neun Stufen der Konflikteskalation«, Seiten 213–214).

Uns berichteten verschiedene Eltern, dass ihnen von Seiten der Schulen und Schulämter erst in weit fortgeschrittenen Konfliktsituationen überhaupt eine Mediation angeboten wurde.

Ausschlusskriterien für eine Mediation

1. Eine der beiden Parteien ist nicht wirklich an einer Einigung interessiert.
Dieser einfache Punkt lässt sich meist bereits im Angebotsgespräch klären. Spätestens bei den Vorstellungs- und Absprachterminen mit dem Mediator wird sich herausstellen, ob auf beiden Seiten tatsächlich eine ausreichende Bereitschaft besteht.

2. Es liegt eine psychische Störung bei einem Konfliktpartner vor.
Ein heikles Thema. Dem Berliner »Tagesspiegel« vom 30.10.2002 konnte man beispielsweise entnehmen: »Rund 60 Prozent der Patienten, die zur Depressionssprechstunde in die Psychiatrische Klinik der Freien Universität kommen, sind Lehrer. Jetzt will die FU dem Burn-out-Syndrom auf den Grund gehen. Der Handlungsdruck ist groß: In Berlin erreicht kaum ein Pädagoge das normale Rentenalter. Allein im vergangenen Jahr schieden 590 Lehrer wegen Dienstunfähigkeit vorzeitig aus.«

3. Das Machtgefälle zwischen den Konfliktparteien ist zu groß.
Machtgefälle in der Schule? Nun ja, die Kurve dürfte ziemlich steil zuungunsten der Familien ausfallen, denn häufig gibt es in deutschen Schulen keine wirkliche Mitbestimmung, keine Möglichkeiten der Qualitätskontrolle, keine wirkliche Transparenz und nicht einmal die Chance, Kinder vor einem Lehrer zu schützen.

4. Eine der beiden Parteien hat bereits den Rechtsweg beschritten.

Eine Mediation soll ein gerichtliches Verfahren verhindern. Das Vorliegen einer Strafanzeige schließt daher diesen Vermittlungsweg grundsätzlich aus, da mit der Anzeigenerstattung bereits eine Eskalationsstufe erreicht wurde, die wenig Hoffnung auf Erfolg lässt.

Es ist zudem nicht ratsam, in einem laufenden Strafverfahren Informationen mit der Gegenpartei auszutauschen – auch nicht bei einer Verpflichtung zur Verschwiegenheit, die während eines Mediationsverfahrens grundsätzlich besteht.

Häufig sieht es danach aus, als meinten es die amtlichen Stellen mit ihrem Angebot nicht ernst und setzten es nur als weiteren Schachzug ein, um Zeit zu gewinnen.

»Als die Dinge eskalierten, bot man der Elterninitiative seitens des Schulträgers eine Mediation an, und wir stimmten zu. In der Schule wurde diese Maßnahme strikt abgelehnt. Mit Unterstützung der Schulkonferenz wurde der Vorschlag der Verwaltung abgeschmettert.

Man wollte sich nichts ›aufzwingen‹ lassen, suchte einen eigenen Weg und schlug seitens der Schulkonferenz einen anderen Mediator vor. Nun wurde es richtig seltsam. Die Elterninitiative nahm der Vorschlag an, und wir warteten höflich eine Weile ab. Nach etwa zwei Monaten fragten wir nach und bekamen folgende Information: Der Mediator (etwa 64 Jahre alt) steht nicht mehr zur Verfügung, weil er sich die nächsten vier Jahre im Ausland aufhalten

wird. Seitdem haben wir nichts mehr zu dem Thema gehört.« (Regina)

David gegen Goliath

Betrachtet man die Machtstrukturen eines Opferfamilie-
Schulapparat-Konflikts, so wird schnell klar, dass sich
in dieser Auseinandersetzung David und Goliath gegenüberstehen.

Umso rätselhafter erscheint da die Wucht, mit der die
Schulbehörden in vielen bekannten Fällen versuchten,
die Beschwerde führenden Eltern zum Schweigen zu
bringen und ihren Widerstand zu ersticken.

Aus allen Faktoren, die wir bisher zum Thema Auseinandersetzung zwischen Eltern von Gewaltopfern auf der
einen und Lehrern und Schulbehörden auf der anderen
Seite zusammengetragen haben, lässt sich ein Schema
ableiten.

Kräfteverhältnisse Eltern – Lehrer

Opfer-Eltern	Lehrer
Eltern sind ratlos, haben keine Erfahrung.	Lehrer können auf das Wissen und die Routine ihrer Behörde zurückgreifen.
Eltern stehen allein, ohne Hilfsangebote von dritter Seite.	Lehrer bekommen Hilfe von Vorgesetzten, Behörden, Kollegen, Elternvertretern.

Opfer-Eltern	Lehrer
Eltern müssen in ihrer Freizeit an der Bewältigung des Konflikts arbeiten.	Lehrer haben die Hilfe geschulter und routinierter Profis, die sich hauptberuflich um den Konflikt kümmern.
Eltern müssen ihrem geschädigten Kind helfen.	Lehrer können sich auf sich selbst konzentrieren.
Eltern bringen die Eltern kindlicher Zeugen gegen sich auf, wenn sie diese in einen Fall »hineinziehen«.	Lehrer haben Macht über kindliche Zeugen, die in einem Abhängigkeitsverhältnis zu ihnen stehen.
Eltern müssen sich unentwegt den Folgen des Konflikts stellen. Der traumatisierte Schüler ist ihr Kind. Meist muss das Kind trotzdem weiter zur Schule gehen.	Lehrer können sich krankschreiben lassen und sich damit einer Konfrontation mit den Folgen der Ermittlungen entziehen.
Eltern brauchen einen Rechtsanwalt, der spezialisiert ist auf Strafrecht und Verwaltungsrecht mit Schwerpunkt Schule. Das erfordert eine langwierige Suche.	Lehrer bekommen erfahrene Fachanwälte über ihre Berufsvereinigungen oder Gewerkschaften. Sie erhalten zudem Rückendeckung durch die Justiziare der Schulämter.
Eltern müssen zahlen: Der Rechtsschutz greift nicht.	Lehrer zahlen nichts: Der Rechtsschutz über ihre Berufsvereinigung ist im Beitrag enthalten. Die Justiziare der Schulämter bezahlt der Steuerzahler.

David gegen Goliath: Die betroffenen Eltern sind verletzt, ratlos und suchen Hilfe. Die Schulen und Schulbehörden verfügen über ein nicht unerhebliches Maß an Erfahrung und Routine im Umgang mit angeschlagenen Eltern.

Wenn ein Kind seinen Eltern von Gewaltübergriffen durch Lehrer/innen berichtet, brechen bislang ungekannte Emotionen und Anforderungen über alle Betroffenen herein. Nie sind Eltern so angreifbar, so verletzlich wie in der Sorge um ihr Kind.

»Unser Konflikt mit der Schule unseres Kindes wegen der Übergriffe seines Lehrers war das Schmutzigste und Unanständigste, was mir von Mitmenschen je widerfahren ist. Seitdem traue ich Lehrern schlichtweg alles Böse zu. Die Unverfrorenheit, mit der sie über Kindeswohl hinweggingen, hat mich zutiefst erschüttert.« (Antonia)

»Es war ein enormer Zeitaufwand. Und es waren sehr anstrengende Tage, über Monate hinweg. Wir Eltern mussten halbe Tage frei nehmen, weil die Kinder zu einem Psychologen beordert wurden. Und abends, nach der Arbeit, haben wir dann zum Beispiel die Beschwerden geschrieben. Und außerdem mussten wir besonders intensiv für die Kinder da sein in dieser Zeit. Auch die Geschwister der Opfer litten und kamen nicht mit dem zurecht, was passiert war.« (Barbara)

»Ich bin arbeiten gegangen, habe Botengänge erledigt und die ärztlichen Untersuchungen absolviert. Celine wurde wegen der Übergriffe durch ihre Lehrerin sehr intensiv behandelt. Außerdem hatte ich noch den Haushalt. (...) Ich musste täglich Celines Bett neu beziehen, weil sie ins Bett machte. Es gab auch viel mehr Konfliktsituationen zu Hause. Die Stimmung war gereizt, der Tonfall aggressiv. Nicht nur unter den Kindern. Auch in der Beziehung zwischen meinem Mann und mir war die Belastung dieser Zeit deutlich zu spüren. (...)

Die genauen Kosten, die uns durch die gewalttätigen Übergriffe der Lehrerin insgesamt entstanden sind, haben wir nie ausgerechnet. Da waren zum Beispiel die ganzen Fahrten. Und etwa 1000 Euro Anwalts-kosten. Es ging um unsere kleine Tochter. Da haben wir nicht gerechnet. Es war selbstverständlich für uns, das wir das alles tun.« (Barbara)

»Wir mussten uns für alle Termine beim Anwalt, Schulamt, Arzt usw. Urlaub nehmen und Babysitter engagieren. All unsere Freizeit haben wir in das Thema investiert, um die Gesetzeslage und unsere Möglichkeiten überhaupt zu erfassen. Trotzdem war es sehr mühsam und kaum möglich, den Wissens-vorsprung der Gegenseite aufzuholen. In der Rück-schau war uns klar: Das machen die nicht zum ers-ten Mal, die Behörden spulen ein Programm ab! Als wir anfingen, Fälle zu vergleichen, fanden wir sogar die gleichen Textbausteine in den Briefen.« (Alex-andra)

»Wir haben ungefähr 2500 Euro für den Anwalt bezahlen müssen. Er korrespondierte mit der Schul-behörde, der Schulleitung und nahm Akteneinsicht. Die Rechtsschutzversicherung übernahm die Kosten nicht. Dazu kamen die üblichen Bürokosten: Dru-cker, Papier, Porto für Rückschein-Einschreiben usw.

Teilweise mussten wir mehrere Stunden täglich, auch an den Wochenenden, an der Sache arbeiten.

Der gewalttätige Lehrer war fein heraus. Zunächst einmal behauptete er monatelang, sich nicht an die Übergriffe erinnern zu können. In dieser Zeit floss unser Geld und Engagement quasi in den Gulli. Der Lehrer war über seine Gewerkschaft rechtsschutzversichert (...) Der Justiziar der Schulbehörde ließ uns immer wieder hängen, benötigte Monate zur Beantwortung eines Briefes oder antwortete gar nicht, wenn die Antwort zuungunsten des Lehrers ausgefallen wäre. (...) Als die strafrechtliche Beweislage für den Lehrer zu brisant wurde, erinnerte er sich plötzlich daran, Kinder getreten zu haben, gab es zu, gelobte Besserung, bereute alles und entschuldigte sich.

Die Schule vertuschte die Sache dennoch. Besonders der Schulleiter betrieb seine Verleumdungen gegen uns weiter, stellte uns als Spinner dar, die einem ehrenwerten Kollegen etwas hätten anhängen wollen. Wir haben unendlich viel Kraft gelassen und unser Vertrauen in den Rechtsstaat verloren.« (Elisabeth)

»Es war die Art und Weise, wie die Schulleitung von Anfang an mit uns umging, die mich misstrauisch machte. Bereits im ersten Gespräch hatte ich den Eindruck, dass da lieblos ein Programm abgespult wird, das nicht zum ersten Mal läuft.

Ich habe beruflich mit Kommunikation zu tun und achte vielleicht stärker auf Kommunikationstechniken. Es schien mir, als spielten sich der Schulleiter und seine Stellvertreterin eingespielt die Bälle zu.

Ich sollte mein Anliegen vortragen, das sie dann sofort zerpflückten. Gemeinsam, aber eben abwechselnd, erklärten sie mir, wie unglaublich unsere Geschichte sei, wie ›noch nie dagewesen‹. Dann stichelten sie ganz gezielt, wiesen auf Fehler und Schwächen meines Kindes hin und spekulierten über häusliche Probleme bei uns. Blitzschnell waren sie von meinem Anliegen weggekommen und gingen in die Offensive. Ich war fassungslos. Am Ende forderte der Schulleiter mich auf, Vertrauen und Geduld zu haben, und – schwupps – war ich wieder draußen. Während des Gesprächs herrschte Unruhe, ein Kommen und Gehen. Für mindestens zehn Minuten ging der Schulleiter aus dem Raum. Als er wieder hereinkam, fand er nahtlos in die Diskussion zurück. Alles schien nach einem Muster abzulaufen, das er blind beherrschte. Ich ging mit dem unangenehmen Gefühl: ›Das machen die nicht zum ersten Mal.‹« (Antonia)

Viele Konfliktfälle zeigen eines sehr deutlich: Wenn man den Dingen tatenlos ihren Lauf lässt, werden die Eskalationsstufen fast zwanghaft der Reihe nach abgearbeitet, bis am Ende ein eskalierter Konflikt steht, in dem auch beim besten Willen niemand mehr »gewinnen« kann. Wie Lemminge trotten alle gemeinsam auf einen Abgrund zu, und niemand eilt herbei, um das Selbstmordkommando zu stoppen.

Es gibt nur einen richtigen und möglichen Zeitpunkt, die Lawine zu stoppen, und der liegt am Anfang des Konflikts. Der Moment, in dem beiden Parteien klar wird, dass im Moment keine friedliche Einigung möglich ist, dass man das Problem allein nicht mehr bewältigen kann.

Es gibt zwar durchaus eine vorgesehene Anlaufstelle, die sich jedoch in vielen Fällen nicht als guter Ansprechpartner erwiesen hat: das Schulamt. Ganz schnell verschwindet dort aus dem Fokus, worum es einzig und allein gehen sollte. Man führt oft erbitterte Grabenkämpfe, der Amtsschimmel wiehert, während die Mühlen der Behörden langsam und träge mahlen – und mittendrin steht ein Kind, das unsere Hilfe braucht und dem keine monate- oder gar jahrelangen Wartezeiten zumutbar sind.

Kinderschutz ist Elternsache

In unserer Gesellschaft leisten wir uns für die Ausbildung und Erziehung unseres Nachwuchses gut bezahlte Experten: Lehrerinnen und Lehrer. Auf Staatskosten werden sie ausgebildet, dann staatlich geprüft und schließlich meist verbeamtet. Den Auftrag, den wir ihnen geben, nehmen sie freiwillig an. Beamte leisten einen Eid auf die Erfüllung ihrer Aufgaben. Die Gesellschaft vertraut ihnen, und die Gesellschaft hat Erwartungen an sie.

Zu den erschütterndsten Erfahrungen im Zusammenhang mit Konflikten in der Schule gehört der Moment, wenn dieses Vertrauen grundsätzlich und umfassend enttäuscht wird. In einem emotionalen Ausnahmezustand müssen Probleme gelöst werden, mit denen niemand gerechnet hätte, auf die niemand vorbereitet ist. Gestern waren die Kindseltern noch Verkäuferin, Buchhalter, Zahnärztin, Mechaniker oder Friseur – sie bewegten sich auf gewohntem Parkett und beherrschten die Spielregeln. Von einem Tag auf den anderen wird ein Auswärtsspiel in einer völlig unbekannten Disziplin angesetzt. Begriffe wie »Dienstaufsichtsbeschwerde« und »Strafanzeige« gehören plötzlich zum täglichen Vokabular. Die ausgiebige Beschäftigung mit Grundgesetz, Bürgerlichem Gesetzbuch, Beamtenrecht, Schulrecht, Strafrecht und Verwaltungsrecht trägt maßgeblich zur Freizeitgestaltung bei.

Wenn Lehrer und/oder Schulleitung sich angegriffen fühlen, kann es schnell zu einer Entwicklung kommen, in deren Verlauf sich Unrecht in Recht verwandelt: Lehrer zeigen kein Mitleid mit den Opfern, Lehrer haben kein Unrechtsbewusstsein, Lehrer besitzen einen bedenklichen Korpsgeist, Lehrer lügen, Lehrer drohen, Lehrer mobben, Lehrer brechen Gesetze. Nicht selten fühlen sich die Eltern des geschädigten Kindes wie in einem Albtraum, den sie aber aushalten müssen, um ihren Kindern zu helfen.

»Die Schulrätin ließ uns zappeln. Mit einem fiesen Tonfall, der an Boshaftigkeit nicht zu übertreffen war, teilte sie mir am Telefon mit, dass der Schulwechsel nicht wie vom Kultusministerium angekündigt über die Bühne gehen würde. Sie müsse sich erst einmal Gedanken machen und ich einen Antrag stellen. Dann könnte ich ja abwarten, wie sie sich entscheiden werde. Sie genoss diesen Moment sichtlich. Und ich verabscheute diese Person. Ohne Schulpflicht und Schulbezirkszwänge hätte ich mich mit dieser Dame nicht weiter befasst. Ich kann mir auch nicht vorstellen, dass sie in irgendeinem anderen Beruf eine Chance hätte.« (Katja)

»Meine Meinung als Erwachsener war: Ich kann immer gehen. Ich kann sagen: Arbeitgeber, (…) hier kann ich nicht mehr arbeiten, du machst mich kaputt, ich gehe. Ein Kind hat diese Möglichkeit nicht. Ein Kind ist immer darauf angewiesen, dass der Erwachsene ihm zu dieser Möglichkeit verhilft. Da stehe ich in der Verantwortung zu sagen: Ich lasse dich in eine andere Schule gehen.« (Natalie)

»Wir haben viel zu lange geglaubt, dass irgendjemand den Kindern rasch helfen wird. Wir haben unser Kind zwar sofort krankschreiben lassen, aber vielleicht wäre ein sofortiger Schulwechsel besser gewesen. Hinterher ist man klüger.« (Regina)

»Wir haben unser Kind auf einer anderen Schule angemeldet, in einem anderen Bundesland. Da, wo wir wohnen, gibt es keine freie Schulwahl, und so wäre unser Kind weiter dem gewalttätigen Lehrer ausgesetzt und all den hässlichen Begleiterscheinungen dieses Konflikts.

Es zeichnete sich [in unserem Fall] sehr schnell ab, dass keine rasche Hilfe zu erwarten war, sondern dass die Sache regelrecht verschleppt wurde. Für uns war klar, dass wir unser Kind aus der Schule nehmen mussten. Also haben wir zu einem kleinen Trick gegriffen: Ich habe mit dem Kind den Wohnsitz zu meinen Eltern verlegt, eben in jenes besagte andere Bundesland mit der neuen, besseren Schule. So war unser Kind erst einmal in Sicherheit. Allerdings bringt ein solcher Schritt auch eine Menge Probleme mit sich. Formal leben mein Mann und ich nun getrennt, obwohl wir eine glückliche Ehe führen. Zurzeit arbeite ich nicht. Sonst hätte dieser ›Wohnortwechsel‹ möglicherweise auch steuerliche Nachteile. Wir wünschen uns eigentlich eine andere Lösung.« (Victoria)

»Zwei Dinge standen für uns nach einem Jahr Schulterror fest: Wir wollten auf jeden Fall die Schule wechseln. Die Kinder hatten abgestimmt, und die ganze Familie war sich einig. Auch eine Wunschschule hatten wir schon gesucht und gefunden.

Aber wir wollten uns auf gar keinen Fall der Willkür des staatlichen Schulamtes und eines Antragsverfahrens für Umschulungen ausliefern, denn das Vertrauensverhältnis zu dieser Behörde war zu diesem Zeitpunkt restlos zerstört.

Kurz vor Ende der Sommerferien mieteten wir eine

Wohnung am Standort der ausgewählten Schule und hatten somit zwei Wohnsitze. Als ersten Wohnsitz wählte ich für die Kinder und mich den Standort der Schule, obwohl uns mit dieser Wohnung nicht viel mehr als ein Briefkasten verbindet. (…)

Als ich die Meldepapiere in der Hand hielt, fiel eine Zentnerlast von meinen Schultern. Ich fühlte mich befreit von einer Schule, die uns von Staats wegen aufgezwungen worden war, für uns jedoch weit jenseits der Zumutbarkeitsgrenze lag. Als Mutter bin ich laut BGB (§§ 1631 und 1632) verpflichtet, meine Kinder vor physischen und psychischen Schäden zu schützen. Leider wurde mir dies im bestehenden Bildungssystem durch die Schulpflicht und die Sprengelregelung in meinem Bundesland unmöglich gemacht.

Somit war Kreativität gefragt, und ich habe diesen Schritt nie bereut. Eine kleine Zweitwohnung ist oft günstiger als lange Fahrtwege oder Gebühren für Privatschulen, sie ist zudem bei Übernachtungsbesuch sehr beliebt. Not macht erfinderisch, und so nutzen viele Familien auch gern die Tatsache, dass Freunde/Bekannte/Verwandte in einem Bezirk wohnen, der aus schulischer Sicht interessant ist, und quartieren sich dort als Untermieter ein. (…)

Es ist bedauerlich und beschämend, dass in einem demokratischen Staat viele Familien diesen Weg gehen müssen, aber solange wir mit Gesetzen leben müssen, die schon lange nicht mehr im Einklang mit demokratischen Normen stehen, so lange wird es auch Wege geben, diese zum Schutz und zum Wohle unserer Kinder elegant zu umgehen.« (Anastasia)

Das Gefühl erlittenen Unrechts und die Verzweiflung über das Schicksal des Kindes formen eine tiefe Zäsur im Leben betroffener Familien. Die meisten Eltern berichteten von gesundheitlichen Problemen im Zusammenhang mit den Konflikten – bei den Kindern und bei den Eltern.

Die durch permanente Schul- und Behördenattacken ausgelöste Zermürbung und Verunsicherung kratzt mitunter auch am Ehe- und Familienfrieden.

»Das ist mehr, als ich ertragen kann. Was sie mit uns machen, ist unmenschlich. Sie wirken nicht mehr wie Menschen, sie erscheinen wie Monster. Das eiskalte Gesicht der Konrektorin, die hemmungslosen Attacken des Rektors gegen uns, die Geschädigten. Unser Kind liegt im Krankenhaus, und diese Menschen haben keinen Ausdruck des Mitgefühls. Sie sind aggressiv und versuchen uns zu zermürben, weil die Lehrerin ihre Aufsichtspflicht so sträflich, so unglaublich sträflich vernachlässigt hat. Das muss nun vertuscht werden. Diese Menschen besitzen so wenig Anstand, dass es wehtut. Sie lügen, sie lügen, sie lügen und sie betrügen und vertuschen – auf dem Rücken des Glücks unschuldiger Kinder. Dieses Unrecht tut so weh. In der Seele weh. Überall tut es nur noch weh. Ich fühle mich wund, leer.« (Ute)

»Ich habe durch den Konflikt bedingt wenig gegessen, wenig geschlafen, schlecht geschlafen, das sind so die Dinge, die meine Person betreffen. (...) Im Laufe der Monate ist es besser geworden. Aber schlaflose Nächte, das kenne ich schon. Nicht in den Schlaf finden und dann sehr unruhig schlafen. Bei meinem Mann ist das auch so, dass der nachts phantasiert, dass er nachts mit irgendwelchen Lehrern kämpft.« (Victoria)

So stehen Sie einen Konflikt durch
»Distanz« heißt das Zauberwort, wenn die Krise krank macht.

- *Ziehen Sie Grenzen.* Definieren Sie für sich die Regeln. Überlassen Sie das nicht denen, die Sie angreifen.
- *Bestimmen Sie selbst über Ihre Zeit.* Planen Sie eine bestimmte Zeit für die Beschäftigung mit dem Konflikt ein. Lassen Sie nicht zu, dass er Ihr ganzes Alltagsleben beherrscht. Öffnen Sie nicht jeden Brief sofort. Wählen Sie einen geeigneten Zeitpunkt dafür. Lassen Sie sich nicht hetzen und treiben.
- *Suchen Sie nach Zuneigung und Bestätigung.* Sie lindern die Verletzungen durch das Unrecht, das Ihnen geschieht. Verbringen Sie bewusst Zeit mit Freunden, Familie, dem Partner. Halten Sie sich, so oft es geht, in dieser beschützenden Welt auf, die Abstand zu den Aggressoren hält.
- *Blicken Sie in die Zukunft.* Formulieren Sie Ihr großes Ziel: Eine Verbesserung der Situation an der Schule und Gerechtigkeit für Ihr Kind und andere Kinder.
- *Vermeiden Sie Konfrontationen.* Gehen Sie Personen, die Ihnen nicht wohlgesinnt sind, einfach aus dem Weg. Das ist keine Feigheit, sondern Selbstschutz.

Um einem verletzten, gedemütigten Kind zu helfen, müssen Eltern selbst stark sein und bleiben. Nur so können sie ihr Kind auffangen, ihm stabile Geborgenheit vermitteln.

Die Wege der betroffenen Mädchen und Jungen aus der Krise heraus wurden in verschiedenen Familien unterschiedlich erlebt. Viele suchten die Hilfe von Ärzten und Psychologen.

Plädoyer für eine zeitgemäße Erziehung

Ein Kind, das einem Erwachsenen zur Begrüßung die Hand hinstreckt, ist ungezogen. So zumindest sagen das die traditionellen deutschen Benimmregeln: Ein Kind, als der im Rang unterlegene Part, hat zu warten, ob der Erwachsene es für richtig hält, ihm die Hand zu reichen.

Wer weiß das heute noch? Und was nützt dieses Wissen einem Kind, das in seinem täglichen Leben von Erwachsenen umgeben ist, die sich nicht an Benimmregeln halten? Was nützt es einem Kind, wenn es das, was seine Eltern unter »gutem Benehmen« verstehen, nicht dem entspricht, was Pädagogen in der Schule als »gut erzogen« empfinden?

Damit sind wir bei einem Kernproblem der Auseinandersetzung zwischen Eltern und Lehrkräften angelangt.

Erziehung ist ein jahrelanger Prozess, bei dem sich Erwachsene bemühen, ein Kind durch Vorbild, Belohnung und Strafe auf die Werte einer bestimmten Kultur hin zu normieren. Das Ziel dieser Bemühungen ist ein in seinem Verhalten an die Wertvorstellungen seiner Kultur angepasster Erwachsener, der mit seinem Denken und Handeln in seiner Gesellschaftsform verwurzelt ist.

Der Erziehungsprozess ist formal zu dem Zeitpunkt abgeschlossen, den die jeweilige Gesellschaft als Beginn des Erwachsenenalters bestimmt. In vielen westlichen Staaten ist dies der Zeitpunkt seines achtzehnten Geburtstags.

Als »wohlerzogen« wird in der Regel derjenige angesehen, der in seinem Verhalten dem Erziehungsideal des Beurteilers zumindest sehr nahekommt. So unterschiedlich wie die Wertvorstellungen verschiedener Kulturen sind auch die Erziehungsziele.

Wie sieht nun das System »Schule« das Thema Erziehung? Dem »Qualitätsprogramm« einer deutschen Ganztagsschule[6] entnehmen wir beispielhaft den folgenden Text:

»Klar formuliert wurden die Problem und Ursachen, welche die Zielerfüllung wichtiger Vorhaben beeinträchtigen:

Schule: Immer schwierigere Erziehungsarbeit – Zeitmangel für Inhalte und Übungen – zu viele Störungen von außen – Mitführungsprobleme – Ziele des Qualitätsprogramms zu umfangreich

Schüler: Viele unerzogene Kinder bezüglich Sozial- und Arbeitsverhalten – mangelhafte Grundeinstellung – Konzentrationsschwäche – ADS

Eltern: zu geringer Stellenwert der Schule – Überzeugungsarbeit bezüglich der Wichtigkeit einer guten Schulbildung – fehlende Einsicht in Elternpflichten – kein Vorbild bezüglich der Wertevermittlung – wenig Unterstützung bei der Sprachpflege – Überbehütung – abnehmende Bereitschaft zur Zusammenarbeit – Egoismus (...)«

»Schüler« und »Eltern« bilden in diesem Kontext ganz deutlich Kategorien, die »Schule« gegenüberstehen und nicht Bestandteil davon sind. Von »Störungen von außen« ist sogar die Rede. Kein Wort darüber, das eine partnerschaftliche Umsetzung des gesetzlich vorgesehenen, gemeinsamen Erziehungsauftrags erkennen ließe. Die Rolle der Eltern ist klar: Sie müssen zurechtgestutzt werden, um für die Ziele der Schule zu funktionieren.

Was in diesem Qualitätsprogramm vollständig fehlt,

ist eine Bestandsaufnahme der Gewaltvorfälle, besonders der durch Lehrkräfte gegenüber Schülern. Ebenso fehlt eine Analyse der zahlreichen Konflikte an der Schule und der pädagogischen Fähigkeiten der Lehrkräfte.

Durch die Heterogenität von Schulklassen ergeben sich neue pädagogische Herausforderungen. Wer sich als Lehrerin oder Lehrer diesen verschließt, verweigert die Erledigung ihres oder seines professionellen Auftrags.

»Die junge Lehrerin meines Kindes jammerte immerzu, die Kinder hörten ihr nicht zu und seien nicht ›brav‹. Auch ihre rigiden Strafen schienen nicht zu helfen. Sie beklagte auch, die Kinder langweilten sich. Ich fand das absurd. Hätten nicht vielmehr wir Eltern uns bei ihr beschweren müssen, weil sie unsere Kinder langweilte? Manchmal hatte sie etwas von einem verwöhnten Kind, das ›Schule spielen‹ möchte und nach den Erwachsenen ruft, damit diese die Puppen und Teddys währenddessen festhalten.« (Elisabeth)

Die »ungezogenen Kinder«, sind sie möglicherweise im übertragenen Sinne die Puppen und Teddys, die einfach nicht stillsitzen wollen, während die Lehrkraft sich selbst einen Wunsch erfüllen möchte? Den Wunsch nach Bilderbuchunterricht?

Sind »ungezogene Kinder« ein unlösbares Problem, auf das es keine Antwort gibt? Gibt es nicht immer wieder ähnliche Situationen mit »ungezogenen Kindern«, die förmlich nach der Erarbeitung von Standardlösungen schreien?

Ein Blick auf schwierige pädagogische Situationen und schwierige Kinder zeigt, dass bei der Erarbeitung von Problemlösungen nicht nur von den Lehrkräften, sondern auch von den Eltern gefordert ist, umzudenken und zu lernen:

»In der Vorschulzeit berichtete mein Sohn fast täglich vom ›bösen Mirko‹ aus seiner Gruppe. Dieser Gleichaltrige schlage und trete die anderen Kinder, oft überfallartig, er mache ›immer‹ die Spiele der anderen kaputt.

Eines Tages sprach mich eine andere Mutter in der Kindertagesstätte bei der Abholung unserer Kinder an: ›Berichtet Ihr Sohn auch immer vom bösen Mirko? Mein Kind erzählt täglich von ihm.‹ Wir sprachen eine Erzieherin an, sagten ihr, wie beunruhigt wir waren. Wir bangten um unsere Kinder, verlangten, dass sie das abstellen solle.

Die Erzieherin sagte: ›Ja, wir haben da tatsächlich ein Problem. Der kleine Mirko ist gerade dabei, zum Buhmann zu werden und ganz aus der Gruppe herauszurutschen. Aufgrund seiner früheren Attacken schließen ihn die anderen vom Spiel aus. Nun hat er gar nicht mehr die Chance, sein gebessertes Verhalten auszuprobieren. Ideal wäre es, wenn Mirko sich jetzt in einer Welt bewegen könnte, die ihn liebevoll und geduldig aufnimmt, in der er friedliche Konfliktbewältigung beobachten kann, eine Welt, in der er gleichwertig ist.‹

Die andere Mutter und ich verstanden und waren beschämt. Wir beschlossen, Mirko künftig regelmäßig zum Spielen zu uns nach Hause einzuladen, und taten das auch. Diese Nachmittage waren anfangs sehr anstrengend, da die Kinder sich fürchterlich bekriegten. Unsere Kinder wachten eifersüchtig über ihre Spielsachen, mochten Mirko nichts anfassen lassen. Ein Verhalten, das wir von unseren Kindern in dieser Form nicht kannten. Es kam immer wieder zu Keilereien. Wir sahen unsere eigenen Kinder plötzlich aus einem anderen Blickwinkel, lernten, mussten moderieren und Frieden schlichten. Von Woche zu Woche ging es besser. Wir lernten Mirkos problemgeplagte Eltern kennen und sehr schätzen, und nach wenigen Wochen war Mirko ein gut integriertes Kind, der wie alle anderen auf Kindergeburtstage eingeladen wurde. Irgendwie hat die Erzieherin auch uns erzogen. Ihr Handeln war im ursprünglichsten Sinne friedenspolitisch. Ein Profi durch und durch.« (Irmgard)

»Im Rahmen eines pädagogischen Versuchs arbeitete ich als Grundschullehrerin drei Jahre lang mit einer Sozialpädagogin zusammen. Sie hatte eine Montessori-Ausbildung, und ich habe in dieser Zeit sehr viel von ihr gelernt.
Eines Tages zum Beispiel verhalf sie mir zu einem Aha-Erlebnis, das mich in meinem Umgang mit Kindern dauerhaft geprägt hat. Die Kinder spielten im Freien. Wir saßen dabei und beobachteten sie. Drei kleine Mädchen kamen empört auf uns zu: ›Wir kochen gerade so schön, und die Jungs stören uns dauernd dabei!‹ Ehe ich aufspringen, mich auf die Störenfriede stürzen und eine Strafpredigt halten konnte, sagte meine Kollegin ganz ruhig: ›Warum ladet ihr sie nicht zum Essen ein?‹ Die drei Mädchen zogen ab, und kurze Zeit später saßen sie mit den ›bösen‹ Jungen im Kreis beim selbstgekochten Blätteressen.« (Irene)

»Zur Geburtstagsparty unserer beiden Kinder kam auch ein Junge, vor dem man mich gewarnt hatte.

Der Lehrer der Klasse hatte mir gesagt, der Junge sei besonders ungezogen, aggressiv und sehr unruhig. Er könne sich nicht konzentrieren und störe immerzu den Unterricht. Unser Ältester berichtete über diesen Jungen: ›Er hat mir gesagt, dass er nur so böse ist, weil er eine Krankheit hat.‹ Der Lehrer kommentierte dies: ›Na ja, das ist eine gute Ausrede dafür, dass man ungezogen ist.‹

Vor der Party war mir schon ein wenig mulmig. Würde dieser wilde Junge alles verderben? Würde er die ganze Party terrorisieren? Das Gegenteil war der Fall. Der Junge war ausgesprochen hilfsbereit und liebenswürdig. Er verbrachte den größten Teil der Zeit damit, die Wurfbude zu organisieren, und stellte unermüdlich die Dosen aufeinander. Ich beobachtete vollkommen perplex, wie zugewandt und liebevoll er mit den kleineren Kindern umging. Er erklärte ihnen, wie sie ihre Wurftechnik verbessern konnten, und sie hingen an seinen Lippen. Es wurde viel gelacht an der Wurfbude, und die Kinder hatten einen Riesenspaß.

Der Junge schien seine Freude zu haben. Offensichtlich vermisste er es nicht, mit den anderen zu rangeln. Andere Jungen hatten sich nämlich im Garten versammelt, wo sie sich in einem Ritterspiel bekämpften. Eine Situation, die auch mehrmals fast zu kippen drohte. Aber der ›böse‹ Junge bleib weiter bei seiner Wurfbude. Die rangelnden Ritter schienen ihn kaltzulassen, obwohl sie nach ihm riefen. Warum kam diese ›Wurfbuden-Seite‹ seiner Persönlichkeit in der Schule nicht zum Tragen?« (Katja)

Die Eltern von »Problemkindern« können zudem im deutschen Schulalltag sehr schnell in die fatale Rolle gedrängt werden, ihrem Kind zusätzlich zu schaden. Wenn Lehrer von Eltern verlangen, dass diese als verlängerter Arm der Schule fungieren, wenn Eltern Druck ausüben müssen, Kinder zu Leistungen antreiben, die sie überfordern, bleibt den Kindern gar keine Rettungsinsel, gar kein entlastendes Ventil. In der Folge können Kinder Krankheiten und Verhaltensstörungen entwickeln oder vertiefen, aggressiv und depressiv werden.

Umdenken an den Schulen tut also dringend not – der Kinder wegen, die die Zukunft unserer Gesellschaft sind. Aller Kinder wegen.

»Kein Kind darf wegen seines Geschlechts, seiner Herkunft und Abstammung, seiner Staatsbürgerschaft, seiner Sprache oder Religion, seiner Hautfarbe, aufgrund einer Behinderung, wegen seiner politischen Ansichten oder seines Vermögens benachteiligt werden.«
UN-Kinderrechtskonvention (Artikel 2)

Wenn Lehrer gefragt werden, warum es in den Schulen immer gewalttätiger zugeht, antworten sie nicht eben selten: »Respektlos« seien die Schüler, sie hörten nicht zu und seien aggressiv. So ist das auch vielfach Medienberichten zu entnehmen. Da rückt der Schluss nahe, der angeschubste Schluss, dass Schüler schuld sind, wenn es in unseren Schulen nicht mehr so richtig läuft. Zumindest einige. Es scheint so, als gebe es Schüler, die die Schule störten. Kann das Frieren eines nackten Menschen den Schneidereibetrieb stören? Kann der individuelle Körperbau eines Menschen schuld daran sein, dass ihm die Jacke nicht passt, die der Maßschneider für ihn näht? Geht man den einschlägigen Klagen weiter nach, so kristallisiert sich schnell die vermeintliche Wurzel des Übels heraus. Die deutsche Schulwelt hat nämlich einen ganz klaren Horrortypus in ihrer Schülerschaft isoliert und benannt: den Unruhestifter und gleichzeitigen Schulversager Nummer eins. Es handelt sich dabei statistisch um einen jungen Mann. Es ist der für seine Jahrgangsstufe überdurchschnittlich alte Sekundarstufenschüler mit »Migrationshintergrund«, »bildungsfernem Elternhaus«, gesteigerter Gewaltbereitschaft, latentem Hang zur Gesetzesuntreue und schlechtem Lernerfolg in der Schule. Glaubt man den Berichten, so zeichnet sich dieser Feind des deutschen Regelschulalltags in erster Linie durch Unzähmbarkeit aus. Er schwänzt, schimpft und schlägt. Er folgt den Lehrkräften nicht, nimmt sie nicht ernst und zeigt das auch. Er führt eine traurige Statistik an: er verlässt die Schule ›ungebildet‹ und ohne Abschlusszeugnis. Seine Chancen, einen legalen Ausbildungs- oder Arbeitsplatz zu bekommen, scheinen noch unter null zu liegen. Zieht hier der Nackte frierend und mittlerweile krank weiter, weil in der angeblichen ›Maßschneiderei‹ doch nur Konfektion gefertigt wurde und ihm nichts passte? ›Migrationshintergrund.‹ Ein Begriff, der, sofern man ihn nicht als Stempel sieht, sondern seine eigentliche Bedeutung betrachtet, vieles vermuten lässt. Ein ›Migrant‹ ist ein Mensch, der sich fortbewegt hat. Ein Mensch, der von irgendwo fortging und irgendwo anders ankam. ›Migrationshintergrund‹ steht für eine Menge interessanter Details: eine Geschichte, einen Weg, ein Umfeld, eine Biographie. Substanz: Sprache, Erlebnisse, Kenntnisse, Wissen, Fähigkeiten. Schule in Deutschland ist zu häufig ein Zug, der unaufhaltsam fährt. Wer aufspringen möchte, darf einfach nicht zu viel Gepäck dabeihaben.

»Wenn einer eine Reise tut, dann kann er was erzählen.« Menschen, die von irgendwo anders hergekommen sind, sind voller Eindrücke und Erlebnisse. Auch kleine

Menschen. Um wirklich ankommen und Fuß fassen zu
können, bedarf es der Verarbeitung all dieser Eindrücke
und Erlebnisse. Ein solcher kleiner Mensch, der »kann«
nicht nur etwas erzählen, der »sollte« am besten auch
etwas erzählen dürfen. Idealerweise fände er ein offenes
Ohr, ein Gegenüber, das Interesse und Sicherheit signalisiert. Umso leichter fiele die Anpassung an die neue
Umgebung. Menschen in Anpassungsprozessen stehen
unter Stress. Auch Kinder. »Kulturschock« nannte der
amerikanische Anthropologe Kalvero Oberg ursprünglich dieses Phänomen. Man spricht mittlerweile auch
von »Anpassungsschock« denn seine Symptome zeigen
sich nicht nur bei Immigranten aus fernen Ländern, sondern sie treten bei vielen Arten von Veränderungssitua-
tionen auf: z.B. Trennung der Eltern, Schulwechsel etc.
Eine Fülle neuer Eindrücke muss da mitunter verarbei-
tet, die Orientierung neu gewonnen werden. Diese Phase
wird häufig begleitet von Müdigkeit und regelrechter Er-
schöpfung. Für die Schule heißt das: »der Neue« in der
Klasse braucht mitunter etwas länger.

»Bereits am allerersten Tag in der neuen Schule
stellte die neue Lehrerin unseres Sohnes fest: ›Der
kann ja gar nichts. Gaaar nichts!‹ Unser Sohn hatte
wohl den ganzen Vormittag schweigend im Unterricht gesessen. Als kleiner Preuße, aus den neuen
Bundesländern, konnte er über den auch im Unterricht gesprochenen süddeutschen Dialekt wohl
nur staunen. Er verstand seine Lehrerin schlichtweg
nicht. Sie berichtete, er habe noch nicht einmal ein
Wort mit ›M‹ gewusst. Ich rief den Jungen zu uns
und fragte ihn nach einem Wort mit ›M‹. Die Lehrerin reagierte regelrecht indigniert, als der Junge
›Maschinenbauingenieur‹ antwortete.

Fortan blieb sie eingeschnappt. Es gab keine Begrüßung für unseren Sohn, kein Liedchen, keine Vorstellung vor der Klasse – nichts. Dafür war das Elternheft des Siebenjährigen schon in den ersten Wochen voller Klagen über seine vermeintliche Inkompetenz und Extraaufgaben. Zum Beispiel kritisierte sie seine ›brandenburgische Schreibschrift‹ und bestand darauf, dass er den kompletten Schreibschriftlehrgang ihrer Schule nachhole. Für das Erkunden der neuen Umgebung und Spielen mit den neuen Klassenkameraden blieb dem Kind so einfach keine Zeit. Stunde um Stunde verbrachte der kleine Wurm mit gekrümmtem Rücken alleine am Schreibtisch, Nachmittag für Nachmittag.

Unser Kind brach unter dieser psychischen Last regelrecht zusammen. Er entwickelte im Unterricht hohes Fieber. Die Lehrerin bemerkte nur, dass er nicht mehr flott genug mitschrieb, und schrieb ihm einen Tadel in sein Heft. Wenn Moritz nachts weinte, fiel der Name dieser Lehrerin. ›Sie sagt, ich bin dumm. Ich bin der dümmste Junge der Klasse. Das, was wir in der alten Schule gelernt haben, ist alles falsch‹, schluchzte unser begabtes, einstmals so fröhliches und hoffnungsvolles Kind. Als ich die Lehrerin fragte, ob sie ihre Kritik nicht anders formulieren könnte, z.B.: ›Deine Schrift sieht ja interessant aus. Möchtest du auch einmal probieren, wie wir hier schreiben?‹, schnauzte sie mich regelrecht an, sie habe 23 Kinder in der Klasse und nicht nur meines.« (Elisabeth)

Nicht nur der Wechsel von Bundesland zu Bundesland stellt eine Herausforderung an kleine Schüler dar. Bereits der Wechsel von Schule zu Schule innerhalb eines Orts kann so große Unterschiede in der Atmosphäre, den Regeln und dem täglichen Ablauf mit sich bringen, dass »die Neuen« regelrecht mit einem Kulturschock zu kämpfen haben: Plötzlich ist Alufolie ums Pausenbrot erlaubt. Plötzlich darf man mit leuchtenden Farben malen. Plötzlich darf man nicht im Unterricht trinken. Plötzlich darf man nicht vor acht Uhr in den Saal. Plötzlich darf man in den Beeten spielen. Plötzlich muss man das Sportzeug in der Schule lassen. Plötzlich weiß keiner, wie man heißt. Plötzlich macht man dauernd alles falsch. Der fehlende verlässliche Standard fordert die Kinder heraus. Fühlt sich auch die Schule durch die Heterogenität ihrer Schülerschaft herausgefordert? Wie begegnet sie dem neuen, dem fremden, dem unbekannten Kind?

> »Die Begrüßung unseres Kindes in der neuen Schule fiel so aus: Wir gingen zum Pult, stellten uns vor und sagten der Lehrerin, dass unser Kind das neue sei. Sie grüßte nicht zurück, musterte uns und antwortete: ›Ach so, ja.‹ Und wandte sich unserem Kind zu: ›Dann such dir mal einen Platz‹.
> Später, im Unterricht dann, so berichtet unser Kind, habe die Lehrerin dann gesagt: ›Wir haben einen neuen Schüler‹ und auf ihn hingewiesen. Das war die Begrüßung.« (Katja)

Wie mag es Kindern gehen, die noch viel größere kulturelle Hürden zu überwinden haben? Kinder, die aus dem Ausland kommen? Wer reicht ihnen die Hand? Wer interessiert sich dafür, woher die Kinder kommen, was sie erlebt haben, wie es ihnen ergangen ist und wie es ihnen geht? Wer kümmert sich darum, ob sie mitkommen? Ob sie überhaupt ankommen?

»Als wir vor dem Krieg in unserer ehemaligen Heimat nach Deutschland flohen, war unser Kleiner noch ein Baby. Ich hatte ihn schon unter sehr schwierigen Bedingungen entbunden. Im Krankenhaus hatte ich mit einer anderen Wöchnerin zusammen in einem vollkommen blutigen Bett liegen müssen. Die Zustände waren schrecklich, die Versorgung abenteuerlich. Auf der Flucht war mein Baby bereits sehr krank. Er war ein halbes Jahr alt und schon operiert worden, in einem Krankenhaus, das kaum noch funktionsfähig war, von Ärzten, die keinen Hehl daraus machten, dass sie uns ablehnten.

Wir hatten all unser Erspartes bezahlt, um versteckt in einem Lkw über die Grenze zu kommen. In unserem Land hätten wir nicht weiterleben können. Mein Mann und ich stammen aus Volksgruppen, die sich gegenseitig bekriegten. Unsere Familie wäre zerbrochen, falls wir überhaupt überlebt hätten. Schon auf der Wochenstation hatte ich den Hass der Menschen dort, der Mitarbeiter und anderen Frauen zu spüren bekommen, weil ich mit einem ›Feind‹ verheiratet war und einen weiteren ›Feind‹ gebar. Wir ließen alles zurück: unsere Familien, unsere Freunde, unser Haus, all unseren Besitz, unsere Berufe, unsere Träume, unsere Identität als ›anständige, bürgerliche Familie‹. Nach den ersten Wochen im Flüchtlingslager, bekamen wir in Deutschland in einer Kleinstadt unsere erste Wohnung: einen gefliesten Raum ohne Möbel. Das Bad befand sich hinter einem Vorhang. Wir wussten nicht, dass wir vom Sozialamt auch Möbel hätten bekommen können usw. Es war November, kalt, nass, grau, die Tage dunkel und kurz. Wir bekamen Bescheid, dass unser großer Sohn, der Siebenjährige, eingeschult werden müsse. Ich brachte ihn zur Schule. Unser Baby wurde immer kränker. Es lag im Sterben. Wir brachten es ins Krankenhaus. Es musste dort lange Wochen bleiben. Wir hatten große Angst um ihn. Das Krankenhaus organisierte Hilfe für uns und brachte uns mit einer Frau zusammen, die unsere Sprache gut sprach und uns fortan viel erklärte und half. Wir bekamen Sachspenden aus der Bevölkerung.

Ich begann zu arbeiten als Putzfrau, als Küchenhilfe, versuchte wieder ein finanzielles Polster zu bekommen. Wir hatten ein paar tausend Dollar für die Flucht bezahlt, all unser Geld. Auch meinen Schmuck hatte ich gegeben. Falls wir aus Deutschland abgeschoben würden, würden wir Geld brauchen. Das wusste ich. Mein Mann und ich hatten viel Streit in dieser Zeit. Die Sorgen machten uns fast kaputt. Wir hatten unser Haus aufgegeben, lebten nun von Spenden, asozial. Das entspricht nicht unserer Lebenseinstellung. Ich wollte nur so schnell wie möglich wieder sicher Fuß fassen. Ich hatte immer Angst aufzufallen. Ich wollte alles richtig machen, auf die Deutschen um uns herum einen anständigen, sauberen, ordentlichen Eindruck machen. Besonders mein Großer, der ja täglich zur Schule ging, sollte einen guten Eindruck machen.«
(Die Mutter eines Migrantenkindes)

Als der kleine Flüchtling zum ersten Mal seinen deutschen Klassensaal betrat, hatte er keine Schultüte in der Hand. Kein Kindergarten hatte ihn zuvor fröhlich singend verabschiedet. Hinter ihm standen auch nicht Oma und Opa mit Videokameras. Nur seine Mutter. Eine Frau Anfang dreißig mit einer Vergangenheit voller Angst und einem Blick auf die Zukunft, der ebenfalls von Angst bestimmt wurde.

Die anderen Kinder der Klasse hatten gerade die Eingewöhnungsphase hinter sich gebracht, kannten sich mittlerweile mit Namen, und die Abläufe im Schulalltag waren ihnen schon in Fleisch und Blut übergegangen. In den Pausen tauschten sie Sammelkarten, berichteten über ihre Fußballerfolge vom Wochenende oder protzten mit den neuesten Spielsachen aus der Fernsehwerbung.

»Mein Sohn war sehr unglücklich in dieser ersten Zeit. Er wollte nicht in die Schule gehen, fühlte sich ausgeschlossen und abgelehnt. Er konnte die Sprache nicht verstehen, sagte, die Kinder lachten ihn immerzu aus. Seine Lehrerin gab mir mit Händen und Füßen zu verstehen, dass er den Unterricht störte. Manchmal lief er wohl sogar weg, trieb sich auf der Straße herum, trat gegen einen Zigarettenautomaten. Mit acht Jahren wurde er beim Klauen erwischt: Gummibärchen in einem Drogeriemarkt.
Ich war eine schreckliche Rabenmutter in dieser Zeit. Ich habe mein Kind immer wieder verprügelt, weil er in der Schule nicht brav war. Ich konnte sehen, wie viel Angst er vor mir hatte. Ich habe ihn immerzu geschlagen. Ich hatte für mein Kind keine Zeit. Ich habe nachmittags nicht mit ihm gespielt oder Hausaufgaben gemacht. Nachmittags bin ich arbeiten gegangen, und er musste auf das Baby aufpassen. Es reißt mir das Herz heraus, wenn ich an diese entsetzliche Zeit zurückdenke. Ich mache mir große Vorwürfe.
Später dann, wir hatten bereits den Antrag auf Asyl gestellt und einen Deutschkurs gemacht, bestellte mich die Lehrerin meines Kindes wieder einmal in

die Schule. Ich konnte sehen, wie blass er wurde, als ich zur Türe hereinschaute. Er hatte fürchterliche Angst vor mir. Die Lehrerin erschien mir sehr ungepflegt. Sie hatte klebrige, struppige Haare, keine Frisur. Sie schimpfte gleich los: Sie warf mir vor, einen Topflappen gehäkelt zu haben, den mein Sohn hätte häkeln sollen, und tobte herum. Ich gab es zu. Ja, ich hatte den Topflappen für ihn gehäkelt. Es hatte zuvor Ärger gegeben, weil er nicht häkeln konnte und wollte. Er schämte sich, weil er ein Junge war. In unserer alten Kultur war Häkeln Frauensache. Er hatte mir erzählt, dass die Lehrerin ihn fest am Ohr hochgezogen hatte, vor der ganzen Klasse, weil er nicht häkelte. Ich hatte ihm dann den Topflappen eben schnell zu Hause gehäkelt und mitgegeben. Ich wusste nicht, wie ich meinem Kind sonst hätte helfen können. Ich konnte ja einfach auch nicht gut genug Deutsch sprechen. Die Lehrerin war sehr empört. Sie gab meinem Sohn eine Sechs und schimpfte ihn vor der Klasse aus. Mit mir schimpfte sie dann anschließend auch.« (Die Mutter eines Migrantenkindes)

Durch das Leben für das Leben lernen

Schokolade, Vanille, Erdbeere – so sah das gängige Spektrum des Speiseeisangebots in der Kindheit vieler heutiger Eltern und Großeltern aus. Die Wahl war schnell getroffen. Artig galt es zu warten, bis man gefragt wurde, was es denn sein solle. Dann musste die Bestellung höflich, in einem ganzen Satz, laut und deutlich vernehmbar artikuliert werden. Das Lob der Erwachsenen, auch derer, die in der Warteschlange hinter ihm standen, war dem Kind nach einer gelungenen Vorstellung sicher.

Heute ist Eis kaufen viel komplizierter. Die Sortenauswahl liegt meist im zweistelligen Bereich. Nahezu unüberschaubar ist das köstliche Angebot, das sich dem Kind mittels einsehbarer, beleuchteter Eistöpfe in Augenhöhe präsentiert. Und schier unaussprechlich sind die Namen. Phantasieworte, lange Wortketten und fremdsprachliche Einsprengsel fordern geradezu dazu auf, sie bei der Bestellung abzukürzen. »Maccadamiatriplenutcrisp« muss einfach »Macca« heißen, sonst würden die Wartenden in der Schlange hinter einem noch ungeduldiger. Denn auch die Vorstellung vom guten Ton hat sich gewandelt. Wohl dem Kind, das sich schnell entscheidet und am besten schon vorher weiß, was es will. Wenn es dies auch noch kurz und knapp formulieren kann und dann flink zur Seite tritt, ist es ein gutes Kind. Eines, das nicht unnötig stört, wenn andere Menschen der Befriedigung ihrer individuellen Bedürfnisse nachkommen möchten. Lob gibt es zwar nicht, aber schließlich hat das Kind ja sein Eis.

Als die Schokolade-Vanille-Erdbeer-Kinder noch zur Schule gingen, bereiteten sie sich dort auf ihr späteres Leben als selbständige Erwachsene vor: Brot kaufen, Briefumschläge beschriften, Pullover stricken, Vogelhäuschen bauen, Wahlzettel ausfüllen, Lesen und Schreiben lernen. Der durchschnittliche Bewegungsradius der Menschen war gering, ihr Leben überschaubar und vergleichbar. Es unterschied sich minimal: »Schokolade, Erdbeere, Vanille« eben. Der Lehrplan kreiste um diese Lebenswelt. Wer ihm folgte, lag nicht verkehrt.

Moderne Jungen und Mädchen müssen vor allen Dingen eines können: entscheiden. Bereits das Leben eines Grundschulkindes ist befrachtet mit der Verantwortung, unentwegt auszuwählen. Füller sind nicht mehr nur grün oder blau. Sie werden in Hunderten unterschiedlicher Muster und Farben angeboten. Die Aufgabe pünktlich zu sein, um die »Kinderstunde« im Fernsehen nicht zu verpassen, ist der Aufgabe gewichen, so geschickt durch die große Vielfalt von Kinderprogrammen zu zappen, dass man die Werbung umschifft. Wer ein guter Entscheider sein möchte, muss vor allem eines lernen: beurteilen, aussortieren, links liegenlassen.

Kann eine Lehrauffassung, die bedingungslose Hingabe, Aufmerksamkeit und Folgsamkeit verlangt, Mädchen und Jungen darin unterstützen, gute Entscheider zu werden? Behindert sie die Kinder nicht vielleicht sogar darin? Bringt sie die Heranwachsenden in einen Zwiespalt?

Auf dem glatten Parkett international vernetzter Wirtschaft, Wissenschaft und Dienstleistung hat es sich längst herumgesprochen: Nicht der brave Auswendiglerner der Spanischvokabeln vermag den flottesten Tango zu tanzen. Vielmehr ist es jener, der die Entschlossenheit besitzt, eine Tanzpartnerin zu finden, den Charme, sie zu begeistern, die Kraft und die Ausdauer, sie zu führen und, vor allem anderen: die Fähigkeit, sich auf den Rhythmus der Musik einzulassen.

Wie das Stück heißt, welche Instrumente es spielen und auch den Namen der Dame kann und wird er auch später noch in Erfahrung bringen. Für das Tanzerlebnis ist all dies nicht wichtig. Im Netzwerk eines erfolgreichen Projekts fließen derlei Sekundärinformationen nahezu immer automatisch in die richtige Richtung.

Das könnte beispielsweise so aussehen: Ein eifersüchtiger Nebenbuhler wird unseren Tangotänzer später an der Bar auf die Tänzerin ansprechen und dabei ihren Namen verraten. Gleichzeitig macht unser Held beiläufig ein paar Fotos von der Band und schickt diese per MMS an seinen Bruder. Der wiederum ist selbst Musiker und ruft sofort begeistert an, um ausführlich über die außergewöhnlichen Instrumente der Band zu schwärmen. Und schließlich erfährt unser Tangotänzer auch noch, um welches Stück es sich handelte: Wochen später wird er, irgendwo auf der Welt, in einem Fahrstuhl die Melodie des Tangos pfeifen. Ein ihm Unbekannter wird spontan einstimmen und ihm beim kleinen Plausch anschließend den Titel und die Entstehungsgeschichte des Stückes mitteilen.

Und wie geht es dem ehemaligen Vokabelkönig aus der Schule? Er geht nicht tanzen, obwohl er die Schrittfolge jederzeit auf ein Stück Papier malen könnte. Gelernt ist eben gelernt. Er verbringt seine Abende vor dem Fernseher, wo er sich Wissens-Quiz-Sendungen ansieht und hofft, seine Kandidatenbewerbung möge doch irgendwann einmal auch Beachtung finden. Seinesgleichen haben in der Welt der »Macher« nichts zu suchen.

Es ist frappierend, wie viele erfolgreiche Menschen in unserem Land als Schüler Schwierigkeiten hatten. Der Literaturnobelpreisträger Thomas Mann blieb dreimal sitzen und brach dann die Schule ohne Abitur ab.

Viele andere wurden erfolgreiche Politiker, Unternehmer und Künstler, ohne je das Abitur gemacht zu haben. Kann das denn sein? Haben nicht unsere Lehrer einstmals in der Klasse den Vokabelkönig über den grünen Klee gelobt? Haben sie nicht die umtriebigen, wenig angepassten Schüler damals gemahnt: »Nicht für die Schule, sondern für das Leben lernen wir!«

Unsere Wissens- und Wissenschaftskultur stammt aus den Zeiten, als Schriftgelehrte »Geheimnisträger« waren und Bildungshungrige um Informationen kämpfen mussten.

Im Mittelalter bewahrten Mönche ihre niedergeschriebenen Erkenntnisse hinter dicken Klostermauern auf. Sie kommunizierten untereinander auf Lateinisch und hüteten ihren Wissensvorsprung sorgsam, da er dem Klerus Macht sicherte. Wer Teil dieser Gemeinschaft werden wollte, musste opferreiche Riten durchlaufen.

Zumindest in Bruchstücken weht dieser Geist noch immer durch die deutsche Regelschule. Mit wehmütig romantischem Habitus wird »Wissen« klar definiert und eingegrenzt. Die, die es besitzen, verbinden damit einen diffusen Machtanspruch. Obwohl eigentlich mit der Lehre beauftragt, signalisieren zu viele Lehrer ihre Erwartung, dass man ihnen ihr Wissen mühevoll entlocken möge. Auf die Idee, dass sie es freiwillig teilen oder gar kunstvoll angerichtet servieren könnten, kommen sie nicht. So verschafft dieser Besitz soziale Superiorität; zumindest im Mikrokosmos der Schule.

Das Streben nach Überlegenheit ist nachvollziehbar; es ist ein schönes Gefühl, ein verlockendes, ein verführerisches. Vielleicht kann es sogar süchtig machen. Könnte diese Angewohnheit, ständig seine Überlegenheit auszuspielen, möglicherweise dazu beitragen, dass man die Quelle dieser Droge zunächst sucht und schließlich gar nicht mehr verlässt? Könnte es sein, dass sich zumindest einige der mit der Lehre Beauftragten nicht zum Zwecke des Lehrens in diesem System aufhalten? Könnte es möglich sein, dass die deutsche Regelschule krank ist? Dass ihre Brücken zur »Außenwelt« nicht mehr intakt sind? Könnte es sein, dass die deutsche Regelschule unseren Nachwuchs nicht lebenstüchtig macht?

Das Wissen allgemein und der Umgang mit Informationen hat sich seit dem Mittelalter stark verändert. Längst wurden die meisten Geheimnisse gelüftet, längst sind ehemals unbekannte Territorien und Phänomene erforscht. Über elektronische Medien ist eine unendliche Zahl von Informationen abrufbar. Früher suchte man nach Erkenntnis in der Informationswüste, heute gilt es im üppigen, unkontrolliert wuchernden Informationsdschungel zu überleben.

Für Eltern heißt das: Sie müssen ihre Kinder nicht zum durstigen Durchhalten bis zur nächsten Wissensoase erziehen. Im Gegenteil – sie müssen ihren Kindern das Rüstzeug mitgeben, um nicht von der gewaltigen Informationsflut einfach weggeschwemmt zu werden.

Und für die Schule heißt das: Es gibt Konkurrenz. Im Leben eines modernen Kindes strömt täglich außerhalb der Schule eine nicht mehr überschaubare Flut von Informationen auf die junge Seele und den jungen Geist ein. Vieles davon wird ganz gezielt und mit viel Nachdruck auf den Weg gebracht, um sich tief einzuprägen. Und nicht nur die Werbung arbeitet mit wirksamen Methoden, um ihre Botschaften im Bewusstsein und Unterbewusstsein von Mädchen und Jungen zu verankern.

Das moderne Kind hat bereits vor seiner Einschulung gelernt, bestimmte Informationen aufzunehmen und andere zu ignorieren. Die Ära des Entdeckertums wurde durch das Zeitalter der Informationsselektion abgelöst. Die Ära des hungrigen Aufnehmens von der Ära des gezielten Ausblendens. Wer etwas auf sich hält, der hält Diät.

Vor 20 Jahren galt unter cleveren Klassenarbeitsschummlern die Devise: »Ich muss nicht alles wissen, ich muss nur wissen, wo es steht.« Heute könnte man sagen: »Ich muss mir nicht alles merken, nur das, was für mich wichtig ist.«

Für das Leben außerhalb der Schule gilt also: Nicht der gewinnt, der am meisten Wissen angehäuft hat, sondern der, der am geschicktesten auswählt. Der zeitgemäße Rechercheur lässt eine Maschine im Internet per Mausklick suchen. Seine Kunst besteht darin, die wichtigen Informationen herauszufiltern. Und in der direkten Kommunikation mit anderen Menschen ist derjenige klar im Vorteil, der über gute Informationsquellen und Informationsvermittler verfügt, sprich: über gute Kontakte. Der Aufbau »guter Kontakte« hängt bekanntermaßen von persönlichen Eigenschaften wie Offenheit und Loyalität ab, aber auch von einer gelungenen Analyse des Problems und einer richtigen Bewertung des jeweiligen Gegenübers.

Diese Selektionskunst geht untrennbar mit einem Wertegerüst einher, denn eine Auswahl ohne Kriterien gibt es nicht. Der Werteverlust, den die Lehrenden der Schule so oft beklagen, ist also eigentlich ein Wertewandel.

Verschlafen deutsche Pädagogen ihren Einsatz, wenn es darum geht, stabile und wertvolle Entscheider und gut vernetzte Kommunikatoren auszubilden? Halten deutsche Pädagogen möglicherweise zu lange am überschaubaren, starren System des »kleinen Wissens« fest, für das die deutsche Regelschule traditionell steht?

Im Zeitalter des modernen Wissensmanagements bemühen sich Unternehmen, die erfolgreich sein wollen, einen Schatz zu heben, der viel zu lange brachlag: den riesigen Wissensfundus aller Mitarbeiter.

Das Rezept ist simpel: Man fasst das gesamte Wissen aller Menschen in einem Unternehmen zusammen und stellt es allen zur Verfügung. So erhält man eine riesige Sammlung aus Fremdsprachenkenntnissen, Buchhaltungswissen, technischem Detailwissen und exotischem Expertentum für Fachfragen, angefangen von der richtigen Köderwahl für das Süßwasserangeln bis hin zur Analyse der Wahlergebnisse in Frankreich seit dem Zweiten Weltkrieg.

Aus diesem Schatz darf sich jeder bedienen, der an

einer Aufgabe arbeitet, der ein Projekt voranbringen oder sich einfach weiterbilden möchte. Der Erfolg dieser Arbeitsweise leuchtet ein. So ähnlich funktioniert auch das Internet-Lexikon »Wikipedia«. Wer etwas weiß, ganz gleich zu welchem Thema, macht einen Eintrag. Dieser kann dann von allen Interessierten eingesehen und von anderen Wissenden ergänzt und korrigiert werden.

Das Prinzip ist demokratisch und weit entfernt vom mittelalterlichen System, in dem die Mächtigen über das Wissen bestimmten. Was wichtig ist oder unwichtig, richtig oder falsch, entscheidet sich durch den jeweils aktuellen Bedarf im Rahmen der zur Verfügung gestellten Erfahrungshorizonte aller Beteiligten. Könnte Lernen für Kinder nicht auch so funktionieren?

Eine Grundvoraussetzung für diese Arbeitweise ist Respekt. Der Respekt jedes Einzelnen vor dem anderen und dessen Wissen, so fremdartig dies auch sein mag. Eine weitere Grundvoraussetzung ist das ausgeprägte Bewusstsein, dass der Austausch nur bereichernd sein kann. Die dritte Grundvoraussetzung schließlich ist die Bereitschaft jedes Einzelnen zu teilen. Einfacher ausgedrückt: Die Grundvoraussetzung für erfolgreiches Arbeiten und Lernen ist soziales Verhalten.

Kann die deutsche Regelschule diese Grundlagen bieten? Kann sie soziales Verhalten lehren?

»Bei der Besichtigung einer Ganztagsgrundschuleinrichtung wurde ich Zeugin eines mich nachdenklich stimmenden Vorfalls: Die Dame, die durchs Haus führte, berichtete unter anderem stolz vom Billardzimmer, das man neu eingerichtet hätte und das den älteren Schülern reserviert sei. Als wir eintraten, war gerade eine kleine Gruppe türkischer Jungen beim Spiel.

Während die anderen aufmerksam und gebannt zusahen, lehnte sich der aktuelle Spieler weit mit dem Oberkörper über den Tisch und fand sehr geschickt die einzig geeignete Position, um die Kugel gezielt zu versenken. Dieser Junge war offensichtlich ein kleiner Könner und stand definitiv nicht zum ersten Mal in seinem Leben an einem Billardtisch. Doch bevor er zustoßen konnte, unterbrach ihn die Pädagogin durch wütendes Schreien: ›Hör sofort auf mit dem Blödsinn. Runter da. Wenn ich euch noch einmal erwische, wie ihr hier auf dem Tisch herumturnt, fliegt ihr raus.‹

Was dann geschah, brannte sich tief in mein Gedächtnis ein. Der etwa zwölf- oder dreizehnjährige Junge richtete sich wortlos auf, ohne sich zu uns umzudrehen. Dann setze er den Queue an und versuchte in dieser vollkommen Billardsport-fernen Körperhaltung die Kugel zu treffen. Kein Wort des Protests gegen das Geschrei der Pädagogin, kein Wort der Erklärung, wie Billard gespielt werden muss.

Dieses resignierte Schweigen, das Nachgeben auf die unsinnigen Kommandos der dem Jungen in Sachen Billardkenntnissen offenbar weit unterlegenen, erwachsenen Frau hin erschütterte mich tief.« (Katja)

Von einer Kultur der offen kommunizierenden Wissensgesellschaft scheint unsere deutsche Regelschule Lichtjahre entfernt. So forderten zum Beispiel die Lehrer die Eltern ihrer Schüler schriftlich auf, Schullektüre in den Ferien vor den Kindern zu verstecken, damit diese sie nicht etwa selbständig lesen könnten, es bestünde sonst die Gefahr, dass sie sich dann später im Unterricht langweilten und den Unterricht störten. Stört ein wissbegieriges Kind die Lehrer?

»Das Platonsche Höhlengleichnis beschreibt das Verhältnis zweier Menschengruppen zueinander. In einer Höhle befindet sich die eine Gruppe von Menschen, von Geburt an dort angebunden, und blickt auf die ihr gegenüberliegende Höhlenwand. Nur ein kleiner Schacht lässt Licht in diese Höhle dringen. Außerhalb der Höhle bewegen sich Menschen. Hinter ihnen befindet sich ein großes, helles Feuer. Diese Menschen werden als Schattenspiel durch den Höhlenschacht sichtbar, als diffuse Bilder, die den in der Höhle Angebundenen die einzigen Eindrücke der Außenwelt vermitteln. (…) Ich habe das Platonsche Höhlengleichnis als Gymnasiastin im Ethikunterricht kennengelernt. (…)
Während wir wie festgenagelt in unserer Schulhöhle saßen, mühte sich unser Schattenspiel-Lehrer hinter seinem Pult ab, uns für die richtige Rolle im Erwachsenenleben zu sensibilisieren. Seltsame Zerrbilder warf er uns an die Wand, um uns klarzumachen, dass wir später einmal zu denen gehören sollten, die die Schattenbilder warfen, nicht zu jenen, die festgebunden in der Höhle sitzen. (…) Mit keinem Wort erwähnte er die Möglichkeit, dass man sich (…) im späteren ›wirklichen‹ Leben einfach neugierig weiterbewegen und dem Licht entgegenlaufen könnte.« (Daphne)

Die Schule ist eine miserable Vorbereitung fürs Leben

Das zumindest berichtet ein Ausbilder aus der Wirtschaft,

der jahrelang als Verantwortlicher die Lehrlinge und Prakti-
kanten in seiner Firma betreut hat.

»Höchst seltsame Widersprüchlichkeiten gehören inzwischen zum Alltag, wenn man jungen Schulabgängern und Berufseinsteigern begegnet. Es geschehen Dinge, die ich mir nicht erklären kann. Dinge, die sich so zu meiner Schulzeit nicht zugetragen haben.

Wer seinerzeit im Fach Deutsch gut oder sehr gut abschloss, der konnte gut reden, lesen und schreiben. Überhaupt zeichneten sich die im Fach Deutsch gewandten Schüler durch Eloquenz aus, die sie schon früh zu Anerkennung und Ämtern kommen ließ: sie waren oft Klassen- oder Schulsprecher, besetzten Hauptrollen im Schultheater und verfügten über einen guten menschlichen Draht zum Lehrerkollegium. Hatte jemand Sorgen und Probleme, so meine Erinnerung, wandte man sich an sie. Wer gut in Deutsch war, konnte sich gut ausdrücken, schnell auf den Punkt kommen und argumentieren. Eine gute Deutschnote zeichnete den jeweiligen Schüler nicht selten auch durch eine besonders entwickelte Umgänglichkeit aus, an der es dem Mathematik- oder Physik-Primus manchmal mangelte. Es sind Bilder und Eindrücke, die mir ewig haften bleiben werden. Das alles ist fast dreißig Jahre her.
Später, als Kreativdirektor in Werbeagenturen, begegnete ich zahlreichen Auszubildenden und Praktikanten, um die ich mich kümmerte – das war mein ausgesprochener Wunsch. Ich wollte ihr Begleiter in den Berufsalltag sein, gleichgültig, ob sie nun im kreativen oder administrativen Bereich der Agentur ihre Ausbildung oder ihr Praktikum begannen. Mir war klar, dass viele junge Leute in die vermeintliche Glitzerwelt der Werbeagenturen drängen, und ich war bemüht, ihnen ein ›soft landing‹ zu bereiten.

Der Alltag entzaubert alles, selbst den einer Werbeagentur.

Die Motivation dazu bezog ich aus eigenen Erfahrungen; auch ich stand als junger Mann eines Tages in einer Agentur, einer britischen noch dazu, und war für jeden Wink, für jede Aufmerksamkeit Dritter unendlich dankbar. Mir war und ist bewusst, wie wertvoll eine interne Einstiegsbegleitung für junge Menschen in einem Unternehmen ist. Mir war jedoch nicht bewusst, dass ich mit dieser Aufgabe gleichzeitig die Lizenz als Reparaturwerkstatt des deutschen Schulsystems erworben hatte.

Ich kann inzwischen die Klagen der Arbeitgeberverbände, Industrie- und Handelskammern sowie des Zentralverbands des Deutschen Handwerks detailgetreu nachvollziehen, die sich unisono darüber beschweren, dass sich nur die Hälfte der heutigen Lehrstellensucher überhaupt in einem ›ausbildungsfähigen Zustand‹ befindet.

Leider kommt in der öffentlichen Diskussion darüber ein Aspekt viel zu kurz: Es liegt weniger am Wissen der jungen Leute, auch wenn sich der Zustand der Allgemeinbildung in jämmerlicher Verfassung befindet. Es liegt vielmehr am mangelnden Können der Aspiranten. Ihre entwaffnende Weltfremdheit, was die Welt der Wirtschaft betrifft, ist das hervorstechende Merkmal der vielen Versager beim Einstieg ins Berufsleben.

Obwohl seit frühester Jugend mit allen möglichen Kommunikationsmitteln und -techniken ausgestattet, versagen sie im Bereich der täglichen Kommunikation innerhalb des Unternehmens total. Ich wuchs ohne Handy, i-Pod oder Podcast auf, ohne Internet und E-Mail. Die jungen Menschen, mit denen ich es zu tun hatte, konnten stundenlang am Mobiltelefon reden, in Meetings und bei Kunden bekamen sie den Mund nicht auf.

Oft wurde ich um mehr Nachsicht mit den Auszubildenden

gebeten. Das wenig stichhaltige Argument dafür lautete: ›Sie haben halt Hemmungen.‹ Hemmungen? Heißt das im Umkehrschluss, dass die Schulen Gehemmte und Verklemmte in die Realität entlassen? Heißt das weiter, dass sich Menschen wie ich erst einmal damit beschäftigen müssen, Neunzehn- und Zwanzigjährigen die Grundstrukturen des wirtschaftlichen Lebens beizubringen, ihnen klarzumachen, dass Unternehmen nicht wie eine Schule funktionieren? Heißt das im Endeffekt, dass ich ihnen beibringen soll, die letzten dreizehn Schuljahre in die Mottenkiste ihres Lebens zu packen, und dass sie nun erst im ›wahren‹ Leben gelandet sind? Ja, das heißt es. Von zehn Auszubildenden und Praktikanten wirkten acht wie Besucher aus einer anderen Welt, Aliens, Fremdlinge also. Tatsächlich sind sie oft Fremde, die plötzlich im Getriebe eines Unternehmens stehen, sie fremdeln mit vielem dort. Am meisten frappiert mich ihre Teilnahmslosigkeit, ihr indifferentes Verhalten genau in den Momenten, wo Offenheit, Teilnahme und eigene Standpunkte gefragt sind. Sie bleiben ihrer erlernten Schulhaltung treu: reinkommen, hinsetzen, da sein. Diese Haltung ist das Ergebnis von dreizehn Schuljahren. Diese Teilnahmslosigkeit ist die Quintessenz dessen, was von den persönlichkeitsbildenden Maßnahmen der Schule bei ihnen hängen geblieben ist: Eine genormte Ausdruckslosigkeit in den Gesichtern und Gesten. Ein geruchs- und reaktionsneutrales Gewebe, hervorgebracht von einer Institution, die zu einer künstlichen Welt mutiert ist: der Schule.

In dieser künstlichen Welt geht es nicht etwa traumhaft-phantastisch zu, nein. Sie lehrt offenbar eines an erster Stelle: Teilnahme ist gleichbedeutend mit physischer Anwesenheit. Individualität und Persönlichkeit sind Dinge für die Freizeitbeschäftigung. Das kann man draußen machen, aber nicht hier. (…) Die Mehrheit lässt sich auf dem

Ausbildungsplatz nieder wie auf dem Stuhl im Klassenzimmer. Die Vorstellung beginnt, die Akteure können sich
nicht vorstellen, dass sie nun die Hauptdarsteller sind.
Denn das ist es, was heute und zukünftig gefragt ist in
Unternehmen: aktive, mitdenkende und handelnde Menschen. Nicht stumme Koikarpfen, laut Statistik teuer ausgebildet und für den reibungslosen Ablauf im schulischen
Elfenbeinturm gezüchtet. Ich sage es an dieser Stelle klipp
und klar: Es geht mir nicht um Klischeepflege oder Ver-
allgemeinerungen. Dafür ist das Thema viel zu ernst. Was
ich in aller Kürze schildern konnte, ist auch nur ein Aus-
schnitt der Realität. Aber in jedem Fall ein Teil von ihr,
darauf muss ich bestehen.

Die konsequente Schlussfrage lautet aus meiner Perspektive: Was ist das für ein Schulsystem, das offenbar einen
Großteil unserer jungen Menschen so miserabel vorbereitet in die Welt der Wirtschaft entlässt? Es kann kein System
sein, das mit der real existierenden Welt viel gemein hat.
Liegt es vielleicht daran, dass die, die unsere Schüler ausbilden, selbst nur wenig mit dieser Realität zu tun haben,
von Berufs wegen sozusagen? Möglich, könnte man da
lapidar kommentieren. Aber: Kann man es dabei belas-
sen? Sollte man dieser Frage nicht noch einmal intensiver
nachgehen und nicht nur bei Schülern und Eltern die Ursachen für die zunehmende Entfremdung der Sechzehn-
bis Zwanzigjährigen von der Arbeitswelt suchen? Es mutet
schon ein wenig merkwürdig an, dass die Diskussionen
stets einen linearen Verlauf nehmen, wenn die Frage nach
der Verantwortlichkeit gestellt wird. (…) Selten – viel zu
selten, wie ich meine – wird die Person einer genaueren
Betrachtung für wert befunden, mit der die Berufseinstei-
ger zuvor so viel Jahre in Berührung waren: der Lehrer.
Dabei tragen sie die Hauptverantwortung am Ergebnis
dessen, was an Wissen und Können die Institutionen ver-

lässt, wer sonst? Um es noch einmal klarzustellen: Meine eigenen Erfahrungen als Schüler mit meinen Lehrern damals waren zu achtzig Prozent positiver Natur. Das wiederum steht in krassem Gegensatz zu den Berichten meines fünfzehnjährigen Neffen, dessen ›Schulprobleme‹ zur Hälfte auf Schwierigkeiten mit der heutigen Lehrergeneration beruhen. Wenn nicht nur er, sondern die gesamte Klasse unter der Launenhaftigkeit der Klassenlehrerin zu leiden hat? Deren Korrekturkünste bei Klassenarbeiten mussten nicht weniger als viermal von seiner Mutter re-korrigiert werden, was eine Heraufstufung bei wichtigen Endnoten zur Folge hatte. Auf ihre Fehler angesprochen, reagierte sie düpiert und ließ meinen Neffen in ihrer Gunst nicht gerade steigen. Menschen machen Fehler, aber wenn diese ohne Konsequenzen bleiben, lernt niemand etwas hinzu. Das ist bei Lehrern offensichtlich der Fall.« (Viktor)

Strafen sind sinnlos

Als erwachsene Staatsbürger sind wir in der Regel mündig, das heißt auch »strafmündig«. Unser Verhalten unterliegt konkreten Normen, deren Einhaltung durch die soziale Kontrolle und durch die Exekutivgewalt des Staates überwacht wird. Wer die Grenzen überschreitet, kann dafür bestraft werden. Wie diese Bestrafung aussieht, ist in den Gesetzen geregelt.

Schüler an einer Schule haben solche konkreten und vor allem allgemein verbindlichen Richtlinien nicht. In ihrem Leben wechselt nicht nur das Normensystem personengebunden oft von Fach zu Fach, es wechseln genauso häufig Strafen und Strafmaß für identische Regelverstöße – je nach Laune und Einstellung eines Pädagogen.

Was spricht gegen einen zuverlässigen und verbindlichen Disziplinarkatalog, der für alle gleichermaßen gilt und den alle kennen? Was spricht dagegen, die »Vergehen« der Schüler und Schülerinnen konkret zu definieren?

Ist zum Beispiel das Empfinden von Langeweile bereits ein Fehlverhalten? Eine Mutter schilderte folgenden Fall:

»(...) Schülerlangeweile wurde prompt bestraft. Mein Sohn verbrachte seine Hofpause allein und unbeaufsichtigt im Klassensaal mit dem stumpfsinnigen, mehrfachen Abschreiben eines Mahnsatzes. Seine Lehrerin begründete diese Maßnahme damit, dass er sich ›gelangweilt‹ hätte und sie ihn deshalb habe bestrafen müssen.

Dass Strafen nur dann pädagogisch sinnvoll sind, wenn sie so gestaltet sind, dass sie zur tatsächlichen Einsicht in das Fehlverhalten, zu Reue und Verhaltensbesserung führen, dass selbst inhaftierten Massenmördern der Pausengang garantiert ist und dass unsere Kultusministerin immer wieder öffentlich mahnte, wie wichtig Bewegung für Kinder sei, das war der Lehrerin nicht so wichtig wie ihr Bedürfnis, sich zu rächen für das negative Feedback eines Siebenjährigen auf ihre Unterrichtsleistung.« (Katja)

»Mit Bestrafungen in der Schule verhält es sich genauso wie mit Strafen zu Hause. Sie waren ursprünglich dazu gedacht, das Kind zu einer Änderung seines ›Fehlverhaltens‹ zu bringen bzw. es von einem ›Fehltritt‹ abzuhalten. Beide Gründe sind fragwürdig. Eine Änderung des Verhaltens kann nur auf Einsicht basieren. Und dazu sind Strafen völlig ungeeignet. Dennoch gibt es sie. Sogar die ehemals sogenannten ›Strafarbeiten‹, auch wenn sie heute anders genannt werden. Sie heißen nun ›Zusatzaufgaben‹. Und Kollektivstrafen, also Strafen für die ganze Klasse, die eigentlich verboten sind, sind immer noch üblich, und kaum jemand nimmt Anstoß daran.

In der Schule betreute ich in der Hausaufgabenstunde auch Schüler anderer Klassen. Davon blieb mir unter anderen ein kleiner Erstklässler in Erinnerung, der fünfzigmal schreiben musste: Ich darf nicht laut sein. Er konnte noch nicht bis fünfzig zählen, da zu diesem Zeitpunkt noch im Zahlenraum bis zwanzig gerechnet wurde. Das war im Jahre 2002. Ein Beispiel für den Irrwitz solcher Strafmaßnahmen, wie ich finde. Diese bewirken niemals eine Verhaltensänderung. Entweder machen sie den Kindern Angst oder sie werden stumpfsinnig erledigt, ohne jede Einsicht ins Fehlverhalten.

›Strafen‹ müssen immer im unmittelbaren Zusammenhang mit den ›Taten‹ stehen. Sonst erkennt das Kind sein Fehlverhalten nicht. Sie (…) müssen von dem Kind zu bewältigen sein.

Aus meiner Erfahrung heraus kann ich sagen, dass neunzig Prozent aller ›Strafmaßnahmen‹ im Kindesalter überhaupt keine Wirkung zeigen. Über den Nachahmungstrieb der Kinder und die pädagogische Vorbildfunktion kann man sehr viel mehr erreichen.« (Irene)

Tipps
für betroffene Eltern

Wie Sie erkennen,
dass etwas nicht stimmt

Es gibt ganz bestimmte Anzeichen dafür, dass bei Ihrem Kind in der Schule etwas nicht stimmt. Je früher Sie den Signalen nachgehen, desto größer ist die Chance, Ihr Kind vor Schaden zu bewahren. Das ist besonders bei kleineren Kindern wichtig, die sich selbst noch nicht so gut artikulieren können.

Die Alarmsignale

Morgens vor der Schule:
- Das Kind möchte nicht in die Schule gehen, klagt über Bauchweh und/oder Kopfschmerzen.

Mittags nach der Schule:
- Schweigen: Ein glückliches Kind sprudelt meist geradezu über vor Neuigkeiten, hat ein großes Mitteilungsbedürfnis. Ein Kind mit Kummer, das gedemütigt wurde, schweigt oft.
- Kummer-Müdigkeit: Das Kind verkriecht sich ins Bett, alles ist ihm zu viel.
- Antriebsschwäche: Die Hausaufgaben erscheinen dem Kind als Qual.
- Schreckhaftigkeit: Das Kind zuckt zusammen, wenn man sich ihm nähert.
- Überempfindlichkeit: Kind reagiert stärker auf Kritik als früher (wird knallrot, erschrickt sichtlich).

Wenn sich bei Ihnen ein Verdacht regt, beobachten Sie Ihr Kind aufmerksam beim Spielen. Wenn Kinder zu Hause »Schule« spielen, imitieren sie oft ihre Lehrer. Achten Sie darauf, wie sie mit ihren Puppen- und Stoff-tierschülern umgehen. Dann erhalten Sie möglicherwei-se einen Eindruck davon, wie das Kind seine Schüler-rolle im Unterricht erlebt und was dort vor sich geht. Kommandiert das Kind die Puppen oder zeigt es sich als Helfer? Schimpft es die Puppen immerzu aus? Gehen Sie Ihren Eindrücken auf den Grund und versuchen Sie, im Gespräch die Ursachen für dieses Verhalten herauszube-kommen.

»Wenn meine Schülerinnen und Schüler nachmit-tags, in der Ganztagsschule, ›Schule‹ spielten, konn-te ich beobachten, dass sie mich nachahmten, meine Art zu sprechen, meine Anweisungen usw.

Ich erkannte mich sofort wieder, das war zum Teil amüsant, zum Teil erschreckte es mich. Auf jeden Fall war es für mich ein Anlass, über meinen Unterricht zu reflektieren.« (Irene)

Was tun im Konfliktfall?

Oft verlaufen Konflikte nach einem sehr vorherseh-baren Muster. Die Erfolgschancen Beschwerde füh-render Eltern steigen, wenn sie die »Spielregeln« ken-nen, die Fallen frühzeitig sehen und somit dem üblichen Ablauf rechtzeitig entgegenwirken können. Ein durch alle Instanzen ausgetragener Schulkonflikt umfasst etwa zehn verschiedene Stufen. Auf jeder dieser Stufen müs-sen Sie als betroffener Elternteil verschiedene Probleme bewältigen.

Stufe 1: Zwischenfall in der Schule

Sie erfahren von einem oder mehreren Gewaltübergriffen gegen Ihr Kind und/oder andere Schüler durch eine Lehrkraft.

• Fragen Sie andere Eltern nach ähnlichen Erfahrungen.
• Suchen Sie bei schwerwiegenden Vorfällen bereits jetzt Unterstützung durch eine geeignete Beratungsstelle vor Ort oder im Internet. Machen Sie sich mit den gesetz-lichen Grundlagen vertraut (Schulgesetz Ihres Bundes-landes usw.).
• Sprechen Sie mit allen Zeugen und lassen Sie sich Aussagen nach Möglichkeit sofort schriftlich bestäti-gen.
• Suchen Sie sofort das Gespräch mit der Lehrkraft.
• Formulieren Sie schriftlich Ihre Ziele, Fragen und Ge-sprächspunkte.
• Nehmen Sie diese Liste mit ins Gespräch und arbeiten

Sie diese unbeirrt ab. Vereinbaren Sie einen neuen Termin, falls die Zeit nicht ausreicht.

- Nehmen Sie Zeugen mit und schaffen Sie Parität – wenn Sie drei Lehrern gegenübersitzen, sollten auch Sie zu dritt sein.
- Fertigen Sie sofort nach dem Gespräch ein Protokoll an und lassen Sie es von allen Gesprächspartnern unterschreiben.
- Wenn Ihnen bekannt ist/wird, dass es in der Vergangenheit an dieser Schule schon viele Konflikte gab, sollten Sie über eine Umschulung nachdenken und mit Ihrem Kind darüber sprechen.

Stufe 2: Gespräch mit der Lehrkraft

Sie suchen das Gespräch mit der Lehrkraft und können den Konflikt nicht gemeinsam mit ihr lösen, weil zum Beispiel die Lehrkraft die Tat leugnet oder nicht bedauert.

- Benutzen Sie Ihre Liste und stellen Sie Fragen.
- Lassen Sie keine Ablenkungsmanöver in Richtung Fehlverhalten des Kindes zu. Es geht einzig und allein um das Fehlverhalten der Lehrkraft.
- Stellen Sie möglichst viele Fragen und lassen Sie die Lehrkraft reden.
- Wenn Sie einen Zeugen dabeihaben, lassen Sie diesen das Protokoll führen.
- Lassen Sie das Protokoll von allen Beteiligten unterzeichnen. Protokollieren Sie gegebenenfalls die Verweigerung der Unterschrift.
- Wenn es in diesem Gespräch zu keiner Einigung kommt,

ist die Schulleitung Ihr nächster Ansprechpartner. Zur Dokumentation sollten Sie ihn schriftlich um einen zeitnahen Termin bitten.

Stufe 3: Kooperation mit anderen Eltern

Die Eltern möglicher Zeugen reagieren auf Nachfragen abweisend, da sie Probleme für sich und ihre Kinder wittern.

- Sie können einen Elternstammtisch einberufen. In lockerer Umgebung, abseits von Schule und Lehrkräften, ist der Austausch entspannter.
- Durch die Elternvertreter kann ein außerordentlicher Elternabend einberufen werden.
- Distanzieren Sie sich innerlich rasch von allen, die nicht mit Ihnen kooperieren – Sie brauchen Ihre Kraft anderswo.
- Hüten Sie sich vor falschen Freunden und Trittbrettfahrern.
- Nehmen Sie anderen Eltern die Angst, mit Ihnen zu sprechen. Bieten Sie ihnen streng vertrauliche Gespräche an. Auch wenn Sie die so gewonnenen Informationen nicht verwerten dürfen, können sie hilfreich sein.

Stufe 4: Umgang mit parteiischen Elternvertretern

Die Elternsprecher entpuppen sich als Lehrersprecher und arbeiten womöglich gegen die Betroffenen.

- Nehmen Sie es nicht persönlich. Diese Situation tritt in den meisten Fällen auf und hängt von der Motivation der Elternsprecher, nicht von der Relevanz der Vorfälle ab.
- Vernetzen Sie sich mit betroffenen Familien und Fürsprechern.
- Gründen Sie eine Elterninitiative.
- Verschwenden Sie keine Zeit durch Auseinandersetzungen mit Widersachern.

Stufe 5: Umgang mit der Schulleitung

Die Schulleitung schützt die Kollegen und setzt alles daran, den Fall unter den Teppich zu kehren. Sie macht gegen die Beschwerdeführer mobil.

- Spätestens jetzt ist die Linie klar, und es wird Zeit, das Schulamt schriftlich zu informieren.
- Vermeiden Sie anfangs das Wort »Dienstaufsichtsbeschwerde«, um alle Gesprächswege offen zu halten.
- Schlagen Sie moderierte Gespräche vor.
- In diesem Stadium tauchen oft Briefe aus der Elternschaft mit Lobeshymnen auf die beschuldigte Lehrkraft und die ganze Schule auf. Wundern Sie sich nicht, auch das hat System.

Stufe 6: Einschalten vorgesetzter Behörden

Das Schulamt/die Dienstaufsicht ist darum bemüht, nicht durch Problemschulen beim Ministerium aufzufallen, und weist Dienstaufsichtsbeschwerden als unbegründet zurück.

- Bei schweren Vergehen *muss* die Schulaufsicht von Amts wegen ein Disziplinarverfahren einleiten.
- Scheitern die Gespräche und sind die Beschwerden fruchtlos, muss dieser Weg schnell als Sackgasse abgehakt werden.
- Schicken Sie Kopien des gesamten Schriftwechsels an das Bildungsministerium. Erfolgt keine Reaktion, können weitere Dienstaufsichtsbeschwerden (z.B. gegen einen untätigen Schulrat) eingereicht werden.
- Bei schwerwiegenden Vorfällen ist in diesem Stadium eine Strafanzeige fast unumgänglich.
- An diesem Punkt besteht auch (je nach Nervenkostüm, Zeit- und Finanzpolster) die Möglichkeit, den Konflikt durch einen Schulwechsel schnell zu beenden.
- Wenn Ihre Finanzen es zulassen, sollte ein Anwalt eingeschaltet werden, ideal wäre ein Fachanwalt für Verwaltungs- und Strafrecht. Reden Sie mit ihm vorher über die anfallenden Gebühren!

Stufe 7: Anzeige bei der Polizei

Die örtliche Polizei fühlt sich nicht zuständig und verweist betroffene Familien ans Schulamt/die Dienstaufsicht.

- Anzeige per Internet (Internetpolizeiwache) oder per Einschreiben direkt bei der zuständigen Staatsanwaltschaft erstatten. Vorteil: Die Wortwahl liegt allein bei Ihnen.

- Vorsorglich Namen der Beamten notieren und ein Protokoll anfertigen. Lassen Sie es möglichst von Zeugen unterschreiben.

Stufe 8: Einschalten der Öffentlichkeit

Das Ministerium tut alles, um sein Schulamt/die Dienstaufsicht zu schützen, und lehnt Beschwerden ab.

- An diesem Punkt geben viele Familien verständlicherweise entnervt auf, das wissen auch die Behörden.
- Sie können jedoch weitere Institutionen einschalten: Schulträger, Elterninitiativen, Vereine, den Petitionsausschuss des Landtags.
- Sehr wirkungsvoll kann auch eine Pressemitteilung im Internet und an alle für Sie relevanten Medien sein.

Stufe 9: Gang zum Gericht

Die Staatsanwaltschaft teilt nach einem Jahr den Betroffenen mit, dass man leider nach so langer Zeit keine glaubwürdigen Aussagen mehr bekommen könne.

- Laut dem Beschluss 1Ws 7/06 des Brandenburgischen Oberlandesgerichts ist es wünschenswert und sachgerecht, alle Mitschüler unmittelbar nach Anzeigeerstattung umfassend anzuhören. Weisen Sie frühzeitig auf diesen Beschluss hin.
- Sie haben als Verletzter laut § 406e Absatz 1 und 5 StPO die Möglichkeit, auch ohne das Einschalten eines An-

walts eine Akteneinsicht bei der zuständigen Staatsanwaltschaft zu beantragen. Hierfür muss ein berechtigtes
Interesse (z. B. eine angestrebte Zivilklage) nachgewiesen werden.

- Oft wird die Akteneinsicht jedoch abgelehnt, dann
kann die Einsicht über einen Anwalt beantragt werden.
Auch hier empfiehlt es sich, die Kosten vorher abzu-
klären.
- Es kann hilfreich sein, so viel Öffentlichkeit wie mög-
lich herzustellen. Selbst wenn es keinen juristischen
Erfolg gibt, können dadurch unter Umständen ähnliche
Fälle in der Zukunft verhindert werden.

Stufe 10: Nach Beendigung des Konflikts

Das »System« hat aus seiner Sicht erfolgreich funktioniert, und so leben alle friedlich bis zum nächsten »be-
dauerlichen Einzelfall«.

- Überdenken Sie einen Schulwechsel. Leere Schulen
können die Behörden zu Höchstleistungen treiben.
- Schließen Sie sich Elterninitiativen oder Vereinen an
und geben Sie Ihre Erfahrungen weiter.
- Veröffentlichen Sie Ihre Erfahrungen in der Presse und/
oder im Internet.

Lehrergewalt in allen Formen funktioniert nur, solange
sie ein Tabuthema bleibt, solange Familien auf sich allein gestellt gegen ein übermächtiges System kämpfen.
Sobald der Kreislauf durchbrochen wird, sobald Eltern
sich organisieren und vernetzen, sobald Öffentlichkeit
hergestellt wird, besteht eine Chance, das geschlossene

System zu durchbrechen, Verhaltensmuster zu ändern und langfristig eine gesellschaftliche Bewusstseinsänderung herbeizuführen.

Quellenangaben

1 http://www.gold.ac.uk/connect/greportsgermany.html
2 http://www.bildung.bremen.de/sfb/bildung/gewalt. pdf
3 http://www.bildung.bremen.de/sfb/broschueren/for-schungsbericht.pdf
4 zitiert nach: Roland Reichenbach: Überredungsbe-griffe – treue Partner des pädagogischen Besserwis-sens, in: parapluie. Elektronische Zeitschrift für Kul-turen, Künste. Literaturen, Ausgabe 19; http://para-pluie.de/archiv/worte/paedagogik/
5 siehe u. a. http://www.pz.bildung-rp.de/pn/pn1_01/ s07.htm
6 unveröffentlicht; der Text liegt den Autorinnen vor

281

Lotte Kühn
Elternsprechtag

Wie schlimm ist Schule wirklich?
Was Eltern, Schüler und Lehrer täglich erleben

Als Reaktion auf »Das Lehrerhasser-Buch« erreichten Lotte Kühn zahlreiche entrüstete Kommentare von Lehrern, aber ungleich mehr zustimmende Reaktionen von Schülern und Eltern. Sie alle beweisen: Die Erfahrungen von Lotte Kühn sind kein Einzelfall. Was sie in ihrem Buch berichtet, findet genau so und schlimmer jeden Tag aufs Neue in den Schulen statt.
Nun bekommen die Betroffenen endlich selbst eine Stimme: Lotte Kühn hat die bewegendsten und bezeichnendsten Reaktionen aus hunderten E-Mails und Briefen ausgewählt und für dieses Buch zusammengestellt.
Damit sich endlich etwas ändert!

Erscheinungstermin Mai 2006

KNAUR TASCHENBUCH VERLAG

Leistung: ungenügend!

Lotte Kühn
Schulversagen

Schlechte Schüler, hilflose Lehrer –
was in unseren Klassenzimmern falsch läuft

»Das Schulversagen der Kinder ist das Versagen der Schule«, sagt Lotte Kühn – und geht in ihrem neuen Buch den Ursachen dieses Scheiterns auf den Grund. An ihrer Seite: eine Ministerialbeamtin, die brisante Insiderinformationen über die Schulpolitik beisteuert. In ihrer schonungslosen Bestandsaufnahme beschreibt Lotte Kühn eindrücklich, woran unsere Schulen kranken. Praxisferne Bildungspolitik, ungenügende Lehrerausbildung, ein unzeitgemäßes Schulsystem – die Misere hat viele Gründe. Ausbaden müssen diese Missstände die Opfer des Systems: die Kinder und ihre Eltern. Lotte Kühn benennt jedoch nicht nur die Schuldigen am ›Schulversagen‹, sondern erklärt auch, was sich endlich ändern muss. Damit die im Lehrerhasser-Buch angestoßene Debatte über unsere Schulen weitergeht.

KNAUR TASCHENBUCH VERLAG